大学生就业指导

主　编　王　炼
副主编　吴　峥
编　委　翟兴旺　辜韦维　李焱茹

北京理工大学出版社
BEIJING INSTITUTE OF TECHNOLOGY PRESS

内容简介

本书根据现实情况，结合相关就业指导理论，较为系统地阐述了大学生就业过程中要面对并必须把握好的诸多问题，对大学生树立正确的择业观念，做好各项择业准备，掌握择业技巧和方法、较快适应工作岗位的要求、了解创业的基本步骤等，都有着非常重要的指导作用。本书力求突破传统教材的说教形式，力求本书内容具有较强的针对性、实用性、时效性、指导性、可操作性和前瞻性，以求真正帮助、指导大学生。

图书在版编目（CIP）数据

大学生就业指导／王炼主编．—北京：北京理工大学出版社，2018.1（2022.1 重印）
ISBN 978－7－5682－5268－3

Ⅰ．①大…　Ⅱ．①王…　Ⅲ．①大学生－就业　Ⅳ．①G647.38

中国版本图书馆 CIP 数据核字（2018）第 017801 号

出版发行／北京理工大学出版社有限责任公司
社　　址／北京市海淀区中关村南大街 5 号
邮　　编／100081
电　　话／（010）68914775（总编室）
（010）82562903（教材售后服务热线）
（010）68944723（其他图书服务热线）
网　　址／http：//www. bitpress. com. cn
经　　销／全国各地新华书店
印　　刷／涿州市新华印刷有限公司
开　　本／787 毫米×1092 毫米　1/16
印　　张／13. 5
字　　数／312 千字
版　　次／2018 年 1 月第 1 版　2022 年 1 月第 5 次印刷
定　　价／37. 00 元

责任编辑／江　立
文案编辑／王梦春
责任校对／周瑞红
责任印制／施胜娟

图书出现印装质量问题，请拨打售后服务热线，本社负责调换

Preface 序 言

高等教育在经历了十多年的快速发展后，现在已逐步进入大众化教育阶段。就目前来看，高等教育已初步形成了以政府部门、行业协会和社会力量办学为主，并与普通教育相互沟通的多种形式发展的教育新格局。伴随着高等教育的快速发展，高校毕业生的就业必须给以充分的重视，它关系着数百万毕业生的切身利益，关系着高等教育的发展改革和科教兴国战略的实施，关系着全社会的稳定。因此，如何把大学生毕业和就业相结合，特别是在大学时给他们更多的自主就业、创业的指导，是缓解当前大学生的就业压力、解决就业难问题的有效途径之一。

目前“市场导向、政府调控、学校推荐、学生与用人单位双向选择”是各类高校毕业生就业的基本政策。在这种背景下，市场主导的地位实际上已经确立，大学生择业和单位选人的自主性都得到了增强。高校毕业生应该凸显其职业优势，调整就业观念，准确定位，才有可能科学择业，有效就业。

为了提升大学生的就业能力，使每一个毕业生都能充分实现其人生价值和社会价值，有效缩短应届大学毕业生与就业岗位的距离，本教程从大学生职业生涯规划入手，指导大学生正确进行职业定位，了解国家关于大学生就业政策，学习就业流程和方式方法以及面试技巧。同时兼顾大学生毕业后创业的需要，在教程中对大学生的创业能力培养、创业知识学习给出简明的阐述。并引入了部分应届大学生就业、创业的成功经验和案例。

本书由四川财经职业学院王炼担任主编，负责全书统稿和审核，并编写第一至第三章；吴峥担任副主编，并编写第五至六章；参加编写的还有：翟兴旺（第九章）、辜韦维（第七章及第八章）、李焱茹（第四章）。由于作者水平有限，书中难免有疏漏及不妥之处，敬请读者提出宝贵意见。

编 者

2017. 12

Contents 目录

第一章 大学生就业指导与就业制度 1

第一节 就业与就业指导 …… 1

第二节 就业环境与就业制度 …… 5

第二章 职业认知 16

第一节 职业概述 …… 17

第二节 职业的类型 …… 21

第三章 大学生职业生涯规划 32

第一节 职业生涯规划概述 …… 32

第二节 职业生涯设计 …… 35

第四章 大学生就业准备 44

第一节 就业信息的收集与应用 …… 45

第二节 求职自荐材料的准备 …… 52

第三节 制作与投送简历 …… 58

第五章 大学生就业市场、就业程序与求职面试 65

第一节 大学生就业市场 …… 66

第二节 大学生就业程序 …… 71

第三节 面试概述 …… 77

第四节 面试准备 …… 80

第五节 面试礼仪 …… 83

第六节 面试难点与应对方法 …… 87

第六章　就业权益与法律保障　93
第一节　就业权益概述……93
第二节　大学生就业的法律保障……97
第三节　防范求职陷阱　反对就业歧视……105

第七章　职业的适应与转换　112
第一节　职业的适应……112
第二节　职业的转换……118
第三节　职业适应、转换的必备条件……123

第八章　积极适应社会　132
第一节　从学生角色向职业角色转变……133
第二节　积极适应职业角色……136
第三节　如何走向成功……139
第四节　职业人的必备职业素质……144

第九章　自主创业　自谋前程　153
第一节　自主创业概述……154
第二节　自主创业准备和程序……158
第三节　有关大学生创业的政策法规……166

附录一　高校毕业生就业创业政策百问(2017 版)　172

附录二　中华人民共和国劳动法　200

参考文献　209

第一章 大学生就业指导与就业制度

心灵咖啡

每年新闻报道都是说大学生就业难，近几年整个就业形势是怎样的，是不是还是很难？

教育部就业指导中心就业服务开发处处长方伟直言，2016 年全国高校毕业生 765 万人，比 2015 年增加 16 万人。2017 年全国高校毕业生总量达到 795 万人的历史新高，比 2016 年增加 30 万人。整体来讲，受国内经济下行压力影响，高校毕业生有效需求信息不足及结构性矛盾并存，高校毕业生就业形势依然复杂严峻。另一方面，还要看到伴随着我国产业结构的调整升级、国家创新创业战略的逐步落实，将催生许多具有较高附加值适合高校毕业生的就业创业岗位，同时由于国家就业创业政策的持续完善，将给大学生就业创业提供良好的政策环境和发展空间，这些又都是高校毕业生就业形势中的积极方面和利好因素。

国家人力资源社会保障部《关于做好 2017 年全国高校毕业生就业创业工作的通知》指出，促进高校毕业生就业任务更为繁重。各地要认真贯彻党中央、国务院关于高校毕业生就业创业工作的重要决策部署，坚持把高校毕业生就业摆在就业工作首位，以实施高校毕业生就业创业促进计划为抓手，拓展就业渠道，完善精准服务，强化困难帮扶，切实做好高校毕业生就业创业工作，确保高校毕业生就业局势稳定。

大学生就业形势与政策，直接关系到每一位大学生的求职择业历程，是每一个大学生都会关注的问题。了解大学生就业形势，掌握大学生就业政策，从而更好地了解所面临的机遇和挑战，将有助于大学生在校期间提升自身综合职业素养，以期顺利就业。

第一节 就业与就业指导

一、就业与就业指导的概念

就业是指劳动者同生产资料相结合，从事一定的社会劳动并取得经济收入的活动。由此定义可见，就业应该具备三个基本条件：一要从事社会劳动，要把个人的工作融入到整个社会之中；二要得到社会认可，必须合理合法；三要有一定报酬或经济收入。社会中具备劳动能力的人通过就业维持生活，实现自己的价值，为社会作出贡献。

就业指导又被称为职业指导，是指为需要获得职业的人提供如何获得适合自己的职业的各种服务和指导，实现劳动者与职业的结合。

大学生就业有其自身的特点，主要表现在：

（1）大学生就业的主体是受过高等教育的大学生，具有一定的思想素质和文化素质。

（2）大学生就业是从学生时代步入社会的转折，一般不具有工作经验。

（3）大学生择业时具有较强的群体性和季节性，数以百万计的应届毕业生几乎在同一时间段需要及时就业。

大学生就业是连接学业、职业与事业的桥梁。纵观大学生就业的特点，大学生就业指导不单纯是帮助大学生选择职业，谋求一份工作，还要以大学生的学业为基础，以就业为导向，以职业为载体，以事业为目标，统筹兼顾、协调一致，使大学生的专业能力和综合素质得到和谐发展，使大学生个人劳动能力得到最佳配置。具体来讲，从大学生一入学就对其进行职业生涯规划的指导，预测社会的需求状况，让大学生了解就业形势，帮助其树立正确的职业理想和择业观念，使其自觉提升自己的学习能力，注重实践能力和各方面素质的培养和训练，掌握就业政策和求职技巧；给毕业生传递就业信息，帮助其解决就业中出现的问题，为其顺利求职择业、迈向社会提供指导和服务。要实现大学生学业、就业、职业、事业的协调统一，就要求大学生就业指导的全程化。在毕业生数量不断增加的就业形势下，还不能忽略对大学生的个体指导。

二、就业指导的历史由来

就业指导作为一种专门的社会服务工作和研究课题，最早起源于美国。早在 1894 年，美国加州工艺学校就有人开始从事就业指导工作。之后，在德国、苏格兰等一些西方资本主义国家也相继开展了专门的职业指导活动。就业指导的创始人——美国佛兰克·帕森斯首先使用了就业指导的概念。1909 年他出版了《职业选择》一书。帕森斯创立的职业指导理论被称作“特性——因素理论”，在西方国家职业指导中一直处于主导地位。1911 年，美国哈佛大学在世界上首开先河，在大学生中开设了就业指导课，帮助学生及时了解市场人才需求，提高学生的职业兴趣和职业定向意识，指导学生填写履历表和撰写求职信，教给学生参加面试、提高学生人际交往能力和求职技巧以及进行毕业生初次就业的心理测试。

在我国，清华大学早在 1916 年就开始着手和筹备就业指导这项工作，首次应用心理测试等手段对学生进行职业指导，1923 年正式成立了职业指导委员会，拉开了我国高校就业指导工作的序幕，1925 年还出版了《职业指导实施》一书，记录下我国开展就业指导工作的历史。之后，国内许多学校都陆续设立了就业指导机构。1919 年黄炎培先生发表《职业指导号》，从介绍西方国家职业指导的理论与经验入手，结合当时的经济与社会状况，提出了在我国开展职业指导的必要性，他指出“凡是能传之我且远，必在其存在的理由，职业指导适于社会分工制度之需要，内应天生人类不齐才性之特性……苟社会分工制度一日不废，而人类才兴一日不齐，职业指导永远存在可也。”我国的就业指导从无到有，并形成一定的规模，为我们今天的就业指导工作打下了良好的基础，提供了有益的经验。但在旧中国，经济凋敝，职业指导基本处于停滞状态；新中国成立后，由于实行计划经济和就业的统包统分等多种原因，职业指导没有得到足够重视。改革开放以来，我国国民经济迅速发展，就业制度发生了根本变化，发展多种就业形式，运用市场调节就业结构，形成用人单位和劳动者双向选择、合理流动的就业机制，为职业指导提供了最好的发展机遇。大学毕业生与用人单位之间采取了双向选择的就业模式，毕业生就业引入了竞争机制，各高校在原国家教委的要求下，于20世纪90年代中期相继成立了毕业生就业指导中心，开展了一些就业指导活动。1993年，中共中央、国务院颁布了《教育改革和发展纲要》，进一步明确了毕业生就业制度改革的目标和改革后毕业生的就业方法。要保证就业制度的顺利实施，就必须在高校中开展对大学生的就业指导。就业指导工作及就业指导课程在高校应运而生。

三、就业指导的主要内容

当今社会复杂多变，经济发展日新月异，就业指导内容也日益丰富，形式更加多样，从现阶段看，大学生就业指导内容主要包括以下几个方面。

1. 就业思想教育

就业思想教育贯穿就业指导的全过程，也是日常对学生进行思想教育的继续和延伸。就业思想教育是把马克思主义的世界观、人生观、价值观等观念渗透到就业指导工作中，落实到求学之路、职业生涯设计、择业标准、求职道德、成才道路等方面，帮助学生树立正确的择业观，将自我价值实现与社会需要结合起来，倡导艰苦奋斗和无私奉献。毕业生在求职择业过程中，要正确认识社会、认识自我，调整择业期望；既要面对现实，保持良好心态，又要勇于竞争，恪守诚实守信；克服在择业过程中“等、靠、要”的思想，积极适应社会等。

2. 就业政策指导

大学生就业是劳动就业的一个组成部分，当然要受到国家就业方针政策的制约。就业政策是国家为实现一定时期的任务，为适应经济建设和社会发展而制定的有关毕业生就业的行为准则，是大学生求职择业的重要依据。一些毕业生由于对国家的就业政策缺乏了解，在择业时思想上往往带有很大的随意性和盲目性。只有广泛地进行政策宣传和教育，使学生了解国家制定的全国性就业政策和有关部门、各省市制定的行业性、区域性就业政策及学生所在学校制定的具体就业工作实施意见，才能引导毕业生走出择业的“误区”，才有利于毕业生根据国家需要并结合个人实际，有针对性地选择职业。毕业生也只有了解和掌握就业政策，才能更好地维护自己的责、权、利，顺利地完成求职择业。

3. 就业形势指导

就业形势指导是引导学生了解当年毕业状况及当前社会经济发展对人才的需求状况和人才市场的形势，使学生做到“知己知彼”。所谓“知己”，就是了解当年毕业生的整体情况，了解毕业生择业志愿的变化及趋势，摸清毕业生的思想动态；所谓“知彼”，就是全面地了解社会的用人需求数量，人才市场的需求“行情”等。及时了解毕业生的整体状况以及当前人才市场的行情，有助于毕业生把握求职择业的主动权。

4. 就业策略指导

就业策略指导也可被称为就业技术或技巧指导，即对大学毕业生求职择业的策略、方法、手段、技巧等具体操作环节进行指导。它是现代社会毕业生顺利求职择业的必备技能，主要包括自我认知能力、信息收集和处理能力、自我推荐方法、面试技巧、心理调适方法、职业适应能力、成才与职业发展的计划实施能力及技巧等内容。求职择业是一门艺术，正确的方法和技巧是成功择业的重要因素之一。在双向选择过程中，绝大多数毕业生是第一次面对用人单位的挑选，了解并掌握相关的求职择业的方法和技巧，如同机器上了“润滑油”，运转就会灵活自如，就业的成功率会大大提高。

5. 就业心理指导

就业心理指导是针对毕业生的心理发展特点和在择业、就业过程中产生的心理问题进行帮助指导。择业，是大学生人生的一次重要选择，也是对他们综合素质，特别是心理素质的一次全面检验。选择本身就容易引起人们的困惑和矛盾，毕业生在走向就业市场面临激烈的竞争，参与“双向选择”的过程中，由于主观上的不稳定性和不成熟性，客观上的诸多制约因素及就业的压力，很容易在择业时产生相关心理问题。因此要通过就业心理指导，帮助他们提高心理素质，培养健康的心理，使其保持良好的择业心态，正确面对现实和择业过程中遇到的挫折。

6. 职业生涯指导

职业生涯指导主要针对大学生在校学习期间，通过个别辅导、职业兴趣、能力倾向测试等多种方式，帮助大学生学会自我认知和自我评价，确立合理的职业目标和方向，从而为获得事业成功奠定基础。职业生涯指导可以提高学生的职业兴趣和职业定向意识，引导他们对自己进行评价，通过自我评价确定合适的职业种类。考虑学生个体的职业兴趣和职业潜力，职业生涯指导应贯穿在整个教育过程中，使学生在学习目标和择业目标上保持一致，既保证了学生的知识体系能适应市场需要，同时也提高了学生的就业竞争力，对学生的整个职业生涯的规划也起到了很好的引导作用。

7. 社会适应指导

社会适应指导帮助毕业生尽快适应环境，完成角色转变，树立信心和责任感，遵守职业道德，在实际工作中乐业、敬业、创业，脚踏实地地干一番事业。大学生从学校走向社会，是人生道路上的一大转折。但是，由于大多数毕业生的生活经历基本是“从家门到校门”，他们接触社会少，阅历浅，对社会缺乏了解和认识，对新的社会环境感到陌生，甚至无所适从。在这个过程中，要完成从学生到职业工作者的角色转变，需要经历社会化和再社会化的过程。社会适应指导就是帮助他们正确地认识社会，建立良好的人际关系，教育他们“爱岗敬业”，有强烈的责任感和事业心，不断进取，艰苦创业，顺利地实现从学校到社会，从学生角色到职业工作者角色的转变，成为国家的有用之才。

阅读材料

一般而言，影响毕业生自我定位有以下因素：其一是职业定位模糊。由于是初次择业，毕业生大都抱着“边走边瞧，边走边跳，走一步，算一步”的想法，没有认真想一想自己的职业定位问题，也没有一个职业生涯规划。其二是不能正确地评价自己。有的毕业生在择业过程中总是过高地估价自己，自我定位过高——工资看外企、职位看白领、单位看名气、环境看气派，因此总是找不到一个适合自己的就业岗位，到最后反而“嫁不出去”。其三是社会因素的干扰。一些毕业生往往受亲朋好友的影响较大，自己明明已看好某个职位，该职业也较符合自己的综合能力，可周围的亲友一有反对之声，自己就开始动摇了。现实生活中存在的社会职位竞争的不公平、操作的不规范现象，也常常使毕业生感到很迷茫，找不准位置，看不清方向。其四是心理素质不过硬。当前我国正处于深刻的社会变革时期，一些毕业生没有完全适应这种变革，在职业定位时往往被心理因素左右，因此很难准确做出理性的选择，在择业中或盲目从众，或消极逆反；不是过于自尊，就是过于自卑，凡此种种，都会对毕业生顺利就业形成巨大的障碍。

因此，毕业生在选择职业的过程中，首先，要针对自己的实际情况，做好自己的职业定位，规划自己的职业生涯；其次，要根据自己的专业、技能、综合能力和社会用人单位的要求，确定自己的职业定位；再次，毕业生还要排除各种外界干扰，如果自己和用人单位彼此都很满意，就应该早做决定，尽快签订就业协议；最后，就业过程是一个复杂的过程，往往会遇到这样或那样的困难，这就要求毕业生努力培养良好的心理承受能力，勇敢地迎接选择未来生活的种种挑战。

第二节 就业环境与就业制度

一、我国大学生就业环境

就业是在一定环境中进行的，大学生所处的就业环境由以下几方面因素共同确定：当年的社会环境、政策环境、经济环境、用人单位需求情况等。

1. 社会环境

社会主义初级阶段是我国的基本国情，初级阶段担负着极其繁重的历史任务。中国要从不发达逐步实现现代化，从农业国转变为工业国，就要发展科技和教育，缩小地区间的差距，实现国家的工业化和经济的社会化、市场化和现代化，在社会主义的基础上实现中华民族的伟大复兴。这一特定阶段的发展具有以下基本特征：

（1）市场经济竞争激烈。

在市场经济运行中，优胜劣汰，适者生存，竞争激烈。企业建立起新型的劳动就业制度，劳动者在就业过程中可以双向选择、合理流动和自主创业，劳动者素质的高低，要通过其对经济和社会的贡献来衡量。因此，经受市场经济的激烈竞争的考验，成为每个人都不可回避的选择。

（2）多元经济共同发展。

公有制为主体、多种所有制经济共同发展，是我国社会主义初级阶段的一项基本经济制度。它是由社会主义的性质和基本国情所决定的。第一，我们是社会主义国家，必须坚持公有制为基础；第二，社会主义初级阶段需要在公有制为主体的条件下发展多种所有制经济；第三，一切符合“三个有利于”的所有制形式都可以用来为社会主义服务。

（3）现代化建设任重道远。

邓小平同志高瞻远瞩，及时把握时代的脉搏和社会、经济发展的趋势，描绘了我国现代化建设的宏伟蓝图，规划了“三步走”的发展战略。即 20 世纪“走两步”，达到温饱和小康，21 世纪用 30～50 年的时间再“走一步”，达到中等发达国家的水平。

（4）知识经济初见端倪。

放眼世界科技，我们可以清楚地看到，科技在世界经济和社会发展中具有第一位的推动作用。中国要迅速发展必须依靠科技进步，此外别无他路。21 世纪的新科技革命具有信息爆炸、进步速度加快、更新周期缩短、多学科领域综合渗透、高科技主导作用越来越明显等新特点。高科技发展所造成的直接后果就是全球化的电脑、电视、网络以及卫星通信、程控电信等现代化信息手段的形成，各国纷纷建立信息高速公路，网络把世界各地的人们都联系在一起。20 世纪 70 年代以来，对未来经济出现了多种说法。1990 年联合国研究机构提出了“知识经济”的概念，明确了这种新型经济的性质是以知识为基础的经济。知识是创造社会财富诸要素中最基本的生产要素，其他生产要素都要靠知识来装备和更新。世界上一些发达国家已率先用知识经济来替代工业经济。知识经济的社会细胞已经出现并正在发展壮大，人类进入知识经济时代已经不是遥远的未来。

2. 政策环境

我国高校毕业生就业政策较早的依据是原国家教委 1997 年 3 月 24 日颁布的《普通高等学校毕业生就业工作暂行规定》（以下简称《暂行规定》）。近几年国家教育部适应经济和科技社会发展陆续出台了各项高校毕业生就业和创业政策对大学生就业的各个环节进行了详细的规定。教育部新闻办还创办了“微言教育”新媒体平台，以方便广大学子了解大学生就业与创业的有关问题。

下面以毕业生就业工作程序、毕业生就业指导与毕业生鉴定、供需见面和双向选择活动为例进行说明。

对于毕业生就业工作程序，《暂行规定》指出，全国高等学校毕业生就业工作程序和时间安排由原国家教委统一部署，各部委和地方应按照统一部署具体指导所属院校毕业生的就业工作。毕业生就业工作程序分为就业指导、收集发布信息、供需见面及双向选择、制订就业计划、进行毕业生资格审查、派遣、调整、接收等阶段。毕业生就业工作一般从毕业生在校的最后一学年开始。用人单位一般应在每年 11 月到次年的 12 月向主管部门及有关高校提出下一年度毕业生需求计划，11 月到次年的 5 月与毕业生签订录用协议。毕业生的就业活动不得影响学校正常的教学秩序和学生的学习。毕业生联系工作时间应安排在 1—5 月。

对于毕业生就业指导与毕业生鉴定，《暂行规定》指出，毕业生就业指导是高校教学工作的一个重要组成部分，是帮助毕业生了解国家的就业方针政策，树立正确的择业观念，保障毕业生顺利就业的有效手段。毕业生就业指导重点进行人生观、价值观、择业观和职业道德教育，突出毕业生就业政策的宣传。毕业生就业指导要理论联系实际，注重实效，可采用授课、报告、讲座、咨询等多种形式。毕业生就业指导要与毕业教育相结合，教育毕业生以国家利益为重，正确处理国家利益与个人发展的关系，自觉服从国家需要，到基层去，到艰苦的地方去，走与实践相结合的成才之路。高等学校要按照国家教育部《普通高等学校学生管理规定》《高等学校学生行为准则（试行）》等要求，实事求是地对毕业生作出组织鉴定。毕业鉴定主要包括毕业生在校期间德、智、体等各方面的基本情况，这些基本情况要按照档案管理的有关规定，认真核对无误后归档。档案材料应在毕业生派遣两周内寄送毕业生报到单位。

对于供需见面和双向选择活动，《暂行规定》指出，供需见面和双向选择活动是落实毕业生就业计划的重要方式。各部委、各地方主管毕业生就业工作部门负责管理和举办本部门、本地区的毕业生就业供需见面和双向选择活动，其他部门不得举办以毕业生就业为主的洽谈会或招聘会。举办省级上述活动要报国家教委备案，跨省区、跨部门的有关活动须报国家教委审批。有条件的高等学校要举办或校际联办毕业生供需见面和双向选择活动。高等学校在毕业生供需见面和双向选择活动中起主导作用。经供需见面和双向选择后，毕业生、用人单位和高等学校应当签订毕业生就业协议书，作为制订就业计划和派遣的依据。供需见面和双向选择活动要在国家就业方针、政策指导下，有组织、有计划、有步骤地进行，时间应安排在节假日。供需见面和双向选择活动，不得以营利为目的向学生收费，不得影响学校正常的教学秩序和学生的学习。

除了基本的政策规定外，每年的大学生就业还有一些特殊政策，或者补充政策，比如，对在公益性岗位安排就业困难人员就业的单位，按其实际安排就业困难人员人数给予岗位补贴。公益性岗位补贴期限，一般最长不超过 3 年。

在公益性岗位安排就业困难人员就业的单位，可按季向当地人力资源社会保障部门申请公益性岗位补贴。公益性岗位补贴申请材料应附：符合享受公益性岗位补贴条件的人员名单及身份证复印件、《就业创业证》复印件、发放工资明细账（单）、单位在银行开立的基本账户等凭证材料，经人力资源社会保障部门审核后，财政部门将补贴资金支付到单位在银行开立的基本账户。

培养造就一大批既有现代科学文化知识，又有基层工作经验和强烈社会责任感的优秀青年人才；弘扬“奉献、友爱、互助、进步”的志愿精神，推动经济社会的全面发展进行了全面阐述。《国家公务员暂行条例》和《国家公务员录用暂行规定》对大学生报考国家公务员提供了政策依据。另外，各地政府教育主管部门会根据当地的情况，制定相应的高校毕业生就业政策；各高校根据国家、地方政府的政策，也会制定具体的学生就业政策。

针对大学生就业，国家和地方政府制定了严密的政策，有些政策明确规定了某些毕业生的就业行为。如果不认真了解这些政策，仓促就业，结果只能是事倍功半。

比如，对来源于边远省区毕业生就业的政策。我国政府规定，毕业生就业工作中的边远省区是指以下十个省区：内蒙古自治区、黑龙江省、广西壮族自治区、贵州省、云南省、西藏自治区、甘肃省、宁夏回族自治区、青海省、新疆维吾尔自治区。由于历史原因，这些省区的经济、科技和教育比较落后。要改变这种落后面貌，一靠投入，二靠政策，三靠科技，但最关键的还是科技人员的数量和质量。国家对边远省区科技队伍的建设非常重视，并制定了很多政策，其中包括这样一条：为满足边远地区经济、科技和教育发展对人才的需求，对来自边远省区的毕业生，若所学专业为本省区（含国务院各部委在这些地区的直属单位）所需要的，原则上要安排回去就业。对有特殊困难需要照顾的支边职工子女，在征得边远省区主管调配部门的同意后，并由单位接收的，可在内地就业工作。这一政策的实施受到了边远地区的欢迎，符合广大人民的心愿。

对参加大学生志愿服务西部计划的志愿者，除享受国家规定的高校毕业生就业优惠政策外，国家还给予以下政策支持：服务期间，享受一定的生活补贴（含交通补贴和人身意外伤害、住院医疗保险）；服务期间计算工龄，党团关系转至服务单位；本人要求户口和档案保留在学校的，按规定保留两年。在此期间，档案管理机构对保管其档案免收服务费用；本人要求将户口转回入学前户籍所在地的，公安机关按照规定为其办理落户手续，人事、教育部门所属人才交流机构负责办理相关手续，人事部所属人才交流服务机构免费提供人事代理服务。服务期满落实工作单位后，公安机关按有关规定办理户口迁移手续；服务期间，可兼职或专职担任所在乡镇团委副书记、学校及其他服务单位的管理职务；服务期满考核合格的，报考研究生给予加分，在同等条件下优先录取，具体规定在当年的研究生招生政策中予以明确；服务期满考核合格报考党政机关公务员的，可适当加分，同等条件下应优先录用，具体规定由省级公务员考试录用主管机关在当年招考中予以明确；服务期满，对志愿者作出鉴定，存入本人档案；考核合格的，颁发证书，作为志愿者服务经历和就业、创业的证明；服务单位应向志愿者提供住宿等必要的生活条件；在录用党政机关公务员和新增国有企事业单位专业技术人员、管理人员时优先录用；服务期为一年、服务期满考核合格的，授予中国青年志愿服务铜奖奖章；服务期为两年、服务期满考核合格的，授予中国青年志愿服务银奖奖章，表现优秀的授予中国青年志愿服务金奖奖章，表现特别优秀的推荐参加中国青年五四奖章、中国十大杰出青年、中国十大杰出青年志愿者、国际青少年消除贫困奖等评选；鼓励各高校和社会各方面对高校毕业生的工作、生活、学习、就业和创业提供帮助和支持。

对于在就业过程中，发生特殊问题，如生病等，该如何处理，就业法规也有明确规定。毕业生报到后，发生疾病不能坚持正常工作的，应按在职人员病假期间的有关规定办理。如果是在已办理派遣手续，但还未报到期间发生疾病，就要由培养单位和毕业生本人协商解决。对于派遣前生病的毕业生，学校应在派遣前认真负责地对毕业生进行健康检查，不能坚持正常工作的，让其回家休养。一年内治愈的（须经学校指定县级以上医院证明能坚持正常工作的）可以随下一届毕业生就业；一年后仍未治愈，无用人单位接收的，户口关系和档案关系材料转至家庭所在地，按社会待业人员办理。

3. 经济环境

经济发展形势直接关系到大学生的就业情况。国家总体的经济形势影响当年人才的总体需求，而区域的经济形势不但影响当地的人才需求、人才环境，而且也引起人才的流向不平衡。

我国的地区经济发展很不平衡，城乡之间还存在较大的差距。这就导致了地区的人才需求不平衡以及大学毕业生流向的不平衡。东部沿海地区和中心城市如北京、上海、深圳、广东、江苏、浙江等省市对人才的需求旺盛，成为人才流向集中的地方；在广泛宣传、发动以及政策支持下，流向中西部地区的人才逐年增多，但西部要构成对人才的强烈吸引力，还有待于西部开发的深入进行。经济发展了，处处呈现勃勃生机，对高层次人才的需求就会自然增多，当然，经济发展的过程，也是人才不断参与的过程。

对大学毕业生来说，需要分析掌握国家总体的经济形势和各区域经济发展形势，这可以帮助自己正确定位就业目标。经济发达的地区和城市，对高层次人才的需求较为旺盛，总体的人才环境较好、机遇较多，但与此同时，人才竞争十分激烈；经济欠发达或者不发达的地区，对高层次人才的需求不多，工作环境、条件较为艰苦，但是给大学生施展才华、创造事业、实现人生价值提供了广阔的空间。

4. 用人单位需求情况

用人单位的需求信息，就如同商品的“订单”，预示着就业环境的冷暖。

每到毕业生就业时，需要招聘应届毕业生的用人单位，通过到政府教育主管部门就业指导中心、高校就业指导中心登记的形式及时发布需求信息，并参加有关的毕业生双向见面活动，还有的用人单位会到学校召开企业说明会。学校就业指导中心会通过网络、报纸、张贴栏等方式将就业信息及时传递给学生。

用人单位对人才的需求是动态变化的。这与四方面因素有关：一是用人单位自身发展（取决于国民经济发展整体形势、行业发展形势、企业自身经营状况及发展规划）对人才的需求；二是人才供给情况，如果大学生供给多、质量高、提出的要求低，有的用人单位会提前对人才进行储备；三是用人单位人力资源观念的转变，对人力资源的重视、开发和利用，将很大程度影响用人单位的人才需求数量和结构；四是相关政策的制约或促进，国家为推动大学生就业，制定了一系列政策，有的政策是面向大学生的，还有的政策则面向用人单位，鼓励用人单位创造条件多接纳、使用大学生。

大学生要掌握整体的用人单位需求信息，并不容易。原因主要有两个：一是用人单位的信息不是同时间发布的，不同用人单位的需求信息也许要间隔半年甚至更长时间；二是用人单位的需求信息，有相当部分不具备明确的学校或专业针对性，可能是在上海地区招收本科学历毕业生多少名，也可以是在某高校招收具有本科学历的学生多少名，从这种没有学校或专业限制的信息中，很难得到关于专业就业形势的准确判断。

目前，高校学生就业指导工作部门所做的一项工作就是跟踪、收集用人单位的需求信息，做及时分析后向学生发布。这是大学生了解自己的“市场行情”的重要渠道。大学生了解用人单位的需求情况的另一种渠道是分析行业的经济发展形势。一般而言，这类信息可从报刊和网站上获取。

二、我国大学生就业制度

就业制度是指国家关于人们合法获取就业机会、维护社会就业行为的根本规定。随着经济体制改革的全面展开和政治体制改革的深入发展，我国劳动人事制度的改革也进入了一个深入发展的新阶段。具体而言，政府机构要转变职能、精简机构、提高效率，推行国家公务员制度；国有企业要实行灵活的用工制度，推广劳动合同用工制度，逐步打破不同所有制企业职工的固定身份界限，促进劳动力资源合理配置；事业单位要在国家有关法律规范下，逐步实现单位自主用人，个人自主择业。新的就业机制将逐步形成。我国现行的就业制度有以下几种：

1. 国家公务员制度

现代公务员制度是建立在民主政治、法制社会和科学管理基础之上的制度。中国国家公务员制度，是关于政府机关从事公务人员管理的法律化、正规化和标准化的诸种规范性和规定性的总和，是一套完整的国家行政机关工作人员录用、考核、职务任免或升降、培训、工资保险福利、申诉控告、退休以及公务员管理和监督等管理行为的规范和准则体系。

2. 劳动合同制度

我国在20世纪50年代中后期开始实行计划经济，在劳动用工制度方面统包统配。这种统包统配的劳动用工模式，从根本上否定了企业自主用人、劳动者自主择业的行为，使就业决策集中于宏观单一层次，导致劳动者职业的固定化，并造成了劳酬脱节，挫伤了劳动者与用人单位的积极性，阻碍了生产力的发展。1983年2月原劳动人事部发布《关于积极试行劳动合同制度的通知》，提出今后无论全民所有制单位还是区、县以上集体所有制单位，在招收普通工种或技术工种工人的时候，都必须与被招用人员签订劳动合同。1995年《中华人民共和国劳动法》正式实施，建立起与社会主义市场经济体制相适应的新型劳动用工制度，从根本上改变了以往计划经济条件下企业劳动用工依靠行政手段分配与管理的体制，使企业和劳动者可以在真正平等的基础上实现双向选择，从而使劳动关系双方真正成为平等的主体，保证了劳动者和用人单位的平等主体地位，为培育和发展劳动力市场，建立统一、开放、竞争、有序的劳动力市场运行机制创造了条件，为劳动力资源的合理配置，为国民经济持续、快速、健康发展，为社会主义市场经济体制的建立和发展创造了条件。同时，人们的就业观、就业意识也在发生着变化："铁饭碗"打破了；"工作无贵贱、劳动最光荣"；"不靠国家靠自立，自主创业闯新天"成为时尚。

3. 市场就业制度

随着改革开放的深入，人才开始"流动"。所谓人才流动，是指以专业技术人员和管理人员为主体的各类人才根据个人的择业愿望，通过人才流动服务机构登记、交流，从一个单位（地区）调整到另一个单位（地区）工作。人才流动中的流动人员主要是指：辞职或被辞退的机关工作人员；企事业单位专业技术人员和管理人员；与用人单位解除劳动合同或聘用合同的专业技术人员和管理人员；待业的大中专毕业生；自费出国留学人员；外国企业常驻代表机构的中方雇员；外商投资企业、乡镇企业、区街企业、民营科技企业、私营企业等非国有企业聘用的专业技术人员和管理人员等。

人才流动具有社会性、多样性、灵活性等特点，主要形式有辞职、辞退、聘用、兼职等。人才流动，可以改变人事行政隶属关系，如辞职、辞退；也可以不改变人事行政隶属关系，如兼职。无论人才以何种形式流动，都要在有利于国家经济社会发展的前提下，进行合理有序的流动。搞活人才流动，对于促进经济社会发展，促进人事制度改革具有重要意义。搞活人才流动，对于实现人才的自主择业权和单位的自主用人权，也都具有重要意义。

从1995年开始，我国实行了市场就业制度。市场就业制度是国家出让劳动者就业的承揽权，劳动力纳入市场，使劳动市场成为沟通劳动力供需双方的渠道；劳动力供需双方直接见面、互相选择，并以合同方式维系双方关系；劳动者在国家法律许可的范围内，自己开创事业，国家给劳动者提供优惠政策，并创造宽松的经营环境。毕业生就业制度的改革是面向21世纪教育改革的重要组成部分。对高等学校来说，就是要把人才培养和合理使用结合起来，增强学校面向社会自主办学的动力和活力；对学生来说，有利于形成激励和竞争机制，提高学习的积极性和竞争性；对用人单位来说，有助于促进其尊重知识、尊重人才，从而使教育适应经济建设和社会发展对人才的需要。

三、我国大学生就业趋势

我国高校自1999年扩招后大学毕业生逐年大幅递增，近年来高达795万人左右。如此众多数量的各类毕业生冲击大学生就业市场，给就业者提出了新的挑战。

1. 大学生就业现状分析

（1）需求不平衡。

需求不平衡具体表现在学科专业之间、学历之间、地区之间、院校之间、用人单位之间的不平衡。高新技术专业、高学历、东部经济发达地区、名牌学校的毕业生就业占优势；作为传统毕业生就业主渠道的国有大中型企业，引进毕业生的比例在逐年下降；政府机关及事业单位，用人指标有限，难以接收大量毕业生。而三资企业、民营企业及高新技术产业企业（尤其是信息产业）的需求数量连年增加。

（2）社会对毕业生的素质要求提高。

目前毕业生就业形成了“买方市场”，人才竞争越来越激烈，用人单位对毕业生的素质要求标准越来越高，选择毕业生也更加理性。不再单纯追求人才的数量，而是更加注重毕业生的综合素质。那些具有较高的政治思想素质和高尚的品德、扎实的基础知识和宽广的知识面、强烈的事业心和责任感且吃苦耐劳、动手能力与团队精神强、身心健康的毕业生十分走俏。

（3）就业竞争日益激烈。

在当今大学生就业市场上，就业竞争日益激烈。一方面大学生择业受毕业时间相对集中、选择职业时间较短的影响；另一方面，近几年随着高等教育大众化的实施，毕业生的数量不断增多，而社会的有效需求在短期内增加有限，因而就业岗位有限，就业压力增大。尤其是当前大学生趋之若鹜的“热门”职业、“热门”岗位，求职毕业生多，就业竞争更为激烈。

（4）以学校为主的大学生就业市场已经形成。

尽管社会上已形成了各类人才市场，但市场规模过大，缺乏严格的市场规则，或针对性不强，使得就业签约率不高。相比之下，以学校为主体的就业市场，由于学校与用人单位常年保持较密切的联系，供需双方专业较对口，学校的中介作用可以得到充分发挥等，这样就使得学校的就业市场签约率较高，市场的效益发挥较好，因其高效、可靠、真实、规范而受到了毕业生和用人单位普遍欢迎，如长沙师范学校约78%的毕业生通过学校就业市场成功择业。

（5）就业管理工作进一步规范、完善。

以学校为基础的毕业生就业市场和就业指导服务体系已经建立，并为毕业生和用人单位提供了多方面的帮助、指导和服务，市场机制在毕业生就业工作中的作用越来越明显。公平竞争、优胜劣汰得以充分体现，公开、公正、公平竞争的择业氛围正在逐步形成；毕业生就业市场正从传统的管理向以信息技术为基础的现代化管理模式转变，就业指导的手段正在向信息化、网络化迈进。各高校积极创造条件，依托全国毕业生就业信息网站，为毕业生提供网上信息交流和服务；就业关系合同化。即无论企业、事业单位，还是国家机关、社会团体，只要录用毕业生，都必须签订就业协议，这从客观上反映了毕业生就业工作已进入规范化、法制化的轨道。

2. 大学生就业市场的发展趋势

随着我国改革开放的深入和社会主义市场经济的不断完善，以及大学生就业市场化的进一步发展，今后几年大学生就业市场呈现以下发展趋势。

（1）供求形势将发生变化。

随着大学生的扩招，毕业生人数在短期内会迅猛增加，然而社会的有效需求在短期内却增速有限。同时，伴随一带一路国家级顶层战略，“人才国际化”步伐加快，用人单位对毕业生的要求越来越高；许多企业下岗分流，机关事业单位的减员增效以及高等教育的飞速发展，使就业竞争更加激烈，用人单位对毕业生越来越挑剔。这样一来，势必造成部分专业、少数毕业生供过于求，形成了“求职难”的状态，部分毕业生也会因此暂时待业。同时，农村、基层单位及边远地区将成为一些毕业生的自愿选择。

（2）无形市场加快发展。

由于计算机网络技术的广泛应用，择业自由度的增大，毕业生除利用有形市场直接洽谈外，更多地将通过无形市场，即在不见面的远程情况下进行。网络、传真、电话等会越来越显示出在择业方面的巨大活力。毕业生可以通过网络查询用人信息，并进行自我推销，也可以在远程情况下与用人单位进行交谈。学校将建立自己的就业信息网络，为毕业生与用人单位双向选择提供更加方便的条件。

（3）就业市场更加规范。

近年来，在大学生就业市场运行过程中存在不少问题，如就业市场的行为不规范，市场制度不健全等。再如，非法职业介绍机构随意插手毕业生就业市场，招聘、应聘中的弄虚作假，供需双方的轻率违约，各种乱收费现象以及某些招聘活动中的非公开、非公正行为的存在等，严重干扰了大学生就业市场的正常运行。今后，随着我国社会主义市场经济的不断发展和完善，大学生就业市场也将进一步完善，并不断向规范化、法制化迈进，公开、公正、公平竞争的良好择业氛围将会逐步形成。同时，高校就业市场将常年开放，并与其他人才市场形成互补。

（4）就业市场的功能更完善。

大学生就业市场虽已建立，但市场的功能还有待于进一步扩展、完善。今后几年，随着大学生就业市场的发展，未来大学生就业市场不仅具有有效配置毕业生资源、交流供需信息的功能，而且具有就业指导和服务功能，即包括就业指导、服务、咨询、推荐就业、就业培训以及就业测试等功能。

（5）宏观调控将进一步加强。

通过市场机制实现毕业生的最佳配置是大势所趋，但要实现人才的合理流向控制，还离不开宏观调控手段，尤其是在向关系国计民生的国有骨干企业，重点教学科研单位，国防、军工及边远、艰苦地区输送优秀人才方面，今后国家将会加强以市场为导向的宏观调控的力度，积极地引导、吸引毕业生到这些地区和单位就业。

阅读材料

（一）我国的就业政策

我国的就业政策可概括为：五大支柱、六个领域、十项措施。这些就业政策将对我国就业产生深远影响。具体内容简介如下：

1. 五大支柱

（1）经济拉动。

提高经济增长对就业的拉动能力。保持较高经济增长速度，调整产业结构、所有制结构、企业结构等，扩大就业总量。

（2）政策扶持。

运用优惠政策杠杆，将所创造的岗位优先用于吸纳下岗失业人员再就业。

（3）市场服务。

实现劳动力供求合理匹配。通过强化就业服务和职业培训，帮助劳动者了解需求信息，提高就业能力。

（4）政策调控。

尽量减少失业，通过严格规范企业减员、建立预警制度等措施，减轻社会失业压力。

（5）社会保障。

既能有效地保障下岗失业人员的基本生活，又能积极促进再就业。通过完善社会保障体系，消除下岗失业人员的后顾之忧。

2. 六个领域

（1）中小企业。

调整企业结构，发展有市场需求的中小企业，继续发展劳动服务企业。

（2）第三产业。

调整产业结构，大力发展第三产业，尤其是积极开发社区服务业和旅游业的就业岗位，积极发展商贸、餐饮等传统服务。

（3）多种经济。

调整所有制结构，鼓励发展就业容量大的集体、个体、私营、外商投资、股份合作等多种所有制经济。

（4）劳动密集。

充分发挥劳动力资源优势，积极发展具有比较优势和市场需求的劳动密集型产业和企业。

（5）灵活就业。

适应企业用工需求和就业方式的变化，鼓励下岗失业人员从事非全日制、临时性、季节性、弹性等灵活多样的工作。

(6) 劳务输出。

面向国内、国外两个市场，对内鼓励跨地区劳务协作，对外实施“走出去”战略。

3. 十项措施

(1) 税费减免。

鼓励下岗失业人员自谋职业；鼓励服务型企业吸纳下岗失业人员；鼓励国有大中型企业通过主辅分离分流安置企业富余人员。

(2) 小额贷款。

帮助自谋职业和自主创业的下岗失业人员解决创业起步的资金。

(3) 社保补贴。

鼓励服务型企业招用下岗失业人员；扶持社区开发的公益性岗位，安排大龄就业困难对象。

(4) 就业援助。

对有劳动能力和就业愿望的男50岁以上、女40岁以上就业困难的下岗失业人员给予多种帮助；实行岗位援助、社保和岗位补贴。

(5) 主辅分离。

鼓励国有大中型企业将辅业分离出来，分流安置富余人员，同时减轻社会失业压力。

(6) 就业服务。

建立健全公共就业服务体系。实行免费的就业服务；推广“一站式”就业服务；推行“政府购买培训成果”。

(7) 财政投入。

各级财政增加投入促进就业；中央财政加大对中西部地区和老工业基地的支持。

(8) 社会保障。

保障下岗失业人员的基本生活；再就业后的社保关系接续；实行适应灵活就业的劳动关系形式、工资支付方式和社会保险办法。

(9) 企业裁员。

关闭破产企业必须落实职工安置方案；国有大型企业一次性裁员超过一定比例的要事先向当地政府报告。

(10) 社会平台。

在10万个社区建立劳动保障管理服务工作平台。

(二) 国外大学生就业

世界范围内大学生就业问题日益严峻，一些国家的高等院校着眼于培养社会紧缺和具有实际工作能力的人才，提供高水平的就业指导，积极拓宽就业渠道，以最大限度地促进毕业生顺利就业。国外大学生的就业观念也发生了很大的变化，对工作性质、待遇等方面的要求比以前降低了。

巴西大学生已逐渐接受了“先就业后择业”的思想。他们普遍认为，毕业后先就业后择业，不管对工作是否满意，都要先干起来，逐步积累工作经验，一边工作，一边寻找自己所喜爱的工作。里约热内卢市政当局最近招聘500多名街道清洁工，应征者中有不少即将毕业的大学生和尚未找到工作的大学毕业生。

加拿大大学生择业比较实际，只要能找到还过得去的工作就行了。许多学生大学毕业后不能马上找到工作，但可以到企业或政府机关去实习。实习期间，用人单位给大学生发放相当于正式雇员工资50%～75%的报酬。通过实习，部分大学生在实习单位找到了工作。即使不能留在实习单位工作，有了实习经历后，大学生就更容易在其他单位找到合适的工作。这种途径有利于缓解大学生的就业压力。

俄罗斯许多大学生在实习过程中往往并不刻意追求专业与实践的结合。一项调查显示，俄罗斯大学生大多是很理性地看待毕业后改行这一现象。他们认为，大学教育除了让学生接受专业培训外，还给学生提供了培养个人能力的机会和场所。大学毕业生步入社会后的生存能力普遍比没有接受高等教育的同龄人强，接受新事物、掌握新技术的速度总体上也快。他们毕业后根据自己的实际工作进行相关专业的再学习是不可避免的。甚至可以说，大学毕业后改行是必然的。

瑞典大学生找工作的态度经历了一个由被动变为主动的过程。一些著名院校，如瑞典皇家工学院、斯德哥尔摩大学商学院等，以前是企业上门求才，大学生们待价而沽。现在形势变了，用人单位要反复挑选，特别是一些大众化专业，如市场营销等，往往一个招聘岗位有二三百人前来应聘，竞争异常激烈。为此，大学毕业生们不得不变被动等待为主动出击，翻看招聘广告，搜集有关公司的人力资源信息等。同时，瑞典大学生们对待遇的要求也相应降低。据瑞典宇宙传播咨询公司的调查显示，和几年前相比，大学生不再对薪水提出过高要求。IT专业的大学生刚进公司对月薪要求已降低了2.17万瑞典克朗（1美元约合8瑞典克朗）。毕业生对工作时间的要求也在降低，他们期望每周工作40小时，但46小时也能接受。对带薪培训、额外假期等的期望也降低不少。瑞典大学生们对工作单位的性质和地点的看法也发生了变化。以前，大学生心目中理想的工作单位是工作刺激、赚钱多、机会多，而现在他们只能降低标准，到以往认为很烦闷的地方工作，如政府机关、税务部门等。因为比起那些经常裁员的大公司，在政府部门工作无疑要安稳得多。一项调查显示，大学生对去国外工作的兴趣增大。这也反映了大学生们面对压力，选择更加多元化。

西班牙大学生如果实在没有合适的机会，为了自食其力，也会放下架子做“蓝领”。据统计，西班牙约有35%的大学毕业生做“蓝领”，如电脑输入员、电话接线员等。

印度发达的高等教育体系与相对迟缓的社会经济发展之间的脱节正在逐年拉大，整个社会正面临历史上从未有过的大学生就业压力。对于更多的印度大学生而言，自谋出路可能是他们面临的唯一选择。家庭有产业的可以子承父业，部分女生还可以选择嫁人去做全职主妇。

第二章 职业认知

心灵咖啡

未来的"金饭碗"

有人把金牌职业俗称为"金饭碗"。金饭碗具有以下特征：含金量高、收入多、发展前景广阔、有相当的社会地位、相对稳定，身上聚集了无数艳羡的眼光，让众多职业人士产生心跳加速、眼热嘴馋等连锁反应。有关人士经过市场调查并综合专家的分析，预测出未来几年的"十大金饭碗"。

理财规划师——目前，我国保险业、银行业等领域的理财规划从业人员的年收入一般在10万元人民币以上。

人力资源师——大集团公司的人力资源总监一般月薪为1万~2万元；薪酬经理、招聘经理等月薪大抵在8 000元；资深的人力资源师的薪资水准则以年薪报价。

企业高级策划、公关经理——熟悉中外文化，有国际化的眼光和思维，能理解国外客户的要求和意图。年薪5万~10万元是最基本的收入。

游戏、动画设计工程师——其从业人员均为1975年及以后出生的人，这是一群非常年轻的暴发户。目前最少有15万人的缺口。优秀的设计工程师年薪在15万元以上。

公务员——公务员工作稳定、薪水逐年提高、高额的补贴和优厚的福利待遇、良好的社会地位和仕途前景及建立社会关系网络的便利条件，让公务员成为无数毕业生眼里的"超级热馍馍"。

电子商务工程师——未来10年是商务网站从发展逐渐走向成熟的黄金十年，未来5年，电子商务工程师在网络商务交易的创新和整合领域会成为最耀眼的职业领袖。月薪均万元以上。

网络媒体高级编辑——知名网站普通编辑月薪6 000元左右，中级编辑月薪8 000元左右，资深编辑年薪为 15 万 ~30 万元。

职业规划师——国内资深的职业顾问年薪可超过 50 万元。在国外，普通的职业顾问收费每小时为 60 ~150 美元，资深职业顾问价格更加昂贵。

网络销售——优秀的网络销售人员月薪上万元，业务出色的多数是 30 岁左右的年轻人。

律师——律师的平均收入远远高于社会平均水平，普通律师年薪为 10 万元左右，出色的律师则按业务绩效提成，年薪为 50 万 ~80 万元。

第一节 职业概述

一、职业的概念

职业是人类社会发展到一定阶段的产物。职业是指人们从事相对稳定的、有收入的、专门类别的社会劳动。职业是人的一种社会活动和生活方式，又是一种经济行为，也是人们从社会中牟取多种利益的资源，它对于每个人都极为重要，是一个人社会地位的一般性表现，也是一个人的权利、义务、职责。

人们从不同的角度出发，对职业的概念有不同的论述。

中国自古就有“职业”一词，从词义的角度解释，“职”有“社会责任”“权利与义务”的含义，而“业”是以某种特殊的技能“从事某种业务”“完成某种事业”。

美国社会学家塞尔兹认为，职业是一个人为了不断地取得收入而连续从事的具有市场价值的特殊活动。这种活动决定着从事它的那个人的社会地位。

杜威从实用主义哲学观点出发，认为职业是人们可以从中得到利益的一种生存活动。日本职业专家保谷六郎认为，职业是有劳动能力的人，为了生活所得而发挥个人能力，向社会贡献而连续从事的活动。

我国学者姚裕群认为，职业是一个中性的概念。从社会的角度而言，职业是指人们为了谋生和发展而从事的相对稳定的、有收入的、专门类型的社会劳动。从个人的角度而言，职业则是指个人扮演的一系列工作角色。

在现实生活中，人们无不与职业活动发生着紧密的联系，职业活动几乎贯穿于每个人的一生。人们在生命的早期阶段接受教育与培训，是为将来的职业活动做准备。人们从青年时期走入职业生涯，到老年最终离开职业岗位，长达几十年，即使退休以后，还仍然参与职业活动，因此，职业活动是每个人社会生活中的重要组成部分。

在社会生活中，每一个有劳动能力的人都要从事一定的生产劳动或工作，用以维持生活，承担社会义务，促进社会发展。人的社会生活和工作领域是非常广阔的，职业门类极其繁多，但每个社会成员却只能在某个领域做某种具体工作，以其有限的生命在有限的空间内占有一席位置，这就是他的职业。从社会生产的角度来看，职业是社会分工的结果，一定的社会分工或社会角色的持续实现，就形成了职业。

综上所述，职业具有经济性，即从中取得收入；职业具有技术性，即可发挥才能和专长；职业具有社会性，即承担生产任务，履行公民义务；职业具有促进性，即符合社会需要，为社会提供有用的服务；职业具有连续性，即所从事的劳动相对稳定，是非中断性的。

正确认识职业的概念是正确制定个人职业生涯规划的基础条件。对大学生来说，深刻理解职业的内涵，结合自己的特点选择职业非常必要。

二、职业的意义

法国启蒙思想家卢梭认为：“选择职业是人生大事，因为职业决定了一个人的未来。”

1. 职业是人的生活方式

无论是男是女，不论年长还是年少，不论家庭背景、教育程度、个人志向如何，在人的一生中，都要遇到职业问题。在一个人漫长的一生中，有着长达三四十年的职业生涯；在进入职业之前的十几年、二十几年，其学习经历和生活经历与未来的职业预期有一定联系；年老退休以后的生活，也与以前的职业关系甚大。

因此，可以说职业是关系着每一个社会成员一生的重大问题，是人的一种重要生活方式。

2. 职业是人的社会角色

在人类社会产生以后，有了劳动的分工，也就产生了种种职业。社会越发展，职业种类也就越多。可以说，职业是一个有着广泛内容的博大精深的领域。

人，一般都在某种职业岗位上工作，这就使每个人都成了“职业”这个社会劳动大机器中的一个部件，受到社会方方面面的影响，又在社会的运转中扮演一个特定的职业角色：工人、厂长、工程师、总统、自由职业者、演员、导演、教师、军官等。

3. 职业是关系各层面的大事

职业，是一种重要的社会现象，在人类社会的各个层面中都有其重要性。职业是关系个人前途的大事。从个人的角度看，职业是一个人的生存方式，是其生活的物质基础；同时也是个人从事社会活动的主要领域。在适宜的条件下，职业及其活动内容能成为个人奋斗的目标与为之奉献的事业。

职业是关系家庭状况的大事。从家庭的角度看，职业是需要做出重大选择的事情，甚至是家庭得以建立和维系的重要因素。家庭关系的另外一个内容，是代际关系。为人父母，都希望子女有前途、有成就，所谓前途和成就也就是后代在职业方面的成功。解决好夫妻双方、父子两辈的职业选择、发展、晋升、调动等问题，在自己所热爱的岗位、热衷的领域工作，是任何一个家庭都关心的重大问题。

职业是关系社会局面的大事。从全社会的角度看，职业是构成社会存在的基础，及构成社会运行的一种具体方式，也是构成社会成员的阶层划分与社会地位的归宿。职业，涉及人们从事社会生活的动力；涉及人的社会关系；涉及社会的矛盾和冲突；涉及社会财富和利益的分配；涉及一个社会的平等与效率选择。

4. 职业造就人的命运

人们都有着对好际遇和好命运的渴望，但是人们的际遇和“命运”，往往是难以符合一己之见和自身的渴望的。即使人们为自身的前途已经做出了努力，但外部因素不是自己能够改变的。在遇到种种不顺心的事情时，许多人就强调自己的“命运”不可知，以致求签拜神、皈依宗教，甚至相信邪教异说以此获得解脱。事实上，命运问题不是一个纯哲学的问题，不是一个抽象的社会心理问题，而是一个实实在在的、如何看待人的社会存在——特别是如何看待自己的社会存在与相应的社会生活态度问题。

大学生毕业后融入社会，有两项重要问题要解决：一是寻找工作岗位；二是组建家庭。“工作岗位问题”即职业社会化，“组建家庭”即婚姻社会化问题。所谓职业社会化，就是一个人走上社会，寻求到一定的职业岗位并在这个岗位上工作，适应职业、适应工作环境（物质环境与人际环境），在社会中寻找到自己的合适位置。从这个意义上说，人的职业生涯造就了人的命运。

5. 职业体现人与人的社会关系

职业实质上实现了劳动者与生产资料的结合，体现着人与人的社会关系。人们通过职业活动不仅满足了自身的需要，而且通过各自劳动成果的交换，满足了彼此的需要。因此，职业及职业活动对于个人和社会都有非常重要的意义。

对个人而言，职业生活是人生的重要组成部分，职业问题解决的好坏，对个人一生能否顺利发展具有重要的意义。

三、职业的特点

职业是个人在社会中所从事的作为主要生活来源的工作。职业具有以下特点：

1. 职业与社会分工的关系极为密切

马克思指出：“每一种职业都是社会分工中的一定部门。”（《马克思恩格斯全集》第6卷第415页）职业随着社会分工的产生而出现，随着社会分工的发展而变迁。

2. 职业具有明显的经济性和一定的连续性

所谓职业的经济性，是指人们从事职业活动会获得经济收入即报酬。所谓职业活动的连续性，是指一个人在较长时间内进行某种活动，并通过这项活动较稳定地获得一定的经济收入或报酬。

3. 职业具有知识性和技术性

在社会生活中不难发现，要从事某些职业，必须经过较长时间专门的知识学习或技术培训。从事这些职业活动的职业者，需要具备特殊的知识和技术。某些职业活动所需要的知识和技术比较容易掌握，而有一些职业活动的知识和技术不易掌握。有的职业活动的知识和技术必须在特定的学校、培训机构里获得，有的却可以在家庭，在就业实践中获得等。

4. 职业具有规范性

职业活动必须遵从一定的规范，即职业规范，它是社会规范的重要组成部分。社会规范是一个社会或社会群体的成员们所共有的行为规则和标准，其包括法律条文、组织规章、道德规范、社会风俗、习惯及各种禁忌等。职业规范主要包括人们在就业活动中应遵守的各种操作规则及办事章程，职业道德规范和职业活动中养成的种种习惯。这些职业规范或以法律、法规，或以组织章程和有关条约、守则的方式体现出来，或只是一些约定俗成非正式的规范。无论职业规范是以什么方式体现，也不管就业者主要遵从哪一类职业规范，任何职业活动都不是无行为准则可寻的，职业活动总要受一定职业规范的约束。

5. 职业具有差异性

职业的领域非常宽广，种类繁多。我国古代就有“三百六十行”之说，现代职业更是成千上万，并且不断分化出新的职业，每一种职业都需要特定的知识和技能，只有符合了这些特定的要求，才能胜任所从事的职业。即使同一种职业，也有层次之分。例如，高校老师有助教、讲师、副教授、教授之分。

6. 职业具有历史性

每一种职业的含义不是一成不变的。随着社会生产力和劳动分工不断发展，在特定的社会历史发展阶段，职业的性质和内容是有一定差别的。不同时期会出现不同的职业，相同名称的职业在不同的时期会有不同的内容，某些职业甚至发生了根本性的变化。例如，以前在法院做记录的叫书记员，使用的工具是纸和笔；现在在法院做记录的叫速录员，使用的工具是速录机。

四、职业的作用

没有社会分工就不可能出现职业和职业活动，没有职业也不能实践人与生产资料的有机结合。对每一个劳动者来说，职业的作用主要体现在以下三个方面。

1. 职业是人们谋生的需要

职业生活是构成人生的重要组成部分，人们的职业生活首先表现在必须通过参加社会劳动来获取生存必需的生活资料，人类社会的生存与发展都是基于劳动创造实现的，没有社会每个人的劳动创造，也就没有人类社会今日的进步与发展。在现实社会中，劳动的目的是为了取得一定的报酬来作为生活资料的来源，人们通过参加一定职业岗位的劳动，来换取劳动报酬，满足谋生的需要，并积累个人的财富。在我国社会主义制度下，实行“按劳分配”原则，每个劳动者参加职业劳动的数量与质量，将决定其财富的多少。

2. 职业促进人的个性发展

职业活动对人的个性发展起着十分重要的影响作用。职业活动是按照一定的社会要求和内在规律运行的，每种职业都有其独特的活动方式，对从业者在生理和心理等方面都有特定的要求。人们通过参加职业活动逐步形成并不断发展与完善自我的个性，随着从业时间的增加，个人的智力、体力、知识与技能水平都有充分的发展与提高，从中满足自我实现的需要。

3. 职业是劳动者为社会做贡献的途径

职业的本质是劳动力与生产资料的结合，它体现着人与人之间的社会关系。人们的职业劳动在为个人获得生活资料的同时，也为社会创造了财富。现代社会的劳动者有着十分明显的分工，一个人只能从事某种具体的劳动，不可能同时从事直接生产其所需的全部生活资料的各种劳动，只有通过各自劳动成果的交换，才能满足彼此的需要。在这种平等的相互交换劳动成果的过程中，既体现出为他人服务的程度，又衡量出对社会和国家所作贡献的大小。

阅读材料

你选谁做销售经理

某模具制造企业准备从销售员中提一个销售经理，有三个销售员入围，情况如下：

老张性格豪爽，能说会道，自来熟，酒桌上更是豪情奔放，不醉不休，属于典型的性情中人。但由于转来不久，业务上不够精通，技术上差距较大。

大李专业出身，谈起技术头头是道，提出设计方案切实可行，客户认可。但不善于与人沟通，见面一笑，不知说什么好，见酒桌就头疼。

大刘模具制造工人出身，技术懂一些，处理关系不如老张，但有一种不达目的不罢休的拧劲，想拿的单子一盯到底，为采购人员打水扫地，帮模具使用人员小改小革，项目没完就死守客户，其工作态度和责任心赢得客户感动，拿到单子的成功率是最高的。

以上三人各自的优势都很突出，都有一定的支持力。朋友，假如你是公司老总，你会用谁？

第二节 职业的类型

一、职业的分类

1. 按劳动的性质和层次分类

按脑力劳动和体力劳动的性质、层次进行分类，可将工作人员分为蓝领、白领、灰领和金领工作人员四类。

“蓝领”一词初见于20世纪40年代的美国，是指以实际动手能力为判定标准，具有丰富的操作经验，高超的操作技能，能够传授操作技巧的人才，如工矿工人、建筑工人、码头工人、仓库管理员等。他们干活所穿的工作服一般为蓝色，因此称之为蓝领。

“白领”一词最早出现在20世纪20年代初的美国，是指受过良好的教育，受雇于人而领薪水的非体力劳动者，如政府公务员、各种机构里坐办公室的职员、教师、商业销售人员、企业管理人员等。他们在工作上能独当一面，上班时懂得把自己打扮得体，穿着白领衬衣和西装，因而有人称之为白领。

“灰领”一词也来源于美国，原指负责维修电器、上下水道、机械的技术工人。而现在的灰领被赋予了新的定义，即掌握一定现代科学知识的有较高操作技能水平的复合型人才。

“金领”是指受过良好的教育，有丰富的工作经验、经营策划能力、专门技能和一定的社会关系资源，是社会的精英。他们不一定拥有生产资料所有权，但拥有一个公司或企业最重要的技术和经营权。

2. 按心理的个别差异分类

美国著名的职业指导专家约翰·L·霍兰德创立的人格与职业类型匹配理论，把人格类型划分为六种：现实型、研究型、艺术型、社会型、管理型和常规型。这六种人格的职业个性特点如表 2－1 所示。

表 2－1　人格类型特点

人格类型	个性特点	适合从事的职业
现实型	习惯于发现目标、创造目标和任务。遵守纪律，喜欢安定，感情较为贫乏，社交能力较差，洞察力不够敏锐。他们喜欢操纵工具、机器，能适应客观自然和具有明确任务，重视物质的实际收益。这种性格的人比较适合进行有明确要求和一定技巧，能按一定程序进行运作的工作	木匠、铁匠、钳工、车工、汽车司机、家用电器维修人员等
研究型	好奇心强，喜欢运用智力分析与综合，抽象与概括、假设与推理的独立定向的科学研究，他们乐于选择利用智力从事开拓性的工作。他们适合于需要观察和科学分析的创造性活动，需要探索精神的科学研究和实验工作	自然科学家、图书馆技师、计算机程序编制者、电子技术工作人员等
艺术型	具有丰富的想象力和创造力，善于运用表现技巧来抒发自己的感情，常常利用情感、直觉与想象来开创艺术形式或创造艺术作品。他们适合从事非系统的、自由的、要求利用感情的、靠直觉来欣赏、领会的或创造艺术形式的职业。他们主要适合于艺术创作方面的职业	管弦乐队指挥、音乐教师、编辑、作家和评论家等
社会型	助人为乐，喜欢社会交际，关心社会问题，愿为别人服务，爱抛头露面。易于与他人合作，重视友谊，责任心强。适合于要求理解他人行为，缓和他人行为的环境	教师、医生、护士、社会工作者、咨询服务人员等
管理型	自信心强，交往广泛，精力旺盛，善于表达自己的意见。在工作中能起关键作用和促进作用，喜欢担任领导角色，具有管理能力。适合从事那些需要超强能量，高度热忱，不怕冒险，需要有开创精神的包括管理、销售等方面的职业	厂长、经理、机关办事人员、销售员、保险公司工作人员等
常规型	有耐心，有良好的自制力，愿意做循规蹈矩、有条有理、系统性强的工作。倾向于稳定、有序的工作环境。适合于从事对众多信息进行加工后整理的工作。担负按一定要求、比较单调而有程序化的职业，能较好地完成工作任务。通常在各部门主管日常事务的办公室工作	办公室办事员、会计、审计、收发员、秘书、统计、档案管理等职业

3. 按产业和行业分类

产业是指生产具有同类性质产品的生产单位所构成的生产群体，或是有同类社会经济职能的社会经济单位所组成的群体。产业是国民经济活动最基本的类型，国家统计局 1985 年根据联合国的划分标准，把我国的产业分为三大产业：第一产业、第二产业和第三产业。具体如表 2－2 所示。

表 2－2　三大产业特点

产业类别	行　业
第一产业	农业、林业、牧业、渔业、水利业
第二产业	工业、建筑业
第三产业	服务业：包括生产服务、文化科学教育、社会公共服务 流通业：包括批发、零售、餐饮和物流业四个大的流通分支

行业是指从事相同性质的所有单位的集合。采用经济活动的同性质原则划分国民经济行业，即每一个行业类别都按照同一种经济活动的性质划分，而不是依据编制、会计制度或部门管理等划分。我国于 1984 年颁布的《国民经济行业分类和代码》，把我国国民经济分为 13 个门类，1994 年进行了修订，2002 年颁布了新的《国民经济行业分类》国家标准中 20 个行业门类及其编码（见表 2－3）。

表 2－3　2002 年颁布的《国民经济行业分类》国家标准中 20 个行业门类及其编码

编码	门类	编码	门类
A	农、林、牧、渔业	K	房地产业
B	采矿业	L	租赁和商业服务业
C	制造业	M	科学研究、技术服务和地质勘查业
D	电力、燃气积水的成产和供应	N	水利、环境和公共设施管理业
E	建筑业	O	居民服务和其他服务业
F	交通运输、仓储和邮政业	P	教育
G	信息传递、计算机服务和软件业	Q	卫生、社会保障和社会福利业
H	批发与零售业	R	文化、体育和娱乐业
I	住宿和餐饮业	S	公共管理和社会组织
J	金融业	T	国际组织

4. 按职业分类

我国现行的职业分类标准是以 1999 年 5 月正式颁布的《中华人民共和国职业分类大典》（以下简称《大典》）为依据。《大典》参照国际标准职业分类，从我国实际出发，按照工作性质统一性的基本原则，对中国社会职业进行了科学划分和归类，全面客观地反映了现阶段我国社会职业结构状况。国家职业分类客观地反映国家经济、社会、科技等领域的发展和结构变化，为国民经济信息统计和人口普查规范化提供依据，是劳动力科学化、规范化、现代化管理的基础，同时为职业教育与培训和就业服务提供条件，是完善国家职业资格证书制度的重要基础工作。《大典》将我国的职业划分 8 个大类，66 个中类，413 个小类，1 838 个细类，具体如表 2－4 所示。

表 2-4 1999 年 5 月正式颁布的我国职业分类 个

大类	含中类数	含小类数	含细类数
第一大类：国家机关、党群组织、企事业单位负责人	5	16	25
第二大类：各类专业技术人员	14	115	379
第三大类：办事人员和有关人员	4	12	45
第四大类：商业、服务业人员	8	43	147
第五大类：农、林、牧、渔、水利业生产人员	6	30	121
第六大类：生产工人、运输设备操作人员和有关人员	27	195	1 119
第七大类：军人	1	1	1
第八大类：不便分类的其他从业人员劳动者	1	1	1
小计：8 大类	66	413	1 838

随着时间的推移和技术的进步，客观反映经济发展和科技进步的职业结构也发生了相应的变化，产业结构的调整在职业领域也引起了相应反响，一批新职业如电子商务师、项目管理师等职业如雨后春笋般地涌现，一些传统职业在新技术引进后其职业活动内容发生了很大的变化，《大典》中的职业定义、工作内容表述以及职业的归类都有待修改和更新。

认识职业分类可以帮助我们了解国情、了解社会、了解职业、了解自己发展和培养个人的身心特点，从而适应社会和职业的要求；使我们能够自觉地根据社会需要和个人特点去选择职业、准备职业和获得职业。

国民经济的发展是有计划的，社会劳动力的配置和人才的培养也是有计划地进行安排。只有我们了解了社会的需要，了解了各种职业对工作人员素质的不同要求，才能有针对性地发展自己的职业兴趣、职业能力和职业性格，促进个性的健康发展与完善，尽可能地达到职业与人的“优化组合”。

二、职业的发展

职业是人类社会发展到一定阶段的产物。人类社会在不断向前发展，必然引领职业的不断发展，职业的发展具有以下特征。

1. 产业结构不断调整影响职业的发展

随着社会生产力的发展，社会分工不断扩大，产业部门日益分化，产业结构日趋复杂，产业结构状况反映着生产力发展水平和生产社会化程度。

在传统农业社会，农业人口比重最大；在工业化社会，工业领域中的职业数量和就业人数显著增加；在科学技术高度发达和经济发展迅速的社会，第三产业职业数量和就业人员显著增加。

一个国家，一个社会，从大的方面看，可以分为第一产业、第二产业、第三产业三大类。从经济发达国家的发展历史可以发现，三类产业结构是在不断发展变化的。在工业化初期，第一产业的产值和劳动力的比重不断下降，劳动力数量绝对减少，大部分流向第二产业，小部分流向第三产业，第二产业的比重迅速上升，第三产业的比重也稳步提高；在工业化后期，第一产业的产值和劳动力的比重继续下降，减少的劳动力大部分流向第二产业，第二产业的比重由上升转入稳定，第三产业的比重迅速上升；进入后工业化时期，第一、第二产业的产值比重同时下降，劳动力同时减少，减少的劳动力流向第三产业，第三产业的比重继续提高。

在三次产业结构的变化中，最突出的是第三产业，世界各国的统计资料说明，近半个世纪以来，第三产业普遍得到了发展。20 世纪 70 年代以来，世界上绝大多数国家的第三产业的发展迅速超过了第一、第二产业。现在，在经济发达国家，第三产业的产值和劳动力的比重已达到 60% ~70%；在中等发达国家的第三产业的比重已达到 50% 左右；发展中国家的第三产业的比重较低，为 20% ~30%。

我国国民经济和社会发展在“十一五”规划纲要中指出：“十一五”时期我国经济结构的调整，把服务业的就业比重从 2005 年占 31.3% 调整为 2010 年占 35.3%。坚持市场化、产业化、社会化方向，拓宽领域、扩大规模、优化结构、增强功能、规范市场，提高服务业的比重和水平。大力发展主要面向生产者的服务业……

在“十一五”规划纲要中提出提高服务业的就业比重具体措施是：优先发展交通运输业，即进一步完善公路网络建设，积极发展水路运输，优化民用机场布局。大力发展现代物流业；有序发展金融服务业；拓宽保险服务领域；积极发展信息服务业；积极发展电子商务；发展地理信息产业；鼓励教育、文化、出版、广播影视等领域的数字内容产业发展，丰富中文数字内容资源，发展动漫产业；发展房地产产业；大力发展旅游业；加强市政公用事业；加快发展社区服务业；围绕便民服务，重点发展社区卫生、家政服务、社区保安、养老托幼、食品配送、修理服务和废旧物品回收等。产业结构不断调整必然影响职业的发展。

2. 社会生产力的进步促进职业的发展

职业自产生以来，就随着社会生产力的进步和社会分工的发展而处在不断发展变化之中，主要表现为职业分类在数量上由少到多，职业分工由简单到精细，职业内容不断弃旧更新，职业结构不断调整，新型职业不断产生，职业对从业人员的素质要求不断提高。

（1）职业分类在数量上由少到多。

新职业出现的频率逐渐加快。在职业产生初期，种类少，发展缓慢；随着社会的发展，职业种类增加的速度逐渐加快。据有关资料统计，我国封建社会初期（周朝），社会职业只分为 6 大类，即五公（发号施令的统治者）、士大夫（负责执行的官吏）、百工（各种手工业工匠）、商旅（商人）、农夫（种田人）、妇工（纺织、编织的妇女）。所谓“百工”是技艺匠人的总称，当时有木工 7 种，金工 6 种，皮工、染工各 5 种，还有其他各种工科，加起来不过三四十种。到了隋朝，增加到 100 个行业，比周朝多了一倍，到了宋朝达 220 个，到了明朝已增至 300 多个。新中国成立后，全国各种工种岗位的总和已发展到 10 000 种左右。

同样在国外也存在类似的情况。现代社会职业兴衰演化迅速。据苏联于 1986 年统计，在 1986 年前的 15 年时间里，共出现 207 种新职业，而有 232 种职业“消失”了。美国在 1986 年以前的 20 年时间里，有数千种职业发生了兴衰变化。

（2）职业分工从简单到精细。

职业的产生是社会分工的结果。社会发展具有三个层次，一般分工区分出第一产业、第二产业和第三产业；特殊分工出现了不同行业；个别分工划分出职业岗位。

例如农业，最早是指种植业。农民所从事的劳动包括各种作物从播种到收获的一系列活动。后来随着生产力的发展，出现了粮食作物种植与经济作物种植的区分。经济作物种植又分为棉花种植、果树种植、茶桑种植等，于是产生了棉农、果农、茶农等。现代农业的发展使种植活动本身也产生了社会化服务体系，体现了职业的进一步分化，标志着农业专业化的形成。

再如建筑业，从原始的单一职业发展到现代化的建材生产、建筑设计、土建、装修等几十个职业构成的庞大的建筑职业群。

在现代生产条件下，科学技术与生产的关系日益密切，引起生产社会化和专业化的进一步发展，推动新材料、新设备、新工艺的运用。以第三产业为例，当人类社会进入知识经济时代的时候，工业部门采用日益先进的新技术，逐步实现了生产自动化，知识和技术取代资金决定性的地位，成为工业发展的最重要的生产要素。电子、航空、光纤通信、计算机等新兴工业部门迅速发展，随着新兴工业部门的迅速发展，出现了比传统的工业经济时代更复杂的职业岗位。如计算机出现以后，有了硬件、软件、操作员、程序员、计算机销售、维修等多种职业岗位。这些职业岗位比以往的职业岗位具有更加知识性和专业技能性的要求。不经过专门的学习，一般人无法进入该复杂的职业岗位。

（3）职业活动内容不断地弃旧更新。

同一职业，随着社会的发展和科学技术的进步而具有截然不同的内容，对职业者的素质提出了更高的要求。如设计院的工程师们，原来设计是用图板、丁字尺和画笔画出图纸。随着计算机的广泛运用，工程师再也不用这些工具了，运用 CAD 技术画出的图纸不仅美观、准确，而且速度快，大大提高了工作效率。同样是搞设计的，因为所凭借的工具而发生了革命性的变化。工程师如此，教师、会计、商场售货员也是如此，虽然职业岗位没有变化，但职业活动的内容发生了重大的变化。

现代的农民不同于刀耕火种时代的农民，农业劳动已不是仅仅依靠体力的劳动，它还要求掌握现代生物学知识、育种知识、栽培原理、土壤肥料知识、气象知识、农业机械知识与技能等现代农业科学技术知识，所采用的工具同原始农业相比更是有了天壤之别。邮政业也是如此，古代是靠骑着马传送邮件，现代除了使用飞机、火车、汽车传送邮件外，还广泛使用电报、电话、传真、卫星通信、网络等手段传送信息。邮政传递手段的进步，对从业人员的文化知识和职业技能提出了更高的要求。同样的装卸工，操作现代装卸机械的装卸活动完全不同于单靠体力的装卸活动。社会发展了，职业内容也在不断地发生变化，从业者的观念、知识、技能也必须随之更新。

（4）职业结构不断调整。

从 19 世纪开始，一些工业发展快的国家，从事制造业、运输业、采矿业等工业活动的劳动力逐渐超过了从事农业生产的劳动力。20 世纪，一些工业国家又进入服务业取代制造业的时代。交通运输、邮电通信、商业、饮食业、行政管理、社会福利、文化教育、卫生、体育、信息服务等在职业中占了很大比重。职业结构的变化，简单地说就是从事农业生产和工业生产的人数在逐渐减少，从事服务行业的人数在不断增加。如美国早在 1982 年从事服务行业的人数已占就业人口的70%，从事工业生产的占24.4%，从事农业生产的占5.6%。我国目前还处在社会主义初级阶段，从事工农业生产的仍然占就业人口的大多数，但随着社会经济的进一步发展和产业结构的不断调整，在2010年，我国第三产业就业人数的比重已占35.3%。大量的农村富余人员和工厂工人转移到第三产业从事服务业的工作。

（5）新型职业不断产生。

新科学技术的不断运用是新型职业不断产生的动力和源泉。每次新的技术革命，都必然有大批新型职业产生，同时，有部分传统职业被淘汰。如蒸汽机的使用，使整个机械制造业、运输业、纺织业发生了巨大变化。铁路的出现促使成百上千种新的职业产生。石油和电力的应用，导致了城市电气、汽车、飞机、电报、电话、无线电、化学工业、塑料工业等一大批新型行业与新型职业的产生。以原子能、计算机、空间技术和现代生物科学为标志的新技术革命，正在开辟着许许多多高新科技产业及一大批新的职业领域。据统计，现在每年平均有600多种新型职业产生，同时有500多种传统职业被淘汰。从劳动部门获悉，消失的旧职业已达3 000余种。旧职业消失的同时，催生出许多新职业，一些闻所未闻的新型职业正在悄然兴起。

新职业信息发布制度的建立。近年来，我国产业结构的优化带动了职业结构的变化，随着科技和生产力水平的提高，一批与之相适应的新职业、新工种也应运而生。我国劳动和社会保障部自2004年8月建立新职业信息发布制度以来，已经发布了十一批共100多个新职业。这些新职业将收入《中华人民共和国职业分类大典》。

三、未来的职业与未来的劳动者

1. 未来职业的发展趋势

（1）职业要求的综合化。

随着科学技术的发展，有些职业的专业化要求越来越高，若不具备一定的专业能力，达不到专业的要求，就不能从事该职业。有的职业与另一种职业之间交叉延伸，从事一种职业是需要具备另一种职业的要求，如以前的科研人员只管科研成果，但现在的许多研究人员，既是研究者，又是开发者，有时还是经营管理者。职业要求的综合化，要求职业工作者有较高的综合素质和较强的应变能力，有的学生在校期间攻读双学位甚至多学位，有的考取多个职业资格证书，以此适应未来工作的需要。

（2）职业活动的自由化。

随着职业分工的不断细化，职业活动将出现自由化的趋势。职业活动自由化有以下三种表现。一是职业场所的自由化。有些职业工作者将没有固定的工作场所，在家里上班、网上上班已成为一种职业的新时尚，如当今的“SOHO”一族。二是职业活动时间的自由化，如律师、设计师等，以完成某一具体工作任务为目标，没有严格的上班时间或下班时间界限。三是职业人的自由化。从事自由职业的人，没有具体的工作单位，常常以完成某项工作、任务的形式来履行其职业职责，如文化娱乐影视界人士、自由撰稿人、经纪人、作家等。

（3）第三产业的职业数量大增。

随着科学技术水平的提高，不少职业的寿命相对缩短，职业之间的地位兴衰不断变迁，尤其是第三产业的职业数量增加迅速，就业人数显著增加，在发达国家均已超过50%。据国际劳动组织出版的《劳工统计年鉴1998》显示，第三产业从业者的比例，美国和加拿大最高，均为63%，日本为58%，德国为54%。我国目前第三产业从业者的比例仅有31%，显然较低，“十一五”规划指出：到2010年应超过35%，发展潜力相当大。我国北京、上海、广州等一些大城市的第三产业的发展目标在2010年超过50%。

2. 未来的职业特点

科学技术的发展使社会分工和职业分化的势头进一步加快，未来职业的发展呈现出智能化、综合化、专业化的特点。

（1）职业的智能化。

职业的智能化指在职业劳动中，体力劳动的比重减少，脑力劳动的比重增加，体力劳动脑力化。职业的智能化要求各种就业岗位对单纯体力劳动者的需求量明显减少。

（2）职业综合化。

职业综合化指职业之间相互交叉、重叠，职业对从业人员的技能、知识经验、能力素质要求越来越全面。如产品推销员不仅要求掌握产品推销知识，还要求具备公关能力；会计师不仅要求会打算盘，掌握专业知识，还要求会操作电脑。职业的综合化对就业人员提出了更高的要求，各种就业岗位更欢迎那些有多方面能力的人才。

（3）职业的专业化。

职业的专业化指职业分工越来越细，越来越专，社会对职业的专业技术水平要求越来越高。职业的专业化要求各种职业岗位有更多的受过专门培训，接受过专业教育，掌握最新技术的人才。

3. 未来的劳动者类型

（1）智能型劳动者。

智能型劳动者是指掌握相当专业知识，具有熟练工作技能，从事以知识和智力为基础的工作的劳动者。智能型劳动者分布于各行各业，如科学家、工程师、技师、医师、经理、艺术家、推销员、智能型工人及智能型农民等。智能型劳动者与传统的体力劳动者的区别在于，他们有较高的文化程度，有相当的理论知识和分析能力，有较熟练的动手操作技能，能够根据工作实际进行分析判断或思维决策，是体力和脑力互相结合、互相补充的新型劳动者。

一个企业纵使有周密的发展计划和宏伟蓝图，有先进的设施设备，但如果在生产第一线缺乏足够的有较高分析判断能力的操作工人，企业的一切努力也将事倍功半，并会因此缺乏竞争能力而带来生存危机。从这个意义上来说，一个企业的成败不仅要依靠决策管理层和技术开发部门，还取决于在生产第一线是否拥有能够正确执行决策者意图的智能型劳动者，取决于他们的智能和创造力。

在微软公司，看不到大企业车水马龙的热闹景象，没有堆积如山的原料和产品库房，只有几座现代化的办公楼耸立于如茵的绿草中间，错落有致，确有一种优雅娴静的氛围。在那里，没有大规模的生产，没有大规模的原料消耗，没有大规模的产品堆积。“开发部”是微软的核心，每个人拥有一个大概只有5平方米，除了一把椅子和4~5台电脑外，几乎见不到其他任何东西的办公室。它所进行的国际贸易基本是无形的，但价值与作用难以描述。它的用户遍布于世界各地，数以百万计，且还在日益增加。微软的崛起，靠的就是它拥有的人的智慧，也就是一批高素质的智能型的劳动者。

当今，社会正在由工业经济时代走向信息与知识经济时代，高新技术对工作岗位的影响越来越大，岗位的“智能化”对劳动者在理论知识、专业技术和专业技能等方面不断提出更高的要求。科学和技术的飞速发展，促使产品的更新速度不断加快。以计算机技术为例，目前技术寿命大约只有 1 年。在知识经济时代，企业开发、生产的主要是知识型、智力型的产品，而一个从业人员既是设计者、开发者，同时又是生产者。因此，从业人员必须是智能型劳动者。

（2）复合型劳动者。

复合型劳动者就是拥有多种技能的劳动者。随着社会的发展，越来越多的专项技能将成为新时代劳动者的通用技能，因此，要求劳动者能够具有复合型技能。如机器维修，以前的维修工人要么只懂机械，要么只懂电路的原理。而现在先进的机器要求维修工人既要懂机械，又要懂电子，即机电一体化，否则便不是一个称职的维修工人。

复合型技能是相对于专项性技能而言的。它不仅体现在掌握多种通用技能、单项技能方面，而且还体现在掌握一类职业共同的专业理论方面，并能在这些专业理论的基础上，把已掌握的技能迁移到新的职业岗位所需要的技能中去。

随着职业更迭的加速，一个人一生可能从事多个职业。如果是单一型劳动者，一旦失去原有工作岗位就可能一时找不到工作，必须通过重新培训才能上岗。只有成为复合型劳动者，在职业生活中具有较强的应变能力，才能比较容易地将已掌握的技能迁移到新的职业岗位所需的技能上去，缩短失业时间或避免失业。

（3）社会型劳动者。

社会型劳动者是指除了掌握相当的专业知识、具有熟练的工作技能外，还具备有一定的组织能力、协调能力以及人际交往、公共关系、职业道德、环境意识等社会活动能力的劳动者。传统的劳动者一般固定在某种工作岗位上，不断地重复相同的操作，与他人合作的要求不高，许多人几乎不需要与外界打交道。比如车工，只需埋头苦干，生产出优质的零件，就是一个好工人。现代社会使自然人转换为社会人，相互封闭、相互隔绝的劳动岗位将不复存在。而在信息时代，人们随时随地都置于数字化、网络化、智能化的环境中，多种相互结合、相互支撑的岗位结构将作为具有社会型特征的岗位架构。在这种岗位架构下，个人的力量越来越渺小，更多的成果需要依靠集体的智慧。因此，还要求劳动者必须具有从事职业活动所必须具备的社会活动能力。

（4）创业型劳动者。

创业型劳动者是指既有创业意识和精神，又具有相应的创业能力的劳动者。由于我国人口众多、就业矛盾将长期存在，人们对就业岗位的竞争会表现得更加激烈，自主创业不仅可以实现自我就业，还可以创造出更多的就业岗位。从广义上讲，创业是指创业者的各项创业实践活动，其功能指向是成就国家、集体和个体的大业；从狭义上讲，创业则是指创业者的生产经营活动，主要是开创个体和家庭的小业。作为新时代的创业者必须具备有坚定的信念、致富的欲望、超常的胆量和魄力、坚强的毅力以及市场意识、竞争意识、信誉意识和艰苦奋斗的精神等创业意识和精神，同时还必须具有信息收集处理、生产和经营管理、分析决策、选拔用人、公关协调以及创新的能力。

掌握职业未来发展的趋势以及未来的职业特点，了解未来劳动者的类型有助于我们大学生在大学期间，有意识地提高自己的专业能力与综合素质，为迎接未来社会的挑战而刻苦学习。

阅读材料

新职业介绍

自2004年8月建立新职业信息发布制度以来，新职业信息发布已经成为我国一项长期的制度，到目前为止已经发布了十一批新的职业。

第一批发布了九个新职业：形象设计师、锁具修理工、呼叫服务员、水生哺乳动物驯养师、汽车模型工、水产养殖质量管理员、汽车加气站操作工、牛肉分级员、首饰设计制作员。

第二批发布的新职业：商务策划师、会展策划师、数字视频（DV）策划制作师、景观设计师、模具设计师、建筑模型设计制作员、家具设计师、客户服务管理师、宠物健康护理员、动画绘制员。还有品酒师、演出经纪人、产品造型设计师。

第三批发布的新职业：信用管理师、黄金投资分析师、企业文化师、智能楼宇管理师、房地产策划师、网络编辑员、广告设计师、物流师、理财规划师。

第四批发布的新职业：从事营养指导、营养与食品安全知识传播的公共营养师、健康管理师、芳香保健师（SPA）、宠物医师、医疗救护员、计算机软件产品检验员、水产品质量检验员、农业技术指导员、激光头制造工、小风电利用工、紧急救助员。

第五批发布的新职业：室内环境治理员、水域环境养护保洁员、花艺环境设计师、印前制作员、礼仪主持人、数字视频合成师、集成电路测试员、网络课件设计师、霓虹灯制作员和计算机乐谱制作师。

第六批发布的新职业：数控机床装调维修工、体育经纪人、木材防腐师、照明设计师、安全防范设计评估师、咖啡师、调香师、陶瓷工艺师、陶瓷产品设计师、皮具设计师、糖果工艺师、地毯设计师、调查分析师、肥料配方师。还有信用管理师、网络编辑员、房地产策划师、职业信息分析师、玩具设计师、黄金投资分析师、企业文化师、家用纺织品设计师、微水电利用工等。

第七批公布的新职业：可编程序控制系统设计师、轮胎翻修工、品牌管理师、医学设备管理师、农作物种子加工员、报关员、机场运行指挥员、社会文化指导员、宠物驯导师、房地产经纪人、酿酒师、鞋类设计师。还有外汇投资分析师、汽车影音师、福利彩票销售员、酒体设计师等。

第八批公布的新职业：会展设计师、珠宝首饰评估师、创业咨询师、手语翻译员、灾害信息员、孤残儿童护理员、城轨接触网检修工、数控程序员、合成材料测试员、室内装饰装修质量检验员。

第九批发布的新职业：衡器装配调试工、汽车玻璃维修工、工程机械修理工、安全防范系统安装维护员、助听器验配师、豆制品工艺师、化妆品配方师、纺织面料设计师、生殖健康咨询师和婚姻家庭咨询师。

第十批发布的新职业：色彩搭配师、厨政管理师、乳品评鉴师、品酒师、坚果炒货工艺师、电子音乐制作师、游泳救生员、劳动关系协调员、安全评价师、玻璃分析检验员。

第十一批发布的新职业：动车组司机、动车组机械师、燃气轮机运行值班员、加氢精制工、干法熄焦工、带温带压堵漏工、设备点检员、燃气具安装维修工。

劳动保障部建立新职业信息发布制度以来，新职业一经确立将被列入《中华人民共和国职业分类大典》。

思考题

1. 简述职业的分类。
2. 未来职业发展的趋势如何？
3. 职业认知的正确方法有哪些？
4. 运用职业的基本原则正确选择适合自己的目标职业。

第三章
大学生职业生涯规划

心灵咖啡

有两兄弟住在80楼，有一天大厦的电梯要维修，他们没看清通知，背着大包小包就回家了，走到楼下发现电梯不能用了，于是他们把心一横决定爬楼梯。

一开始还很轻松，有说有笑，走到20楼的时候觉得累了，于是他们商量着说把行李先放在20楼，等电梯通了再回头来取。

于是两人放下行李继续爬，到40楼的时候，两人开始互相指责对方没有看通知，一边骂一边爬，等爬到60楼的时候，他们沉默了，因为都已经太累了，懒得骂了。最后他们终于爬到了80楼，到了家门口，准备开门的时候发现了一件事，钥匙落在20楼的行李里了……

第一节　职业生涯规划概述

职业生涯是人生发展过程中最重要的环节。大学生从步入大学校门起，就应了解职业的内涵及特性，对自己的职业生涯进行规划，确定人生的职业奋斗目标。

一、职业生涯及其规划设计

一个人的一生，就是一个完整的生涯，这其中包括了若干个小阶段，如求学生涯、职业生涯、退休生涯等。职业生涯即事业生涯，是指一个人一生连续从事和担负的职业、职务、职位的过程。一个人的事业究竟应向哪个方向发展，其一生稳定从事哪种职业类型，扮演何种职业角色，都可以在此之前作出设想和规划，这就是职业生涯设计。

大学生的职业生涯设计是指在大学期间通过转变观念、学习知识、提高技能等手段，来改善当前自身的状况，发展与今后职业生涯目标相适应的潜在职业能力的过程。这个过程是以大学生自身为开发对象，工作的重点是为获得和改进可能与工作有关的知识与技能，以利于提高自己以后的职业绩效，最终实现职业生涯目标。其设计目的是确定自己今后的职业目标，设计出合理且可行的职业生涯发展方向和途径。

二、职业生涯的分期

1. 职业准备期（15～28 岁）

职业准备期是一个人就业前从事专业、职业技能学习的时期。这是职业生涯的起点，也是职业素质初步形成的重要时期。但是，对于这个起点，许多人是盲目的，甚至是由别人代替（主要是父母）而走过的。

2. 职业选择期（18～30 岁）

在这一时期，人们要根据社会需要和自己的愿望及综合素质，作出职业选择，走上工作岗位。这是职业生涯的关键一步，也是个人的职业素质与社会“见面”、碰撞和获得承认的时期。如果这时的选择行为失误，会带来职业生涯的不顺，导致多次选择，还可能因此丢掉好机会而后悔莫及。

3. 工作初期（就业后 1～2 年内）

该期又叫职业适应期，是大学生走上职业岗位开始接受职业对个人综合素质实际检验的过程。在这一时期，基本具备工作岗位要求的人，能够顺利适应某一职业；素质较差或者素质特点与职业要求相异的人，可能需要通过职业教育培训来适应职业；自身的职业能力、人格特点等素质与工作岗位的要求差距较大者，难以适应职业，需要重新进行职业选择；而个人素质超过岗位要求者，个人兴趣与职业类别不相符合者等，也可能需要重新选择职业。

4. 工作中期（25～50 岁）

该期又称职业稳定期，是人的职业生涯的主体，从时间上看也占据职业生涯的绝大部分，一般是在人的成年、壮年时期。这一时期不仅是人们劳动效果最好的时期，也是人们养儿育女、担负繁重家庭责任的时期。因此，成年人往往倾向于稳定在某种职业，甚至某一特定岗位上。在职业稳定时期，如果从业者的素质能够得到发挥和提高，潜力得以体现，稳扎稳打，就可能抓住机会，逐步取得成果，实现自己的职业生涯目标。有的人经过长期的职业活动，自身素质状况大幅度提高，成为某一领域的行家里手、权威专家，也可能到达“一览众山小”的巅峰境界。

5. 工作后期（55～60 岁）

该期又称职业素质衰退期，是人开始步入老年的时期。由于生理条件的变化，能力缓慢地减退，心理逐步求稳，其职业生涯则是维持现状。但是，由于市场竞争激烈，许多用人单位裁员，一般来说年龄较大的就业者被辞退的可能性比年轻人大。也有一些老年人，其智力并没有减退，而知识、经验还有着越来越多的积累（有的学者称之为“晶态智力”）。这种晶态智力的发挥，能够使他们的素质进一步提高，出现第二次创造高峰，再一次获得成功、达到巅峰。

6. 职业结束期（60 岁左右）

这一时期是人们由于年老或其他原因结束职业生涯历程的短暂过渡期。

三、职业生涯发展各阶段的任务与需求

有专家认为，一个人进入工作领域以后，职业生涯可划分为早期生涯、中期生涯、后期生涯三个阶段，每一个阶段都有不同的任务和社会情感方面的需求。其内容如表 3－1 所示。

表 3－1　职业生涯阶段的任务与社会情感需求

阶　段	任　务	社会情感体验
早期生涯	①培养行动技能； ②培养某一专门能力； ③培养创造、创新的能力	①希望得到家庭、社会的支持； ②喜欢独立自主决策； ③感受并承担竞争压力
中期生涯	①培养“训练和教导他人”能力； ②更新训练和技术的整合； ③转换需要新技能的工作	①表达挫折、压力、忙碌等生活感受； ②重新思考道德、价值、家庭和工作； ③感受并承担事业前程的压力
后期生涯	①从实际掌权者逐渐转变为提供智慧、指导和咨询、顾问的角色； ②开始参与组织外活动（部分时间），重新建立自我并准备退休	①通过支持和咨询，整合个人经验、智慧，提供别人参考； ②逐渐离开组织或团体； ③结束个人独一无二的职业生涯旅程

四、职业生涯规划的时限

面对发展迅速的信息社会，仅仅制订一个长远的规划显得不太实际，因而有必要根据自身实际及社会发展趋势，把理想的职业目标分解成若干个可操作的小目标，灵活规划自我。一般说来，以 5～10 年的时间为一规划段落为宜，这样就会适应时代需要，灵活调整自我。太长或太短的规划都不利于自身成长。具体可有两种方式：一是按一定时段划分目标。如 25～30 岁职业规划、2010—2015 年职业规划；二是以职业通路中的职位、职务阶段性变化为划分标准，制订不同时期的努力方向。如 5 年之内向部门经理职位冲刺、10 年内成为主管经理等。

阅读材料

一个经历

著名的“打工女皇”吴士宏的经历就是一个很有力的证明。吴士宏原先不过是一个中专毕业的小护士，但是她有很强的事业心，积极进取，善于规划自己的职业道路，一步一步地走向成功。从一个护士，到 IBM 的小文秘，再到 IBM 的销售总监，到微软的中国区总经理，而后又毅然跳出微软进入 TCL 任副总裁。吴士宏的成功有力地验证了职业生涯规划对

事业发展的重要作用。

第二节　职业生涯设计

职业生涯设计的目的绝不只是按照自己的资历条件找一份工作，达到和实现个人目标，更重要的是帮助个人真正了解自己，为自己确定事业大计，谋划未来，拟定一生的方向。因此，应该有一个适合自己的职业生涯规划目标。具体设计可从以下几个步骤入手：

一、职业生涯设计步骤

1. 认识自我与职业分析

职业生涯设计就是要通过科学认知的方法和手段，对自己的职业兴趣、气质、性格、能力等方面进行全面认识，清楚自己的优势与特长、劣势与不足。只有这样，才能避免设计中的盲目性。

在进行自我分析的同时还要进行职业分析。现代职业具有区域性、行业性、岗位性等特性。在进行职业生涯设计时要考虑到职业区域的具体特点，如该地区的特殊政策、环境特征；职业角色的发展与职业所在行业的发展有着密切的关系。在进行职业生涯设计时，不能仅看重单位的大小、名气，而要对该职业所在的行业现状和发展前景进行比较深入的了解，如人才供给情况、平均工资状况、行业的非正式团体规范等。总之，一个人只有在充分而且正确认识到自己本身的条件及相关的环境情况时，才有可能做出正确的决定。

2. 确定职业生涯目标

职业目标的设定是在自我觉醒的基础上对自己未来职业生涯的一个初步的设想。如果我们看不到未来，就把握不了现在；如果我们没有目标，就永远实现不了自己的愿望。目标设定对于未来至关重要。它是一个人行动的指南，前进的保障。美国学者戴维·坎贝尔曾经指出："目标之所以有用，仅仅是因为它能帮助我们从现在走向未来。"立定志向是成功的驱动力，同时也可以使自己更能够掌握方向，明确应该做的事情。

3. 制定职业生涯策略

职业生涯策略是指为实现职业生涯目标而展开行动的计划，如搜寻相关专业、职业、企业的资料，应聘参加组织培训和发展计划，构建人际关系网、谋求晋升等。职业生涯策略是为实现自己最终的职业目标而进行的准备，甚至包括与现在所从事工作毫不相关的一些事情，比如参加业余的进修班学习，掌握一些额外的技能或专业知识（如考 BEC，拿 MBA 学位等）。此外，职业生涯策略还包括为平衡职业目标和其他目标（如生活目标、家庭目标）而做出的种种努力。如果忽视了后两者的努力，想要长久保持工作中出色的表现是不可能的。总之，职业生涯策略是将职业目标具体化后所采取的行动。

4. 评估与反馈

俗话说："计划赶不上变化。"尤其在现代职业领域，变化是永恒的主题。影响职业生涯设计的因素有很多。有的变化因素是可以预测的，而有些则难以预料。人是善变的，环境也是多变的。成功的职业生涯设计需要时时审视内外环境的变化，不断对自己的设计进行评估和修订，及时调整自己前进的步伐。

阅读材料

山姆·沃尔顿

山姆·沃尔顿（是世界上最大企业沃尔玛百货有限公司的创始人）在大学上学时，决定要竞选学生会主席。经过许多思考，他发现了成为学生领袖的捷径，那就是对在校园遇到的每一位学生，在他们开口之前，就先跟他们打招呼，尽可能与他们交谈。这样就成了大学里认识人最多的人。竞选时尽管有些人不知道他的名字，但还是认出了他，所以如愿击败了所有的对手而当选了。要干成一番事业，就如同沃尔顿，只有树立了明确的目标，才能向着目标的方向努力，才能有意识地收集有关素材，创造有利条件，使自己的事业尽快获得成功。

二、职业生涯规划设计原则

1. 根据社会需求设计职业生涯

大学生在进行职业生涯规划时应做到择世所需。社会需求不断变化，积极把握社会对人才需求的动向，把社会需要与个人愿望结合起来，既要看到眼前的利益，又要考虑长远的发展；既要考虑个人因素，又要自觉服从社会的需要。如果职业目标脱离了社会需要，将很难被社会接纳。

2. 根据所学专业设计职业生涯

大学生都有自己的专业，每个专业都有一定的培养目标和就业方向，这就是大学生职业生涯设计的基本依据。用人单位对毕业生的需求，一般首先选择的是其专业方面的特长，大学生迈入社会后的贡献主要靠运用所学的专业知识来实现。因此，大学生要根据所学专业设计职业生涯。需要强调的是，为了适应社会的要求，大学生对所学的专业知识要精深、广博，除了要掌握宽厚的基础知识和精深的专业知识外，还要拓宽专业知识面。

3. 根据能力特长设计职业生涯

常言道："骏马能历险，犁田不如牛；坚车能载重，渡河不如舟。"任何职业都要求从业者掌握一定的知识和技能，具备相应的专业能力。不同职业有不同的能力要求。能力特长对职业的选择起着筛选作用，也是大学生求职择业以及事业成功的重要保证。需要提醒的是，知识多、学历高不一定能力就强，单纯以学习成绩作为评价能力高低的唯一尺度是不对的。大学生应在对自己的能力特长有一个正确的自我认识和评价的基础上，根据自己的真才实学和能力特长进行职业生涯设计。

4. 根据兴趣、爱好设计职业生涯

一个人对某项工作感兴趣时，即便工作本身可能是枯燥无味的，他也会兴趣盎然。一些专家通过调查研究发现：如果一个人对自己的职业感兴趣，则能发挥他的全部才能的

80% ~90%，并且长时间保持高效率而不感到疲劳。如果一个人对所从事的工作没有兴趣，那么只能发挥其全部才能的20% ~30%，且容易疲倦。众多的调查研究结果一再表明，兴趣与成功率有着明显的正相关性，大学生职业生涯设计应适当考虑自己的兴趣与爱好，选择自己喜欢的职业。有的大学生兴趣与所学的专业不一致，会给职业生涯设计带来困惑。这就要求大学生在职业生涯设计时，对自己的兴趣和爱好有一个客观的分析，对自己的兴趣爱好进行重新培养和调整。

三、职业生涯规划设计范例

×××大学毕业后十年职业生涯规划设计（范例1）
（2012—2022年）

1. 方向与目标

美好愿望：事业有成，家庭幸福。

方向：企业高级管理人员。

总体目标：进入××著名外资企业，成为高层管理者。

基本通路：读完硕士，进入一家外资企业工作，继续攻读博士学位。

2. 社会环境和职业分析

（1）社会一般环境。

中国政治稳定，经济持续发展，加入WTO后，已经成为全球经济一体化环境中的重要角色。大批的外国企业进入了中国市场，中国的企业也已走出国门。

（2）管理职业的特殊社会环境。

由于中国的管理科学发展较晚，管理知识大部分源于国外，中国的企业管理还有许多不完善的地方。中国急需管理人才，尤其是经过系统培训的高级管理人才。因此企业管理职业市场广阔。

要在中国发展企业，必须适合中国的国情，这就要求管理的科学性与艺术性和环境动态适应相结合。因此，受中国市场吸引进入的大批外资企业都面临着本土化改造的任务，这就为准备去外企做管理工作的人员提供了很多机会。

3. 行业和企业分析

（1）本人所在××公司为跨国性会计事务所，属管理咨询类企业。

中国加入WTO，商务运作逐渐全球化，国内企业经营也逐步与国际惯例接轨，因此这类企业在近年引进中国后得到迅猛的发展。

（2）××公司是全球四大会计事务所，属股份制企业。

企业领导层风格稳健，公司以“诚信、稳健、服务、创新”为核心价值观，十年来稳步在全球推广业务，目前在全球10余个国家、地区设有分支机构。

该公司2000年进入中国，同年在上海设立分支机构。经营中在稳健拓展业务的同时重点推行公司运作理念，力求与发展共同进步。本人十分认同公司的企业文化和发展战略，但公司事务性工作过于繁忙，无暇进行个人自我培训，而且提升空间有限。但总体而言，作为第一份工作可以接触到行业顶尖企业的经营模式是十分幸运的，本人可能在本企业实现部分职业生涯目标。

4. 个人分析与角色建议

（1）个人分析。

①自身现状：英语水平出众，能流利沟通；法律专业扎实，精通经贸知识；具有较强的人际沟通能力；思维敏捷，表达流畅；在大学期间长期担任学生干部，有较强的组织协调能力；有很强的学习愿望和能力。

②测评结果（略）。

（2）角色建议。

父亲："要不断学习，能力要强"，"工作要努力，有发展；要在大城市，方便我们退休后搬来一起居住生活。"

母亲："工作要上进，婚姻不要误。"

老师："聪明、有上进心、单纯、乖巧；但缺乏社会经验。"

同学："有较强的工作能力"，"适合做白领"。

……

5. 职业目标分解与组合

职业目标：著名外资企业高级管理人员。

（1）2012—2015 年。

成果目标：通过实践学习，总结出适合当代中国国情的企业管理理论。

学历目标：硕士研究生毕业，取得硕士学位；取得律师从业资格；通过 GRE 和英语高级口译考试。

职务目标：外资企业商务助理。

能力目标：具备在经济领域从事具体法律工作的理论基础，通过实习具有一定的实践经验；接触了解涉外商务活动；英语应用能力具备权威资格认证；有一定的科研能力，发表 5 篇以上论文。

经济目标：在校期间兼职，年收入 1 万元；商务助理年薪 5 万元。

（2）2015—2017 年。

职称目标：通过注册会计师考试。

职务目标：外资企业部门经理。

能力目标：熟练处理本职务工作，工作业绩在同级同事中居于突出地位；熟悉外资企业运作机制及企业文化；能与公司上层进行无障碍沟通。

经济目标：年薪 10 万元。

（3）2017—2022 年。

学历目标：攻读并取得博士学位。

职务目标：著名外资企业高级管理人员；大学外聘讲师。

能力目标：科研能力突出，在国外权威刊物发表论文；形成自己的管理理念，有很高的演讲水平；具备组织、领导一个团队的能力；与公司决策层能直接顺畅沟通；具备应付突发事件的心理素质和能力；在业界有一定的知名度，社交范围广泛。

经济目标：年薪30万元。

6. 成功标准

本人的成功标准是个人事业、职业生涯、家庭生活的协调发展。只要自己尽心尽力，能力得到了发挥，每个阶段都有了切实的自我提高，即使目标没有实现（特别是收入目标），本人也不会觉得失败，给自己太多的压力本身就是一件失败的事情。

为了家庭牺牲职业目标的实现，本人认为是可以理解的。在28岁之前一定要有自己的家庭。

7. 正视自己的差距

（1）跨国企业先进的管理理念和丰富的管理经验明显不足。

（2）缺乏作为高级职业经理人所必备的技能、创新能力。

（3）快速适应能力欠缺。

（4）身体适应能力有差距。

（5）社交圈太窄。

8. 缩小差距的方法

（1）教育培训方法。

①充分利用硕士研究生毕业前在校学习的时间，为自己补充所需的知识和技能。包括参与社会团体活动，广泛阅读相关书籍，选修、旁听相关课程，报考技能资格证书等。力争2008年7月以前完成上述教育培训。

②充分利用公司给员工提供的培训机会，争取更多的培训机会。长期坚持参加公司的各种培训。

③攻读管理学博士学位。力争5年以内取得学位。

（2）讨论交流方法。

①在校期间多和老师、同学讨论交流，毕业后选择和其中某些人经常进行交流。

②在工作中积极与直接上司沟通、加深了解；利用校友众多的优势，参加校友联谊活动，经常和他们接触、交流。

（3）实践锻炼方法。

①锻炼自己的注意力。在大而嘈杂的办公室里有意识地进行自我训练。做到在嘈杂的环境里也能思考问题，正常工作。

②养成良好的锻炼、饮食等生活习惯。每天保证睡眠6～8小时，每周锻炼三次以上。

③充分利用自身的工作条件扩大社交圈，重视同学交际圈、重视和每个人的交往，不论身份贵贱和亲疏程度。

某师范学校学生职业生涯规划设计（范例2）

1. 自我评价

（1）兴趣爱好。

业余爱好：看书、听音乐、打篮球、打羽毛球、散步。

喜欢的歌曲：《最初的梦想》《海阔天空》《光辉岁月》《红日》。

心中的偶像：周恩来。

(2) 自己的优势：学习成绩优秀；担任班干部，有一定组织能力；父母、亲人、老师关爱；勤奋努力。

(3) 自己的劣势：目前手头经济比较窘迫。

(4) 自己的优点：诚实正直；勤奋努力，做事踏实；有责任心；集体荣誉感强；待人友善；有一定组织能力。

(5) 自己的缺点：做事不够果断大胆；偶尔会有些小粗心；缺乏冒险精神。

(6) 生活中的成功经验：成功地被应聘为超市促销员；成功竞选为班上团支书；成功竞选为系组织部副部长；学习成绩综合排名为班上第一；成功被选为党员发展对象；成功被确定为印刷专业校外专项奖学金获得者；工作中全班同学的全力支持是我最大的财富。

(7) 生活中失败的教训：高考失利的打击较大；一位好朋友因误会与我渐渐地疏远。

2. 解决自我盘点中的劣势和缺陷

做事不够果断大胆，在某些时候不一定就全是缺点，它只是使我多了一份深思；多参加户外运动，尝试新的事物。

3. 职业取向分析测试

为了进一步认清自己属于何种类型的社会人，确定个人将来更适宜从事的工作岗位究竟是什么，运用霍兰德职业倾向测验量表对本人进行了认真的测试，初步得出了自己未来的职业取向。

4. 确定职业目标

(1) 职业领域：数字印刷专业及其相关工作。

(2) 典型特点：认真勤奋，责任心强，有一定组织能力。做事谨慎细致。职业选择时，主要注意力当然也是实际的技术。

(3) 成功标准：在自己所工作的技术领域达到较高标准，保持一颗积极努力上进的心。

5. 未来人生职业总规划

(1) 2010—2013 年（学业有成期）：充分利用校园环境及条件优势，认真学好专业知识，培养学习、工作、生活能力，全面提高个人综合素质，并做好专升本或就业准备。

(2) 2013—2016 年（熟悉适应期）：利用三年左右时间，经过不断的尝试努力，初步找到适合自身发展的工作环境、岗位。

完成的主要任务：

①学历、知识结构：提升自身学历层次，从专科走向本科。途径：参加自学或函授、夜大或脱产等。

②个人发展、人际关系：在这一时期，主要做好职业生涯的基础工作，与同事友好相处，获得领导认可，打好基础，职位升迁顺其自然。途径：加强沟通，虚心求教。

③婚姻家庭：暂不考虑，有缘分可顺其自然，不强求。

④生活习惯、兴趣爱好：在适当的交际环境下，尽量养成有规律的良好个人生活习惯，并参加体育运动，如打篮球、打羽毛球等。途径：制定生活时间表，约束自己严格执行。

(3) 2016—2026年(稳步发展时期):在此十年左右的时间里,努力奋斗,使自己在本单位成为业务精湛并小有成就的员工。

①学历、知识结构:在原有基础上进一步提升自身学历层次,达到本科或研究生水平。途径:参加自学、进修或函授等。

②技术能力:熟练掌握本专业领域内的各项技能,并具有一定的生产技术管理经验。途径:参加专业培训,加强学术交流,不断进行知识和技能更新。

③婚姻家庭:在寻找另一半时,注意品行、学历、家庭背景等因素,并结婚生子,购买住房,承担家庭责任,教育好下一代。

④生活习惯、兴趣爱好:此阶段个人良好的生活习惯显得尤为重要,由于生活工作压力最大,必须调整好自身状态,多参加体育活动,增强体质。途径:制定作息时间表,请家庭成员及朋友监督执行。

(4) 2026—2048年(事业有成期):此为职业生涯发展的黄金时期,力争个人事业成功发展到理想的高峰。

(5) 2048—2053年(发挥余热期):此时虽已退休,若体力、经历还不错,可继续参加业余工作,为社会尽自己的一份力量,充实自己的老年生活。

(6) 2053年以后(颐养天年期):在家安享天伦之乐,闲暇种花养草;也可外出游览祖国大好河山;有可能的话还可以写一部个人回忆录,力争在最后一页写上两个字:成功!

6. 短期目标规划(在校期间总的目标规划)

千里之行,始于足下。做好在校三年短期规划,作为自己职业生涯总规划的开始篇。力争走好第一步,为以后更长的路打下坚实的基础。

(1) 思想政治及道德素质方面。树立正确的人生观、价值观、道德观、奋斗观、创业观,定期向党组织递交思想汇报,争取早日加入中国共产党。积极参加各项有益的活动。

(2) 社会实践与志愿服务方面。适时参加社会调查活动、下厂参观实习等工作。适时参加安全义务献血、青年志愿服务活动等。

(3) 科技学术创新创业方面。扎实学习专业技能,同时,充分利用校内图书馆、校外购书城及网络信息,开阔视野,扩展知识范围,激发、拓展思路,尝试开展设计作品。

(4) 文体艺术、社团活动与身心发展方面(略)。

(2010级艺术设计302班 邓玉霞)

某职业技术学院学生职业生涯规划(范例3)

1. 自我评估

(1) 兴趣爱好。

业余爱好:阅读、听音乐、书法。

喜爱的文学作品:《红楼梦》《简·爱》《老人与海》。

喜欢的歌曲:《红日》《流年》《海阔天空》。

心中的偶像:张靓颖、朱彤。

(2) 自己的优势：学习成绩优秀，担任班干部，班级群众基础好，胆大心细，动手能力强，有较强的组织管理能力。

(3) 自己的劣势：目前经济条件较为窘迫，身高适中，脸上有青春痘，体质偏弱，易感冒。

(4) 自己的优点：工作扎实，友善待人，勤于思考，考虑问题全面。

(5) 自己的缺点：缺乏足够的自信心，英语口语不够好。

(6) 生活中成功的经验：成功竞选为班上团支书，校书画协会组织部部长。成功地组织班上各项课外活动与协会活动。工作中全班同学的大力支持是我最大的财富。

(7) 生活中失败的教训：高考失利打击较大，老听别人能够流利地用英语表达自己内心的想法，而自己不能，心里特难受。

2. 解决自我盘点中的劣势与缺点

对于自己体质偏弱，易感冒等通过加强锻炼，增强体质来解决。积极参加校内外的一些勤工俭学，解决近期资金问题和增强自身的社会阅历。多参加学校组织的各项活动，锻炼自己，提高自信心。口语方面，以后自己大胆地说，多向同学请教。

3. 职业取向分析测试

上次进行了测验，本人适合从事教师、管理等工作。对这个测验，本人会认真思考自己未来的职业取向。

4. 确定职业通道

初级翻译（笔译）——中级翻译（笔译）——高级翻译（笔译）——外企翻译（口、笔译）。

5. 未来人生职业规划

(1) 2011—2013：充分利用校园环境及条件，认真地学好专业知识，培养学习、工作、生活能力，全面提高个人综合素质，并做好专接本或就业准备。

(2) 2013—2015：利用这三年的时间，经过不断尝试努力，找到适合自身发展的工作单位。

完成的主要任务：

①学历：努力学习，争取专升本或工作三年之后考研。

②人际关系：虚心向前辈请教，与同事友好相处，多方沟通。

③婚姻家庭：暂不考虑，有缘分可顺其自然，不强求。

(3) 2015—2018：在这四年的时间里，努力奋斗，使自己在工作岗位上有所成就。

①知识更新：自学或参加培训，订阅相关学术刊物。

②生活习惯：调整好自己的心态，养成好的个人习惯。

③婚姻家庭：选择对象注意品行等因素，结婚生子，教育好下一代。

(4) 2018—2021：努力成为单位业务尖子。

①工作方面：努力工作，不能因家庭而误了工作，也不能因工作而误了家庭。

②婚姻家庭：好好处理家庭各成员之间的关系，做到和谐相处。

(5) 2021 年以后：好好工作，好好持家。在此期间也应该多多学习，学无止境。

6. 短期目标规划（在校期间总的目标规划）

（1）思想政治及道德修养方面：坚持正确的人生价值取向，积极参加学校组织的各项活动。

（2）实践方面：适时参加义务献血、学雷锋、青年志愿服务等活动。

（3）科技方面：认真学好电脑知识，特别是在技能技巧，操作方向上。

（4）社团活动方面：把自己所在的协会的活动办得精彩点，也应积极参加其他社团组织的活动。

（5）学习方面：在学好本专业的同时，积极到图书馆看些其他方面的书籍，使自己的知识丰富点。

（外语系 2010 级英语翻译专业 302 班 丁正兰）

阅读资料

职业生涯设计方案

职业生涯规划（职业生涯设计方案）的主要内容应包括以下方面：

（1）题目。包括姓名、年限、年龄跨度、起止日期。

（2）职业方向及总体目标。

（3）社会环境分析结果。包括对政治环境、经济环境、法律环境的分析，还包括对职业环境的分析。

（4）企业分析结果。包括行业分析、企业制度分析、企业文化分析、领导人分析、企业产品和服务分析、发展领域分析。

（5）自身条件及潜力测评结果。

（6）角色及其建议。记录对自己职业生涯影响最大的一些人的建议。

（7）目标分解及组合。

（8）成功的标准。

（9）差距。即自身现实状况与实现目标要求之间的差距。

（10）缩小差距的方法及实施方案。

思考题

1. 简述职业生涯的分期。
2. 职业生涯规划的原则和步骤是什么？
3. 为自己设计一个适合自己的职业生涯规划。

第四章 大学生就业准备

心灵咖啡

故事一

王刚同学毕业于黑龙江哈尔滨某高职学校，性格比较豪爽，三年的大学生活也比较充实，标准东北大汉，即将离开生活了三年的大学校园，与同学道别等活动每天都使自己匆匆忙忙，没好好制作个人简历。校园招聘会上人山人海，每个用人单位摊位前均挤满了学生，他用一张 A4 纸随意写下了个人情况（姓名，毕业学校，专业，联系方式），也投递了个人的“简历”。

点评：

对应届大学毕业生来讲，个人简历一般需陈述自己的个人信息、自我评价、文化教育背景、工作经历、在校所接受培训、在简历的右上角贴上一张 1 寸①或 2 寸最近免冠彩色照片。简历一般用 A4 纸打印，一般在简历上还有些附页，如学生在校成绩单（需要有学校的红色大印）和学校的推荐单、获奖奖项。学校出具的学生在校学习成绩单原件要妥善保管，投递简历时可用复印件，但切记正式面试时，用人单位人力资源部会要求你出示原件，准备一份完整的个人资料（包括简历、学习成绩单、学校推荐信）是必要的。

故事二

张华同学在校学习机械设计与制造专业，大学本科，性格活泼开朗，家境优越，在校偏爱文化课，对专业课程的学习仅是刚刚通过，比较喜欢参加一些体育运动和校园文化活动，善于言谈，每次与同学交谈，自己讲话的时间要占交谈时间的 80%，穿衣服喜欢花花绿绿。

① 这里的寸为英寸，1 英寸 =2.54 厘米。

点评：

衣着以整洁为标准，不须穿些奇装异服或浓妆艳抹以及戴过多首饰。当然艺术院校自另当别论；谈话尽量保持正常沟通。

故事三

林玉杰同学很谨慎地将个人简历递至招聘者手中，简历的封面是用相纸打印出来，有一幅个人艺术照正中端坐，因为面试现场人很多，她一直在与其他同学不停地交流着，谈班里某同学刚才在找工作时受挫了，某单位负责招聘的人长得有缺陷等，招聘者均听在了心里，抬头问“林同学，能否介绍一下你在学校的成绩?”林同学过了两分钟后还未回答出这个问题。

点评：

在面试过程中，交谈时不宜东张西望，或做些小动作（如两手不停抖动、身子不停摇晃等）。因此，在面试之前要先做模拟训练，如可找你的同学或老师给你面试，设计几个问题，通过情景模拟面试你一定会受益匪浅。

第一节 就业信息的收集与应用

就业信息对求职的大学毕业生来讲非常重要，收集并应用信息是每个大学毕业生求职择业的必由之路。本节主要介绍就业信息的概念、特点、作用和主要内容，以及就业信息搜集、分析和使用等方面的知识，目的是让大学毕业生能够正确地搜集、分析和使用就业信息，为求职择业提供帮助。

一、就业信息的概念、特点和作用

1. 就业信息的概念

就业信息是指通过各种媒介传递的有关就业方面的消息和情况。如就业政策与形势、就业机构、供需情况、招聘活动及用人信息等。在现代社会中，就业不仅取决于大学毕业生的知识、能力、综合素质、社会经济、社会需求等因素，而且也取决于个体所获取就业信息的量与质以及个体收集、处理、使用就业信息的能力。毕业生应及时、全面地掌握有关就业方面的各种信息，并认真地对这些信息进行分析、筛选、整理，最终做出正确判断，为求职成功奠定基础。

2. 就业信息的特点

就业信息的特点概括起来包括以下几个方面：

（1）时效性。

就业信息有极强的时效性，即每一条信息都有时间要求，在规定时期内是有效的，过了一定时期就失去了它的意义和作用。因此，大学毕业生在收集、整理、处理求职信息时，一定要注意信息的有效时间，争取及早对信息做出应有的反应，“机不可失，失不再来”这句话用在大学毕业生求职择业上也是具有现实意义的。对应聘者来说，过时或失效的信息，不仅没有使用价值，而且还是有害的。它会使应聘者徒劳往返，浪费时间、精力和钱财。

（2）相对性。

随着社会分工的进一步细化，用人单位要求人才的层次、专业、性别、能力等方面的针对性提高。就业信息本身必须能够说明它所适用的对象，以及该对象所应具备的具体条件。因此，就业信息的价值是相对的，一则招聘信息，对一部分人是非常有价值的，而对另一部分人则不见得有多大价值。就业信息的这一特点要求求职的大学毕业生在得到就业信息时，要进行认真分析和研究，要与自身的条件进行客观比较，看看自己的知识、水平、业务能力、综合素质等是否符合用人单位的要求。这样做可以减少求职的失败次数，避免求职自信心受挫，提高求职的成功率。因此，大学毕业生要注意求职信息的相对性，不能盲目追求当今都看好的职业，适合自己的信息一定要予以重视，不适合自己的求职信息一定要果断地放弃。

（3）共享性。

就业信息的共享性特点是指就业信息可以通过不同的载体进行传播，为社会各方所共享。就业信息的共享性还意味着就业的竞争，并不仅限于本班同学、本校同学、本地高校，还有其他外省、市高校毕业生。所以在就业竞争中要争取早一点获得就业信息，早一点做好准备，力争“捷足者先登”。

3. 就业信息的作用

就业信息是一个人成功择业的重要因素。对求职者来说，就业信息的作用主要体现在以下几个方面：

（1）就业信息是职业选择的基本前提。

目前，我国大学毕业生就业是在国家宏观政策的指导下，实行市场导向、政府调控、学校推荐、自主择业的就业体制。对大学毕业生而言，如果不占有准确可靠的需求信息，就无法掌握自主择业的主动权，实现职业理想就会变成一句空话。如果一位求职者掌握了大量就业信息，那么他的视野就比较宽阔，也就能够得到不失时机地选择适合自己职位的主动权，从而比较稳妥地掌握自己的命运。如果求职者耳目闭塞、信息不灵，择业就如同盲人骑瞎马，其结果不是发出“就业何其难”的感叹，就是让合适的职位从自己身边溜走。可以说，求职竞争在一定意义上就是获取就业信息的竞争。谁获得的信息数量多，求职的选择面就宽；谁获得的信息质量高，求职的把握性就大；谁获得的信息及时，求职的主动权就大。

（2）就业信息是择业决策的重要依据。

要做好自己的择业决策，就必须有就业信息质量的保证。例如，国家的就业方针，各地区及主要行业的就业政策，自己所属院校的就业细则，有关的就业机构、具体职责，校园招聘活动的安排等，当然，更为主要的是用人单位的需求信息。依据所占有的就业信息经过筛选比较，使自己最后瞄准一个或几个相对确定的目标，那么，所要面临的就是求职面试了。对大学毕业生而言，要想顺利通过面试，就必须对用人单位的文化价值、管理理念、经营方式、产品结构、市场行情、用人制度及其以往的历史和今后发展情况进行一定的了解，这就是成功就业对就业信息深度和广度的要求。虽然把握了就业信息的深度，并不能直接被录取，但毕竟可能性加大了。

（3）就业信息是调节职业规划目标的参考。

大学生在校期间，通过对就业信息的了解，对当前国家的政治经济状况、就业形势、就业政策、就业机构、人才供求情况以及用人单位对人才素质的要求等信息的了解、掌握、分析和研究，就能明了未来能从事的某些具体职业的类型和特点、岗位的能力标准和要求，客观上就促使学生更好地认识到学习对社会和个人的意义，使学生明确学习目的，增强学习的积极性和主动性。因此，就业信息对于在校学生确定职业生涯目标、求职者确定选择目标、已经就业者重新认识职业世界与认定或者调整职业目标，均有重要作用。

二、就业信息的收集

1. 收集就业信息的基本要求

收集就业信息应力求做到“早”“广”“实”“准”。

(1) 早。

所谓“早”，就是收集信息要早准备，早动手，收集到信息要及时进行处理，从而赢得就业的主动。

(2) 广。

所谓“广”，一是信息收集渠道要广，要广泛收集各个方面、不同层次的就业信息；二是收集信息的视野要广。有的同学只注意搜集与自己预先设定的求职目标相关的就业信息，放弃或忽视了其他与求职目标相关的就业信息。一旦与求职目标相关的就业信息收集遭遇挫折，又无后备的就业信息，就会造成求职的被动。要知道就业信息的获得有时是“有心栽花花不开，无心插柳柳成荫”而收集的。

(3) 实。

所谓“实”，一是收集的信息要具体；二是收集的信息要真实。对于用人单位的名称、性质、地点、环境、企业文化、发展前景、用人制度、招聘岗位的基本要求、联系方式、招聘方式等各方面信息掌握得越具体越好。而对于所收集到的信息是否真实，可以通过上网等形式来考察。

(4) 准。

所谓“准”，就是要做到准确无误。为了保证这一点，必须从两个方面入手：一方面要掌握用人单位需要什么层次、什么专业的人才，在生源属地、性别、相貌、专业、学历、外语水平、计算机能力、专业知识、技能等方方面面有什么具体要求都要搞准。另一方面，用人信息具有极强的时效性，要注意你所了解的就业信息是否在有效期内，是不是过期的信息，是否用人单位已物色到较为理想的人选，这些情况都要搞清楚，绝不能似是而非，否则会浪费你很多的时间、精力和财力，造成不必要的损失。

2. 收集途径

大学毕业生获取求职信息的渠道多种多样。由于个人的关注程度、社会背景、经济状况、思想观念等的不同，获取求职信息的渠道也存在一定的差异。收集就业信息的渠道主要有以下几种：

(1) 校内主管部门。

学校的毕业生就业主管部门（就业指导中心或就业办公室）是毕业生获取就业信息的主渠道。随着高校毕业生就业制度改革的深化，学校的毕业生就业主管部门越来越成为连接用人单位和毕业生的重要桥梁和纽带。一般情况下，用人单位到学校招聘人才，都是到毕业生就业主管部门办理，这是用人单位所依赖的就业信息联系部门。在每年毕业生就业阶段，学校毕业生就业指导机构会有针对性地向各个用人单位发布应届毕业生资源信息，并以电话、网络等各种信息交流活动方式征集大量的需求信息。学校就业机构一般在每年的 10 月至次年的 5 月间专门组织各种形式的毕业生就业招聘会等活动，同时学校还会将收集到的需求信息加以整理，及时向毕业生发布。在毕业生和用人单位之间架起一座信息桥梁，从而使毕业生获得许多需求信息。学校就业指导机构收集的就业信息数量大，针对性、准确性、可靠性都较强；学校应是收集就业信息的主渠道，其所掌握的信息的权威性也没有任何一个部门可以与之相提并论。这是毕业生求职择业最主要的信息来源。另外，学校的毕业生就业主管部门与省市等上级毕业生就业主管部门之间保持着密切联系。国家的高校毕业生就业政策、就业方案、就业信息等都是通过学校毕业生就业主管部门传达给广大毕业生的，所以它的作用是双重的。

但是当前，有一部分毕业生认识不到本校毕业生就业主管部门在自己就业问题上的重要性，或许是虚荣心作怪，宁可到社会上参加对大学毕业生针对性不强的招聘活动，也不愿在本校的毕业生就业主管部门登记和求助，这就大错特错了。一般来说，最希望毕业生都找到好工作的是自己的母校，最希望学生有个好前程的是自己的老师，学校就业部门的老师们，全都是以为学生服务为宗旨，所以，毕业生在就业问题上要依靠本校的就业主管部门。

（2）各种类型的高校毕业生就业招聘会。

为做好每年的毕业生就业工作，各省、市，各行业及各高校都会举办规模大小不等的“人才招聘会”“毕业生就业双选会”“人才市场”等，在这些就业市场上，一是信息量大，二是可以使毕业生和用人单位的招聘人员见面洽谈。这也是高校毕业生求职的一条重要途径。值得注意的是：社会上的“人才市场”，有些是针对有一定社会经验的人才，有些是以招聘应届毕业生为主的。毕业生赶赴人才市场前事先要做一些了解，不可盲目赶场。由各省、市毕业生就业主管部门举办的毕业生“双选会”呈现出按行业类型划分专场举办的趋势，专门面向某一类求职者，或邀请某一行业的招聘单位参加，针对性较强。随着高校作为大学毕业生就业市场主渠道的作用增强，由高校举办的校园“双选会”越来越成为毕业生获取就业信息、与用人单位接洽的重要渠道。在学校举办的招聘会上，用人单位针对本校毕业生选聘人才，就业信息针对性强，毕业生个人的经济投入不大，用人单位经过学校筛选，就业信息安全性高。因此，学校举办的招聘会越来越受到毕业生的重视。

（3）传播媒介。

传播媒介不仅传播速度快，而且涉及面广，信息传播也很及时。许多用人单位通过新闻媒体，如广播、电视、网络、报纸、杂志、电话等，介绍企业现状、发展前景及人才需求，从而成为一个巨大的、多方位的信息源。目前，我国有很多种关于高校毕业生就业指导的报纸、期刊、杂志，还有许多公开发行的出版物等传播媒介，登载有关就业的信息和招聘信息。如教育部主办的《中国大学生就业》；也有地方主办的全国发行的报纸，如北京的《北京人才市场报》、广州的《南方人才报》、上海的《人才市场报》等，或发布就业信息，或刊登招聘广告，这些报纸杂志是高校毕业生搜集就业信息的一大渠道。

通过就业指导的报纸、期刊、杂志以及社会发行的出版物搜集就业信息，要注意以下三点：一是要舍得花时间大量去搜集；二是要选择最佳目标，要根据就业信息的刊发时间、招聘条件进行详细分析，去粗取精，去伪存真，选定中意的用人单位；三是要注重时效，得到就业信息后不能等，要立即前去应聘。

随着计算机应用技术的普及和互联网的发展，网络求职以现代科技手段为依托，是一种非常方便的信息渠道。目前大学毕业生上网的方式有两种：一种是到各省、市大学毕业生就业主管部门和高校创建的就业信息网站发布个人简历、查询就业信息；另一种则是Internet网络，上面建有许多职业网站，为求职者提供了一种效率高、成本低、内容多、时间短的现代信息收集渠道。上网查找求职信息已成为时尚，网上招聘、应聘方便快捷，信息反馈十分迅速。因此用人单位的招聘信息都习惯在互联网上发布，互联网已成为高校毕业生搜集就业信息的一条很重要的渠道。任何人在任何地方，只要上网，就可以查阅各类用人单位随时发布的招聘信息，在网上与用人单位建立联系，并能将自己的应聘求职信息发布网上，使用人单位在网上查阅后与求职者建立联系。网上求职成功的诀窍之一是将搜索范围控制在几个网址上。

在网上获取就业信息进行求职，要注意以下几点：

①不要把简历放在附件里。因为如今计算机病毒流行，用人单位不愿打开电子邮件的附件，而是愿意直接看到简历。电子邮件的应征信要避免冗长。

②不要在一家用人单位同时应征数个职位。用人单位的人事部门主管比较喜欢专注于某一职位的应聘者。如果你应聘的职位越多，就会被认为是“万金油”，是“这山看到那山高”或者对自己的求职目标不明确的人，而导致求职失败。

③可以利用有效时间给你所中意的单位多发几次E-mail，最好每封求职信都要针对不同的用人单位精心设计，以表明你对该单位的重视。

④可以将你的个人简历放到各个就业网站的数据库里，让工作来找你。也可以考虑制作一个个人主页，把你的网址告诉用人单位或让用人单位很容易注意到你，这将会有更好的效果。

⑤网上求职的不足之处是只见其文，不见其人。尽管网上可以传送照片，但也很难有见面交流的互动性和感染力。因此，如果从网上获取信息后，要把求职的自荐材料发送过去，努力争取与用人单位见面的机会，这样求职成功的可能性会大得多。

（4）实习实训单位。

现在的用人单位往往重视毕业生的实际能力和实践经验，大多数用人单位在正式聘用毕业生之前也要求毕业生有一定的实习实训期。毕业生的实习实训，实际上是参加工作的预演，是一次非常宝贵的经历。通过实习实训，一方面使用人单位对学生有所认识和了解；另一方面也使学生通过实习实训，对其有了较为深入的了解。如果实习单位有意进人，你在该单位的出色表现很有可能使你成为用人单位首先考虑的对象。

（5）亲戚朋友、校友等社会关系。

在高校毕业生就业过程中，毕业生的各种门路和社会关系不能简单地归结为“走后门”而被加以排除。在社会主义市场经济条件下，毕业生应积极拓展一切有可能的信息渠道来收集就业信息，如亲戚朋友、校友、邻居、熟人等。此外，学校老师利用自己的老同学、学生、科研伙伴、协作单位等关系，往往能够获得针对性强的信息，这些信息经过老师筛选可靠性较强，而且与毕业生的就业意向和所学专业较为吻合，对毕业生的求职择业是十分有利的。如果说市场竞争机制和企业人事管理机制能够使任人唯贤成为共识，那么门路和社会关系就应是高校毕业生求职择业提倡的有效途径之一。常言说，多一个朋友多一条路，多一个亲戚多一个帮手。在就业过程中，可以多请教这些社会关系，了解哪里有空缺，扩大找工作的范围，他们提供的信息往往比较具体、准确，成功率也比较高。事实上每年都有一部分毕业生是通过社会关系就业的。这种方式得到的信息，既准确迅速，又真实可靠，可以作为上述途径的补充。但也不排除提供者个人眼界的局限性和信息误差。

利用社会关系获取求职信息的方法常包括以下几种：

①对你的求职方向及考虑选择的用人单位，可以征求对方意见，询问对方能否看看你的个人简历是否写得合适。可以把自己求职意向等情况告诉对方，他们一般很愿意帮忙，但你总得给出个基本框架，使他们努力有方向。

②要重视对方给你提供的信息。如果对方带着信息找你，你应该这样说："啊，真是太好了，真是难得的机会!"即使你已知道这个信息，甚至刚同那个单位谈过话，也要这么说，因为他们带来的信息必有某些新鲜内容。人们看到自己的意见受到重视和赞赏，就会带来更多的信息。

③每当你得到对方推荐，一定要问清楚你去该单位联系时是否可以提到推荐人的名字作为引荐。

④如果你确实得到帮助，就应该道谢。不管你联系的人是否帮助过你，你得到工作以后一定要让他们知道。

⑤校友提供的信息最大特点是比较接近本校、本专业实际。最近几年毕业的校友的求职择业、就业之初的实践和体会，对应届毕业生来说都是宝贵的经验，可以给正在求职的应届毕业生带来很多启发。因此，毕业生可充分利用实习、社会实践、校友回校等机会与校友多接触，用巧妙的方法适时介绍自己，以得到其帮助和指导。

（6）个人搜集。

个人搜集是指求职者广泛搜集自己专业和求职范围内用人单位的信息资料并加以研究利用。个人搜集是一种不通过任何中介的直接求职方法。通过打电话、写求职信或登门拜访等形式直接联系用人单位。这要求毕业生有一种"毛遂自荐"的意识，并且对自己单方面拟定的意向单位要有大概的了解和预测。这种方法的优点是主动性强，节约时间，费用低廉，缺点是盲目性大。但在缺乏就业信息的情况下，这也不失为一种获取就业信息的方法。常用的个人搜集就业信息方法有两种：

①打电话。通过打电话的方式，询问用人单位是否招聘某专业或相关专业的高校毕业生，是一种较好的方法。由于是求职者冒昧地直接联系，所以采取这种方式要注意准备充分，把所要咨询的内容以及所要讲的话，列成条目，熟记于心。打电话时要注意选在较为清静的场所，力求接听清楚。要注意选择通话的时间，在刚上班的时间、吃饭、午休的时间、临下班前半小时的时间，打电话的效果一般都不太好。打求职电话要礼貌、客气，要显示出诚意。通话内容要简明扼要、条理清楚，不要黏黏糊糊、拖泥带水，要争取见面机会。要尽量用普通话，保持中速，不急不缓，使人听得清、记得准。要讲究语气语调，使之温和而有自信，自然而有亲切感。这样就可以给用人单位的领导留下良好的第一印象。

②登门拜访。如果你对某单位感兴趣，就去找在这个单位工作或供职的亲友，向他们直接了解该企业的详细情况；如果没有这样的亲友，可以查询电话号码簿的黄色页码，找出令你感兴趣的工作领域条目，然后抄录企业全称、地址、邮编、电话、负责人姓名等。最好亲自走访一下（当然对那些明确表示谢绝来电、来访的单位，就不必选用这种方法），这样既

可节省时间，又能尽快得到确切的信息，还能通过实地考察，对用人单位的地理环境等外部条件有清晰的认识，待决策时参考。

三、就业信息的科学利用

毕业生通过各种途径收集到的需求信息，应结合自己的实际情况，有目的、有针对性地进行排列、整理和分析，只有这样才能使需求信息具有准确性、科学性和有效性，使之更好地为自己的求职服务。

1. 就业信息的可靠性分析

就业信息的可靠性分析，一般采用以下三种方法：

（1）根据就业信息资料的内在逻辑来验证其可靠性。

如果发现资料内容的表述前后矛盾，或违背事物发展的逻辑，或有违反实际情况的内容，此类就业信息的可靠性就值得怀疑。例如，招聘职位是文秘等普通职员，用人待遇却给出高薪等优厚条件，这样的招聘信息不能轻信。对此要进行认真调查核实，以防上当受骗。

（2）根据就业信息的来源渠道进行分析判断。

一般来说，凡是从正规渠道获得的就业信息，可靠性就大。凡是从非正规渠道获取的就业信息，可靠性就差一些。政府主管部门主办的杂志、报刊发布的就业信息是最可靠的。到处张贴或散发的一些招聘小广告最不可靠。

（3）通过上网或114查号台核查。

查出招聘信息中用人单位人力资源部的电话号码，通过电话核实该单位是否招聘某专业的人才。这是最直接、最可靠的核实方法。

2. 就业信息的筛选

适合自己应是筛选信息的核心所在。信息对自己是否重要，其依据就是是否适合自己。大学毕业生从就业信息中筛选出自己较为中意的用人单位，根据用人单位列出的招聘条件、岗位要求等，与自身条件进行对比分析，不断调整和优化自己的求职目标定位。在求职的专业领域或岗位、薪酬工作环境、个人发展的可能性等方面，使自己的求职目标更贴近实际。通过对自身条件与用人单位需求的合适性分析，当自己的某些专长和条件正是用人单位所急需时，此时离就业成功就很近了。

3. 就业信息的深度研究

就业信息的深度研究是指对感兴趣的用人单位，根据自己的应聘需要，对用人单位的重要信息，进行较深层次的分析研究，为应聘做好充分准备。具体应从以下几个方面入手：

（1）通过查阅号码簿黄页，抄录企业的全称、地址、邮编、电话号码、负责人姓名等备用。

（2）通过计算机上网或公共图书馆查找企业的资料，尽量详细地了解公司的经营范围、产品构成、生产规模、分支机构的设置及业务范围、企业文化、公司的发展前途等基本情况。对应聘专业技术岗位和管理岗位的应聘者来说，要研究用人单位从原材料到产品工艺流程和工艺设备的有关情况的信息，要了解经营、销售、产值等方面的情况，力求从深层次掌握用人单位实质性的东西。

（3）可以找已经在用人单位工作的亲友、同学或其他关系，向他们直接了解该单位的详细情况，采取这种方式所获得的用人单位的信息是最直接、最可靠的。

4. 就业信息的及时运用

（1）就业信息的时效性强，就业信息一旦选定，就要不失时机地主动与用人单位主管人员联系，询问应聘的方式、时间、地点和要求，并准备好一套完整的求职材料，使需求信息尽早变成供需双方深度沟通的桥梁。

（2）根据筛选出来的就业信息的招聘条件和岗位要求来对照检查自己的不足，想办法及时弥补。这一做法尽管在毕业前的有限时间内较为仓促，但却有效的。

（3）及时输出对他人有用的信息。有些信息对自己不一定有用，可是对他人十分有用。遇到这种情况，千万不要抓住这些信息不放。你能主动输出对他人有用的信息，不仅对他人是个帮助，同时也增加了与他人交流信息的机会，说不定也会从别人手中获得对自己十分有益的信息。

阅读资料

从1985年中央颁布的《关于教育体制改革的决定》为标志，我国大学生的就业制度从计划经济的统包统配开始转向市场经济的自主择业、双向选择，至今已走过了20多年的历程。随着国家经济的发展，用人单位对大学毕业生的要求趋向高标准、多样化和专业化。高校扩招和大学毕业生数量的快速增长，使毕业生对自身就业方式有了更新和更高层次的认识。结合国家就业政策的调整，国家和高校对大学毕业生就业方式的规定逐渐弱化，转向对就业方式的宏观调控和正确引导，使得当代大学生的就业方式趋向多元化和自主化。

第二节 求职自荐材料的准备

自荐是实现就业的基本环节。大学生在就业过程中，要让用人单位认识自己、了解自己、选择自己，就必须通过各种途径和方法宣传自己、展示自己、推销自己。只有成功的自荐，才能获得进一步面试的机会，从而达到就业的目的。

自荐材料是求职者打开用人单位大门的敲门砖，是求职成功的第一步。求职材料的好坏，关系到求职者能否引起用人单位的重视，对用人单位是否把求职者作为可能的人选并决定是否与求职者进一步接触有着不可低估的作用。用人单位如此看重求职材料，是因为材料本身能反映出一个人的文化素养、能力水平以及开拓创新精神，因此制作一份好的求职材料是要用一些心思的。

一、求职自荐材料的组成及基本要求

一份完整的求职自荐材料包括：毕业生就业推荐表、求职信、个人简历、成绩单以及各种证书等。求职自荐材料的基本要求是：目标明确、针对性强、真实可靠、简洁美观。

二、毕业生就业推荐表

毕业生就业推荐表是毕业生直接与用人单位面谈的重要媒介之一，它可以证明持表人的应届毕业生身份。它是由毕业生填写，学校审核并签章的权威性书面材料，每名毕业生只有一份。推荐表分为上下两部分，上半部分内容是毕业生的个人信息，包括毕业生个人的基本情况、学习成绩、获奖情况、计算机水平、外语等级、能力特长、就业范围等综合信息；下半部分是用人单位同意拟接收毕业生的意向回执，毕业生凭此回执到学校领取三方协议书。

1. 推荐表的填写

首先，应注意字迹清晰，文句通顺，切忌涂抹，实事求是；其次，详细准确地写清推荐表中所列各项内容，如毕业专业、培养方式和就业范围，并恰如其分地介绍自己在校表现和能力水平，既不夸张也不谦卑；再次，在填写奖惩情况一项时要实事求是，如受过处分应主动说明原因，着重讲认识态度和改正决心，切不可隐瞒，否则用人单位通过档案了解到，会认为你不诚实；最后，在向用人单位递交推荐表时，最好能附上历年的学习成绩及组织评语。

2. 推荐表的使用

推荐表是毕业生和用人单位双方达成意向后，毕业生递交给用人单位的一份正式书面材料，用人单位在回执上要写清单位的基本信息，以便学校与用人单位进行联系，学校凭此回执为毕业生发放三方协议书。有一点需要提示，用人单位的招聘工作是有期限的，聘用人员确定后即办理各种录用手续，所以在用人单位回执上会限定签约时间，毕业生应按要求准时签订协议书，否则视为放弃。表 4－1 所示为 ×× 地区普通高校毕业生就业推荐表。

表 4－1　××地区普通高校毕业生就业推荐表

<table>
<tr><td rowspan="8">个人信息</td><td>姓　名</td><td colspan="2"></td><td>学　号</td><td></td><td>性　别</td><td></td><td rowspan="8">一寸免冠照片</td></tr>
<tr><td>身份证号</td><td colspan="2"></td><td>出生日期</td><td></td><td>政治面貌</td><td></td></tr>
<tr><td>生源地区</td><td colspan="2"></td><td>电　话</td><td></td><td>手　机</td><td></td></tr>
<tr><td>通信地址</td><td colspan="6"></td></tr>
<tr><td>E-mail</td><td colspan="3"></td><td>邮政编码</td><td colspan="2"></td></tr>
<tr><td>学校名称</td><td></td><td colspan="2">学　历</td><td></td><td colspan="2">学　制</td></tr>
<tr><td>专　　业</td><td colspan="4"></td><td colspan="2">培养方式</td></tr>
<tr><td>奖惩情况</td><td colspan="4"></td><td colspan="2">毕业时间</td></tr>
<tr><td rowspan="3">社会实践</td><td colspan="8"></td></tr>
<tr><td colspan="8"></td></tr>
<tr><td colspan="8"></td></tr>
<tr><td>特长及能力</td><td colspan="8">1. 主修外语语种＿＿＿＿＿＿级别：
2. 计算机水平：</td></tr>
</table>

续表

学校推荐意见	就业范围					
	院（系、所）意见					
	学校毕业生就业管理部门意见					
	联系部门		联系人		联系电话	
备注	1. 持中心推荐表的毕业生均是经××市教委毕业生资格审查合格并有就业资格的毕业生。 2. 本表应同时附带毕业生的学习成绩单，并盖有学校主管部门的公章。 3. 此表每名毕业生只有一份，必须由培养单位校级主管就业部门盖章（红章）方能生效（复印公章无效）。 4. 此表所附回执清单用人单位于　月　日前返回培养单位。					

用人单位回执

大学（学院）：

经研究，我单位拟同意接收你校的毕业生________，请凭此回执换发就业协议书，并在　月　日之前与我单位签订协议书，否则原意向作废。

（用人单位及部门章）

年　月　日

单位名称		所有制性质		上级主管部门			
单位地S址		邮　　编		联系人		电话	

注：此回执不能作为上报就业方案的依据。

三、求职申请表

除了个人简历和毕业生就业推荐表之外，求职申请表是用人单位获取求职者基本资料的另一种方式。许多大公司和政府部门以及公共机构都会根据本单位需要了解毕业生的情况，设计一份申请表格要求毕业生填写，通过所填写的内容来获得求职者的信息。填写申请表有两种途径，一种是用人单位在招聘前发给毕业生，另一种是毕业生在用人单位的招聘网上填写。

填写求职申请表的方法：

1. 仔细阅读

在动笔前先认真阅读申请表格内容，弄清含义，注意里面所有的说明。填写前先复印一份，若在网上填写，应先记录下表中的内容，把你的答案先写在便条纸上，经过核对无误后，再填在正式表中。

2. 深思熟虑

有些申请表中的内容除个人基本信息外，通常会有一些试题，比如，“你最崇拜的人是谁，为什么?”遇到这样的问题，很多毕业生不知如何下笔。对此类问题一定要仔细思考，认真填写。比如，上面提到“你最崇拜的人是谁”这个问题，应将所崇拜的人与自己所应聘的工作“搭”上关系，最好说出自己所崇拜的人的品质，哪些思想感染、鼓舞着自己。

3. 字迹工整

填写时要逐项填写，字迹要工整，表格要整洁。申请表有时是用人单位考察求职者的一种途径，字迹清晰有助于表现自己对工作的认真态度。表4－2所示为××集团求职申请表。

表 4-2 ××集团求职申请表

<table>
<tr><td>应聘岗位/方向</td><td colspan="5"></td></tr>
<tr><td colspan="6">基本信息栏</td></tr>
<tr><td>姓　名</td><td></td><td>性　别</td><td></td><td>年　龄</td><td></td></tr>
<tr><td>第一学历</td><td></td><td>民　族</td><td></td><td>婚　否</td><td></td></tr>
<tr><td>户口所在地</td><td colspan="2"></td><td>身份证号</td><td colspan="2"></td></tr>
<tr><td>手机/电话</td><td colspan="2"></td><td>E-mail</td><td colspan="2"></td></tr>
<tr><td colspan="6">通信地址及邮编：</td></tr>
<tr><td colspan="6">社会经验</td></tr>
<tr><td>起止时间</td><td colspan="5"></td></tr>
<tr><td>工作单位及所在地</td><td colspan="5"></td></tr>
<tr><td>岗位/主要业绩</td><td colspan="5"></td></tr>
<tr><td>收入状况</td><td colspan="5"></td></tr>
<tr><td>证明人/联系方式</td><td colspan="5"></td></tr>
<tr><td colspan="6">个人是否有亲戚朋友在××集团工作？　□无　□有
有，则请注明最亲密的一位的基本情况：</td></tr>
<tr><td>姓　名</td><td colspan="3">所在公司及部门</td><td colspan="2">与您的关系</td></tr>
<tr><td></td><td colspan="3"></td><td colspan="2"></td></tr>
<tr><td colspan="6">家庭主要成员</td></tr>
<tr><td>姓　名</td><td colspan="2">关　系</td><td colspan="3">工作单位/工作性质</td></tr>
<tr><td></td><td colspan="2"></td><td colspan="3"></td></tr>
<tr><td colspan="6">教育背景</td></tr>
<tr><td>就读时间</td><td colspan="5"></td></tr>
<tr><td>毕业学校</td><td colspan="5"></td></tr>
<tr><td>专　业</td><td colspan="5"></td></tr>
<tr><td>学业性质</td><td colspan="5">□统招　□保送　□自考　□函授　□电大　□其他</td></tr>
<tr><td colspan="6">培训经历/专业资格证书等</td></tr>
<tr><td colspan="6"></td></tr>
<tr><td colspan="6">职业技能与特长</td></tr>
<tr><td colspan="6"></td></tr>
<tr><td colspan="6">自我评价/职业目标</td></tr>
<tr><td colspan="6"></td></tr>
<tr><td colspan="6">问题回答</td></tr>
<tr><td colspan="6">1. 请列举出您在工作或学习上最引以为自豪的5件事（80～120字）</td></tr>
<tr><td colspan="6">2. 请举例出您曾主动“超越职责”去完成某工作任务的情形。为什么“超越职责”？您做了些什么？结果怎样？（80～120字）</td></tr>
<tr><td colspan="6">3. 描述您最有成就感的一段工作时间/时期。（80～120字）</td></tr>
<tr><td colspan="6">4. 请举一个您成功工作的例子。（80～120字）</td></tr>
<tr><td colspan="6">5. 请举一个您成功处理敏感或复杂人际关系的例子。（80～120字）</td></tr>
<tr><td colspan="6">6. 请举一个您遇到过的一个最困难的专业或技术问题的例子，当时的情况如何？您是如何处理的？结果如何？（80～120字）</td></tr>
<tr><td colspan="6">7. 进入公司试用期期望的现金收入范围（每月：　　　元～　　　元）；
转正后期望的现金收入范围（全年：　　　元～　　　元）。</td></tr>
</table>

四、求职信

求职信是毕业生针对招聘岗位向用人单位进行自我推荐的书面材料，它是用人单位翻阅毕业生的推荐材料之前首先要看的内容。这份材料是所有求职材料中的支柱性文件，决定能否引起用人单位的重视，至关重要。

1. 求职信的书写格式

求职信的重点在于“荐”，在构思上一定要围绕“为何荐”“凭何荐”“怎样荐”的思路安排，求职信的书写格式与一般书信大致相同，即标题、称呼、正文、结尾、落款。

（1）标题。

标题是求职信的标志和称谓，要求醒目、简洁、庄重。要用较大字体在用纸上标注“求职信”三个字，显得大方、美观。

（2）称呼。

这里是指对主送单位或收信人的称呼，若写给国家机关或事业单位的人事部门负责人，可用“尊敬的××处长”称呼；若是企业人力资源部，则用“尊敬的××经理”；如果是写给科研院所或高校人事部门，可称“尊敬的××教授（处长、老师）”。称呼要正规、准确，忌用“老板、前辈、师兄、叔叔”等不正规的称呼。由于求职信往往是和用人单位之间的首次交往，毕业生未必对用人单位的招聘人员了解、熟悉，因此，在求职信中称呼“××领导”是可以的。

（3）正文。

这是求职信的核心部分，其形式多样，风格各异。要打动用人单位，正文部分的措辞和行文风格要反复揣度和修改。正文部分应当包括以下内容。

①简单自我介绍。即简要说明自己的身份。对于应届毕业生来说，在信件的开头用一两句话说明自己的学校、学历、专业等基本信息就足够了。例如，“我是××大学电子商务专业2007届专科毕业生”，一句话简明扼要，一目了然。

②说明求职信息来源。为了事出有因，最好在求职信的开头说明求职信息的来源。既在行文上比较流畅，同时也暗示用人单位的招聘广告是有反馈的，如“本人在2007年×月×日的《××报》上得知贵单位正在进行招聘活动，因此投信前来应聘”，一句话带过即可。

③说明应聘职位。在求职信的开头，应该说明所要应聘的职位，如“本人欲应聘报社记者一职”或“相信本人能胜任网络维护一职，故前来应聘”等，如果职位有编号，应当写上编号，以表示一丝不苟的态度和应聘的诚意，如“网络维护（012#）”等。

④说明能胜任该职位的理由。这是求职信的关键部分，这部分主要是向对方表明你的专业知识和工作经验，所取得的与该职位有关的一些成绩和自己所掌握的相关技能，以及与该职位相符的性格、特长、兴趣爱好和其他情况。文字所要表达的中心意思就是——你是最适合该职位的人，要注意发掘自己满足未来工作要求的条件。需要注意的是，说明能胜任该项工作的理由，并不是经验和成绩的简单堆砌，一定要突出适合这项工作的特长和个性，不落俗套，“不走寻常路”。尽量避免写那些“风马牛不相及”的东西，更不能写那些与招聘条

件“反其道而行之”的内容，如用人单位招聘的是“营销”，求职者却对自己“文静、内向”大书特书，这样应聘自然会失败。

⑤暗示发展前途及潜力。在求职信里，不仅要向招聘者说明你的现在，也要说明你的未来。说明你是有培养价值且发展潜力的。例如，你若当过干部，可以向对方介绍在担任学生干部的时候取得了何等成绩，这就说明了你有管理和组织方面的才能。

（4）结尾。

一般的结尾无非是两个内容：一是盼回复；二是祝词。在一般的求职信中，表达希望对方答复或获得面试机会所用的措辞几乎已成定式。在求职信的末尾，加上一句“我热切盼望着您的答复”或者“我希望能获得与您面谈的机会”；也可自己变为主动，例如，“如果您方便，我将会在×月×日（星期×）上午给您打电话”。另外，正文后的问候祝颂虽然只有几个字，但也有着不可忽视的作用。

（5）落款。

落款应署名并注明日期。署名应与信首的“称呼”相呼应。如果在信首称对方为“××老师”，那么署名应为“学生×××”。当然也可以直接签上自己的名字，但需要注意的是，不管求职信是打印的还是手写的，署名一定要手写。署名下方要完整地写上年、月、日，还应注明联系方式。

2. 求职信的禁忌

一般来说，求职信有6大禁忌，大学毕业生书写时一定要注意避免。

（1）忌长篇大论。

内容以简洁为原则，尽量在一页纸内完成。用人单位不会花很长的时间来阅读求职信，篇幅太长会使招聘单位产生厌烦心理，甚至认为你的概括能力不强，适得其反。

（2）忌堆砌辞藻。

即使你满腹经纶，也不要幻想用华丽的辞藻就能打动招聘者。华而不实的语言属于大话、空话、套话，并没实际的作用。那种虽无豪言壮语，读来亲切、自然、实实在在的求职信却能给用人单位留下深刻印象。

（3）忌夸大其词。

在措辞方面要留有余地，不要说得过于饱和，如“我能适应各种工作”，“我将会给贵单位带来新的生机”。这样表述，只能给用人单位留下你刚出校门，还很幼稚的印象。

（4）忌缺乏自信。

适度的谦虚是一种美德，也会使对方产生好感。但过分谦虚是不自信的表现。在求职信中忌说“虽然我资历不够”，“虽然我不是名校的毕业生”等，用人单位关心的是你是否符合招聘岗位的要求。

（5）忌千篇一律。

一定要把自己的强项写出来，将自己的“亮点”展示出来。

（6）忌粗心大意。

要重复翻看，避免出现错别字和语法错误。资料要齐全，切记留下可随时联系上你的电话号码。

案例导读

求　职　信

尊敬的××经理：您好！

我是一名即将从××高校外语系毕业的大学生，从《人才报》上得知贵公司招聘××一职，我想申请这一职位。

作为一名外语系学生，我热爱我的专业并为其投入了巨大的精力和热情。经过三年的刻苦学习，我在英语的听、说、读、写、译等方面的水平有了很大的进步，并通过了英语专业六级考试。我还选修了德语作为第二外语，可用德语进行日常会话。

我知道计算机和网络是我们生活、工作不可缺少的工具，在学好本专业的前提下，我阅读了大量的有关书籍，熟练掌握了办公软件、FoxPro、VB等程序语言。

此外，在校期间我多次获得校级奖学金。我还担任过班长、团支书等，这些经历增强了我的组织协调能力。

随信附上我的简历。如有机会与您面谈，我将十分感谢。

此致

敬礼！

王靓颖（手写）

2017年×月×日

附件（略）

第三节　制作与投送简历

一、简历

个人简历是自己生活、学习、工作、经历、成绩的概括集成。一份优秀的简历会成为大学毕业生成功求职择业的助推器。要想获得求职成功，首先应认真、正确、完整地写好个人简历。

个人简历是对求职者个人基本情况、受教育情况、有关经历、知识、技能等方面的简要总结。撰写个人简历的真正目的是为了将个人情况用最简练的文字展现在招聘者面前，让用人单位对求职者有一个简要、清晰的总体了解，初步判断你是否有可能适合该单位和所招聘的具体工作岗位。

个人简历有提纲式简历、表格式简历、个性化简历（如名片简历、视频简历）等几种形式。简历中应当包括的基本要素有7个方面：

1. 个人基本情况

简历中提供哪些信息是由求职者自己决定的，但有些信息是必不可少的。如姓名、出生年月（申请西方国家的公司时可以不写，年龄被认为是个人的隐私）、性别、家庭住址、生源地、政治面貌、身体状况、联系方式（电话号码和 E-mail 地址）等。

2. 教育背景

毕业生的毕业院校、所学专业、学位、学历、主要学习科目（把重点放在与申请的工作有特殊关系的科目上）等情况。

3. 求职意向

求职意向包括向往职业的地域、行业、岗位等方面的意向。

4. 本人经历

大学以来的简单经历，主要是学习、社会职务或活动、义务性工作（志愿者）、社区性工作、社会实践以及在这些工作中用到的工作技能等。

5. 知识、技能和品质

这部分主要包括知识结构、智能优势、外语和计算机水平及其他技能证书等。

6. 个人特长及所获荣誉

这部分包括个人兴趣、特长以及三好学生、优秀团员、优秀学生干部，参加各种竞赛所获奖项、各种资格证书及奖学金等方面所获荣誉。

7. 自我评价

自我评价就是总结自己良好的个性品质。例如，学习能力、沟通能力、解决问题的能力、适应能力、好奇心或创新能力、团队合作精神、积极主动的工作态度、责任心、敬业精神、诚实热情等。

二、撰写简历注意事项

1. 简短

简历不要太长，一般大学生个人简历有一页 A4 纸即可。简历中不要出现大段文字。

2. 清晰

确保简历的阅读者一眼就能看到他们需要的信息（一目了然）；要使用简单、清晰易懂的语言，不要写些高深莫测的语言；尽量不使用缩略语或学生中流行的时髦词汇；若打印，应选择合适的字体和字号。

3. 用词要准确

简历中的错别字很显眼，并且会直接影响简历阅读者对你的印象。

4. 整洁

在看到内容之前就已经产生了好感，这样才会产生阅读的兴趣。

5. 真实

既不夸张（自负），也不消极地评价自己（过分谦虚），更不能编造。简历一定要用心设计，有些简历一看就知道是抄袭他人的，有些甚至是张冠李戴。

6. 正确

文字、印刷、语法、标点符号等都要正确，简历是求职者的“第一张脸”，面试官在大多数情况下是先见到简历后见求职者本人。

三、简历的投送方式

简历投送的主要方式有本人直接送达、快件或信函投寄、利用网络投送等。

1. 本人直接送达

要按照招聘单位指定的时间将自己的求职材料直接送达给招聘人员。采用此种方式使本人能够利用与招聘人员初次面谈的机会，表达选择该用人单位的强烈意愿，为自己在众多求职者中脱颖而出创造一个机会。

2. 快件或信函投寄

按照指定的时间、地点将自己的个人简历用信函或快件投寄到招聘单位。要在信函或快件的封面上注明“应聘”字样和应聘职位，字迹要工整清楚。

3. 利用网络投送

这种方式将是未来主要的应聘材料送达形式。招聘人员通过电子信箱直接看到应聘简历，并将符合用人单位要求的筛选出来。这种方式省时省力，节约招聘成本。应聘者最好选择在晚上十点或早上八点招聘人员上班之前将自己的简历和求职信发送到用人单位指定的电子信箱，但注意不要用附件形式发送简历。

四、个人简历样例及分析

个人简历

姓　　名：黄作栋　　　　　　　　性　　别：男

出生年月：1985 年 6 月 8 日　　　　健康状况：良好

毕业院校：某大学　　　　　　　　政治面目：中共党员

学　　历：本科　　　　　　　　　专　　业：人力资源管理

联系电话：(010) 67××××89 (h)　　手　　机：13913××××28

E-mail：shangsh@ sina. com

通信地址：×××区×××街×××号　　邮　　编：124563

社会职务：校学生会副主席、系团支部书记

求职意向：人力资源部经理助理

教育背景：

2012 年 7 月—2016 年 7 月　　×××大学

2009 年 7 月—2012 年 6 月　　×××第一中学

继续教育情况：2016 年年底获得国家劳动保障部人力资源管理助理师资格证书。

主修课程：

高等数学、运筹学、市场营销、西方经济学、国际贸易、电子商务、推销与谈判、人力资源管理、组织行为学、劳动法、经济法。(注：如需要详细成绩单，请联系我。)

英语水平：

能熟练地进行听、说、读、写，并通过国家四、六级考试。

计算机水平：

通过国家计算机二级考试，熟悉网络和电子商务，能熟练操作 Windows 2000/NT 和 Office 办公软件，能独立完成日常办公文档的编辑工作。

获奖情况：

四次获得校级二等奖学金；

三次获得优秀学生干部和三好学生称号。

实践与实习：

2013—2015 年组织学校“五四”青年节大型歌咏比赛，并在比赛中获个人二等奖。

2015 年 7 月在×××公司见习工作，主要负责制定公司人员年度培训计划、员工的再教育和再培训，以及人力资源的统计。

2016 年 3—5 月在×××科技公司人力资源部任经理助理。主要职责：公司内部人员的岗位调动、离职的审批和应聘人员推荐工作；制定公司人力资源招聘及管理程序。

自我评价：

热情、努力、善于团队合作，有较强的交际能力。做事踏实，能自觉遵守公司的规章制度。

相信您的信任与我的实力将为我们带来共同的成功！

分析：

即将面临毕业，当务之急就是制作一份具有吸引力的简历。因此，简历的制作和投放一定要有针对性，否则，无法吸引招聘人员的简历将会被忽略。

一般来讲，本人基本情况的介绍越详细越好，但也没有必要画蛇添足，只要把自己的基本情况介绍清楚就可以了。

教育背景主要是个人高中阶段至就业前所获最高学历之间的经历，千万记住前后年月要衔接。

本人的学习课程主要列出大学阶段的主修和辅修的科目，尤其要体现与所谋求的职位有关的教育科目、专业知识。要突出重点，有针对性，让用人单位感到求职者的学历、知识结构与所招聘条件相吻合。

实践和实习一定要突出大学阶段所承担的社会工作和在实习机会中所承担的职责，最好与所应聘的职位基本吻合。当然突出工作成绩是非常必要的。

本人的能力和自我评价要实事求是，突出大学生的诚信品格，要尽可能使专长、兴趣、性格与所谋求的职业特点、要求相一致。

求职意向要简短清晰，主要表明对哪一个职位有兴趣。

阅读资料

1. 简历内容要实事求是

白某，某大学 2012 届会审专业毕业生，2015 年 4 月份，被北京某区县一企业审计录用，签订了就业协议书。毕业前夕，该单位政治部负责同志到学校了解该生有关情况，因该单位招聘应届毕业生过程中，明确要求应聘者英语水平要通过国家英语 B 级考试。该生求职心切，尽管自己毕业前夕未通过国家英语 B 级统一考试，仍不想放弃这一机会，谎称自己已通过 B 级考试，并以种种借口拖延出示证书。后虽出示了证书，用人单位表示怀疑。经学校有关部门查实，该同学在校期间从未通过国家 B 级考试。该企业人事部门经研究后通知本人并向学校表示，鉴于该生此种行为与要从事的审计工作性质不相适应，决定解除就业协议。

2. 表格式简历

个人简历

<table>
<tr><td>姓　名</td><td>×××</td><td>性　别</td><td>男</td><td>出生年月</td><td>×××</td><td rowspan="4">照片</td></tr>
<tr><td>籍　贯</td><td>××省市</td><td>民　族</td><td>汉</td><td>政治面貌</td><td>中共党员</td></tr>
<tr><td>主　修</td><td colspan="2">××专业</td><td>辅修</td><td colspan="2">德　语</td></tr>
<tr><td>专　长</td><td colspan="5">组织管理，人际关系，接受新事物等</td></tr>
<tr><td>教　育</td><td colspan="6">2012. 9—2016. 7 ××大学××学院
2009. 9—2012. 7 ××省××中学</td></tr>
<tr><td>主要社会工作</td><td colspan="6">2012. 11—2013. 12 ××大学××学院学生会主席
2014. 10—2015. 10 ××大学××学院学习部部长
2012. 09—2016. 09 ××大学××学院××班班长</td></tr>
<tr><td>外语及
计算机能力</td><td colspan="6">英语四级优秀，六级通过
德语四级通过
通过省计算机二级考试</td></tr>
<tr><td>奖　励</td><td colspan="6">2013. 9—2014. 7　优秀学生干部
2014. 9—2015. 7　优秀学生干部
每学年都获得×等奖学金</td></tr>
<tr><td>现实表现</td><td colspan="6">该生思想上积极进步，学习成绩优秀，有较强的组织和管理能力，是一位品学兼优的好学生</td></tr>
</table>

3. 英文求职信范例

Your Name

Your Address

Date

Name of Company

Address of Company

Dear Sir/Madam:

I am very happy to apply for position of secretary which you advertised in the Japan times of December 20, 2014.

I have been working as a secretary at Sophia University. I am in charge of overseeing the day to day functions of the department, in addition to performing secretarial duties for the professors.

Because I am the only secretary in the department, it has been necessary for me to work quickly and efficiently and to be flexible in my daily work. The Professors value my work and ability to meet deadlines.

Although I am happy now, I feel that my promotion prospects are limited here, and I would like to move to a more challenging job. Therefore, I enrolled in the ALC "Career - Up" Program to improve my secretarial abilities, and expand my knowledge of international office procedures. Now, I am ready to begin working as a bilingual secretary in an international company like yours, and I believe I can be a great help to your firm.

The enclosed resume gives further details of my qualifications, and I would appreciate it if you could give me an opportunity to have an interview. I look forward to receiving your call at ××××—××× (home) or please use the enclosed postcard. Thank you very much for your consideration.

Sincerely yours,

××××××××

4. 我的应聘败在简历上

我的专业是英语，大学前三年我在一家贸易公司做兼职翻译，负责国际贸易的总经理曾对我许诺：毕业后直接来上班就行！大学毕业时，我跟他联系，他却委婉地告诉我，因为跟英国那边的合作已经取消，公司不需要英语专业的人了。

看着不知所措的我，宿舍的姐妹们要我立即制作个人简历，好朋友还再三叮嘱我一定要把简历做的华丽漂亮，哪怕数量少点也没关系，见到合适的公司一定要递上去，绝对不能错过任何机会。没有求职经验的我点头称是，拿出 1 000 元做了 10 套装潢华丽的简历，一套就是厚厚的一沓。

招聘会热火朝天，要人的单位很多，求职的大学生更多。我把简历一份份递上，可得到的回答不是专业不对口，就是需要有 2 年以上工作经历。虽然我极力辩解我有 3 年贸易公司兼职翻译经历，却因招聘会上太过吵闹而淹没在人声里。

我终于看见一家大集团的海外贸易部。负责招聘的小姐快速翻阅着我的简历说："你学什么专业的，到底要应聘什么部门，写这么多干吗？等电话吧！"说完就把简历扔进一大摞简历堆里，高声叫道："下一个！"

来回走了一圈，工作仍没着落，简历却一份也不剩。正当我准备离开时，却意外看到戴乐旅行公司。这家从事外贸旅游的公司招聘栏上清楚地写着：英语。我兴奋地走过去，负责招聘的中年男子笑着问我："小姐，你的简历呢？"我才意识到手里一封简历都没了。匆忙把姓名、学校、专业、特长填在一张空白纸上递给负责人。他皱着眉头收下，挤出笑容说："好的，那你等通知吧。"

一个礼拜过去了，我没接到任何面试的电话。打电话到“戴乐旅行”，电话那头却说：“我们从来没收到你的简历！”

此时与我同一个专业的某男生却成功应聘到我心仪的那家大集团海外贸易部。他告诉我，他的简历只有两页，一页介绍自己的基本情况，一页是大学四年的社会活动简介。他一说完我顿时傻了眼。

思考题

1. 大学生求职信息的搜集途径有哪些？
2. 大学生求职自荐材料包括哪几个方面？
3. 填写毕业生就业推荐表的基本要求是什么？
4. 个人求职简历主要内容有哪些？制作一份个人求职简历。

第五章

大学生就业市场、就业程序与求职面试

心灵咖啡

求职面试小故事

在求职面试过程中，求职者要注意细节，考官的每个问题甚至谈话都是在考察你是否能胜任这份工作，下面我来讲两则小故事，来说说求职面试细节的重要性。

故事一：

招聘者："你有女朋友吗？"

求职者："有！"

招聘者："她漂亮吗？"

求职者："漂亮！"

招聘者："她是你的初恋吗？"

求职者："是的！"

招聘者："你们浪漫吗？"

求职者："一般！"

招聘者："对不起，我们不能录用你，因为你缺乏不断追求梦想的进取心！"

故事二：

招聘者："你有女朋友吗？"

求职者："有！"

招聘者："她是你的初恋吗？"

求职者："不是，以前处过几个。"

招聘者："对不起，我们不能录用你，因为你缺乏稳定性，没有毅力，你很容易跳槽。"

以上两则小故事就是求职过程中很常见的对话，虽然常见，但很说明问题。

故事一分析："浪漫"一词是平时谈得很融洽的话题，但到面试中就能证明你是否有向上进取的心态，追求卓越梦想的心态，开拓创新的心态！

故事二分析： "初恋"在生活中虽是到处可见的谈话，但到面试中就被转化成"态度"，连续几次恋爱失败，证明你很有问题，对爱情的理解可能是"喜欢"，而不是"爱情"。刚开始虽然关系要好，如出现某事后，关系慢慢决裂。一样的道理，如果在工作中遇到不称心，甚至失败，那么后果可想而知。

总结这两个故事，分析应该怎么回答这样的问题，我们从而可以举一反三。如果招聘者像平时谈话般与你沟通，这你就要注意了，谈话虽简短，无攻击性，但会诱使你说出自己的观点，回答要游刃有余，不要一问一答，招聘者如问一个问题，你可以连续回答几句。如故事一，我有初恋，接着用简短的话语讲述一件你们快乐的事情，这既说明你语言表达能力强，又说明你有乐观向上的心理态度。这样招聘者对你的印象会深刻，好处有很多！

最后，送广大求职者一句经典的话语："细节决定成败！"

第一节 大学生就业市场

一、大学生就业市场的含义及类型

1. 大学生就业市场的含义

大学生就业市场是大学生择业、用人单位选人的场所，是毕业生就业所涉及的各种关系的总和，市场主体是毕业生和用人单位。大学生就业市场的形成不是孤立的、突变的、跳跃性的，它是随着我国经济体制改革、劳动人事制度改革、大学生就业制度改革的不断深入和发展而逐步建立和形成的。随着就业市场的逐步规范，大学生就业市场形成了不同于其他就业市场的类型和特点。

2. 大学生就业市场的类型和形式

大学生就业市场按其外在表现形式可分为有形市场和无形市场。有形市场是指有固定的场所、具体的时间和地点、特定的参加对象等。无形市场主要指毕业生联系工作不受特定的时间和空间限制，依据个人意愿，自行选择，其外在表现是没有具体的时间、地点和固定场所的，它是无形的，但又是客观存在的。

目前，有形市场按不同的分类标准，主要有以下几种形式：

(1) 从举办的单位来分。

①单个学校举办的毕业生就业市场（招聘会、洽谈会）。它是针对本校毕业生的专业特点和服务行业，邀请与其密切相关的用人单位参加，主要为本校毕业生就业服务的市场。如长沙师范专科学校每年 1 月都要邀请数百家用人单位来校举办供需见面会。

②高校联办的毕业生就业市场。它是指两所或两所以上高校联合举办的毕业生就业市

场，主要是为克服就业市场规模小、单位少、效能差而实行的强弱联合或强强联合。

③企业自办的毕业生就业市场。它是由大型企业或企业集团举办的招聘本企业所需要的毕业生的就业市场。

④政府主管部门或人才中介机构主办的毕业生就业市场。如省、市、自治区主管毕业生就业部门组织各高校所设立的大学生就业市场或地方人事主管部门或人才中介机构所设立的人才市场。

（2）从举办的区域来分。

①地域性毕业生就业市场。它是由地方毕业生就业主管部门举办的，为本地区经济发展服务的就业市场。

②国际性毕业生就业市场。由国内外的人才中介组织举办的人才市场，实现毕业生在国际间的相互流动，招聘的人才可在国内外大型企业或跨国公司就业，形成了国际性的毕业生就业市场。

（3）从举办的类别来分。

①分科类毕业生就业市场。主要是地方毕业生就业主管部门从用人单位和学校两方面考虑，从市场细化的角度出发，把理、工、农、医、师等学科类的毕业生分别集中起来，与相应的用人单位双向选择。如有些省市每年春节前后举办的理工类、文科类、农林类、医学类、师范类专场双选会。

②分层次毕业生就业市场。主要是指招聘单位对学历层次的要求不同而形成的研究生就业市场、本专科毕业生就业市场等。如青岛市常年举办的中高级人才交流会、大中专毕业生交流会等。

③分行业毕业生就业市场。它是由中央部委主管毕业生就业部门主办的主要为本系统、本行业毕业生和用人单位服务的就业市场。如举行石油类、化工类、建筑类等人才招聘会。

当然，就业市场随着市场经济的发展已呈现出多种多样的形式，用一种分类标准来划分有其局限性，有些市场已同时具备几种就业市场的特性。

虽然有形市场的作用是显而易见的，但无形市场在毕业生就业过程中的作用也越来越明显。随着信息化建设步伐的加快，国家教育部、中央其他部委、各地方政府和学校都在积极探索、建立并不断完善无形市场的建设。如建立了自己的毕业生就业信息网站和就业信息库，加强了就业信息的交流，实现了信息资源的共享。毕业生和用人单位通过计算机网络进行双向选择，大大提高了效率，节省了物力、财力。网上招聘和网上择业模式发展很快。

二、大学生就业市场的特点

大学生就业市场经过了多年的发展，逐步形成了以下几个特点：

1. 群体性

每年全国有几百万毕业生走出校门、走向社会，它不是孤立的、分散的，而是集体的、聚合的，具有明显的群体性。

2. 时效性

毕业生一般从每年 7 月 1 日起离校，在此之前大多数毕业生应落实到具体用人单位。由于时间紧、任务重且相对集中，因而具有强烈的时效性。毕业生在校期间的有效择业期约为9个月（当年10月至次年6月）。

3. 需求多变性

毕业生就业市场受整个社会政治和经济的影响较大，甚至受到国际经济发展态势的影响，其需求与经济和社会发展成正比，供求关系靠自身是不能调节的。

4. 形式多样性

毕业生就业市场形式灵活多样，既有有形的，也有无形的；既有规模大的，也有规模小的；既有综合的，也有分类的；既有区域的，也有部门的，等等。

5. 层次较高

与其他人才市场相比，大学毕业生是学有所长的专门人才，层次较高、素质较好、能力较强。教育部强调的“准入制度”，实际上就是为了保证高层次的大学毕业生就业优先。

6. 年轻化

年轻化是指毕业生的年龄一般较小，同时他们所掌握的知识也“年轻”。年龄和知识均具有蓬勃的朝气和锐气，是社会所急需的新生力量。

7. 初次性

毕业生初出校门，没有实践经验，且多为第一次择业，即初次就业。在此基础上实现的就业率称为初次就业率，它是衡量一所高校办学质量和办学水平的国际公认的重要指标。

毕业生可根据上述就业市场特点，从自己的实际出发，选择不同的市场来就业。同时，市场是变化的，毕业生的就业策略和期望值也应随市场的变化而变化。当市场需求大时，毕业生可适度提高期望值，好中选优；当市场需求较小时，毕业生应及时调整就业观念，切实降低期望值，低中选高。当然，劣与优，低与高都是相对的，毕业生可酌情而定。

三、大学生就业市场的新变化

最近几年，我国大学毕业生就业出现了不少新变化，主要表现在以下几个方面：

1. 供求形势发生变化

我国高校大规模扩招以来，高等教育从精英教育走向大众化教育，大学毕业生数量迅猛增加。然而，社会的有效需求增长速度有限，由此而来的直接影响是大学毕业生供求关系发生变化，大学生就业市场由“卖方市场”转变成“买方市场”。同时，随着经济全球化步伐的加快，“人才国际化”步伐也在加快，大量海外归来的学子对我国国内大学生就业也造成了一定影响。还有，国有企业深化改革，人员下岗分流；机关事业单位减员增效等现实新情况，使那些原有的大学生就业主渠道单位接收毕业生的数量在下降。这些变化使得大学毕业生就业竞争日趋激烈。

2. 专业需求发生变化

影响大学生就业的重要因素之一是大学生所学的专业是否符合社会需求。一些专业过热、紧缺，而另一些专业变冷、不景气。如随着高新技术产业的迅猛发展和国家对基础设施投资的加大，计算机、土建、金融、电子、机械、自动化、医药、师范等学科类专业的大学毕业生需求旺盛；而哲学、社会学、法学、经济学、农学、林学等学科类专业的大学毕业生需求时有波动。用人单位在看重“专业”的同时，还对大学毕业生的“专长”很重视，有专长的复合型人才是用人单位竞相争聘的对象。

3. 就业市场将进一步规范、完善

近年来，在大学生就业市场运行过程中存在就业市场行为不规范、市场制度不健全等问题。如非法职业介绍机构随意插手毕业生就业市场，招聘、应聘中信息不通畅，甚至弄虚作假，供需双方轻率违约，合法权益得不到保护，各种乱收费现象以及某些招聘活动中非公开、非公正行为的存在等。这些问题严重干扰了大学生就业市场的正常运行。随着我国社会主义市场经济的不断发展和完善，就业市场也将进一步完善，并逐步向规范化、法制化方向发展，公开、公正、公平竞争的良好择业氛围将会逐步形成。未来的就业市场也会逐步完善，不仅具有有效配置毕业生资源、交流供需信息的功能，而且具有就业指导和服务功能，即包括就业指导、服务、咨询、推荐就业、就业培训及就业测试等功能。

4. 无形市场发展加快

由于科学技术飞速发展，计算机网络技术广泛应用，毕业生可以通过网络等无形市场远程联系用人单位。网络、传真、电话等越来越便捷的通信工具为大学毕业生所使用，许多毕业生就业主管部门和高校纷纷建立起本地区或本校的就业信息网络，方便毕业生与用人单位的双向选择，大学生就业的无形市场得到了快速发展。

5. 宏观调控进一步加强

大学生就业市场虽然是在利用市场规律调节人才供求、优化人才配置。但是，大学生就业市场中存在着市场行为不规范、市场机制不健全等问题，需要加强宏观调控。近几年来，国家通过法律政策调控（如加强规范大学生就业市场的法律法规建设）、经济调控（如对于志愿去国家重点建设单位、艰苦行业、边远地区以及基层工作的毕业生予以奖励）、信息调控（如打破行业间的相互封闭，沟通人才供需信息）等调控手段，使大学生就业市场进一步向规范化、完善化方向发展。

四、大学生要增强市场就业意识

1. 就业市场竞争日趋激烈

目前大学毕业生就业形成了“买方市场”，竞争日趋激烈。用人单位对毕业生的素质要求越来越高，选择毕业生更加理性。综合众多用人单位的招聘要求，可以看出具有下列素质和条件的毕业生将会受到用人单位欢迎，在激烈的人才市场竞争中具有优势。

（1）具有较高的思想政治素质和良好的人品。

在社会主义市场经济条件下，社会需要思想政治素养良好，品行端正的青年人才。优秀毕业生、优秀学生干部、三好学生、共产党员及诚实守信的毕业生在就业市场上大受用人单位的欢迎。

（2）具有强烈的事业心和责任感。

事业心和责任感已是许多用人单位对毕业生素质的基本要求。用人单位特别欢迎事业心强、眼光远大、心胸开阔、意志坚定、具有强烈使命感和社会责任感的人。而不看好追求眼前利益、只图实惠、自私自利、单纯追求个人价值实现的大学生，尤其对刚到就业单位，稍不顺心就“跳槽”者非常反感。

(3) 具有吃苦耐劳的创业精神。

现在的大学生大多数是独生子女，依赖性强，从小到大家长、老师包办的过多，不少人最大的弱点是怕吃苦，缺乏实干的奋斗精神。因而许多用人单位十分看重毕业生是否具有吃苦耐劳的创业精神。那些缺乏吃苦精神，“骄”“娇”习气十足，想坐享其成的人是不受欢迎的。

(4) 具有扎实的基础知识、精深的专业知识和宽广的知识面。

基础知识是大学毕业生的专业知识结构的根基，精深的专业知识是大学生知识结构的核心部分，广博的知识面可以使现代社会中的毕业生做到知识的广博相济、以博促专，形成自己的特长优势以适应社会的需求。在就业市场上，学习成绩优良，知识面宽，综合能力较强的毕业生普遍受到欢迎。外语四级、计算机二级及其以上等级证书已是许多用人单位和一些城市接收毕业生的基本要求，更多的高层次单位要求学生外语达到六级以上。

(5) 具有较强的动手能力和创新意识。

动手能力是在社会生产一线工作的大学毕业生的必备能力，它是用较强的专业技术来解决实际问题的能力。许多用人单位在招聘毕业生时，总希望毕业生动手能力强，并具有一定的工作经验。例如，当过学生干部的毕业生之所以“走俏”，就是因为他们大多适应能力强，一上岗就能独当一面。学生在校期间有论文、作品、著作发表者之所以很“抢手”，也是因为他们用自己的“成果”证明了其实际能力和创新意识。

(6) 具有互相协作的团队精神。

现代社会越来越需要依靠集体智慧和力量，越来越需要发挥团队协作精神。因此，用人单位在招聘毕业生的过程中，十分注意考察了解毕业生是否具有团队协作精神。那些集体观念淡薄、自以为是、很难与他人合作的人是不受欢迎的。

(7) 身心健康者。

俗话说：“身体是革命的本钱。”身心健康包含身体健康和心理健康两个方面的含义。身心健康是现代企业对人才基本素质的要求。如果一个毕业生在其他方面条件不错，但有严重的心理障碍或疾病，或者体弱多病，甚至未工作先要治病，用人单位也是不愿意接收的。一些用人单位在招聘过程中，对毕业生进行心理测试、身体健康检查等，就是对身心素质要求的体现。

2. 增强市场就业意识

大学生就业已经走向市场，且是其就业市场中的主体，享有自主择业的权利和自由，但同时也要承担就业竞争的压力和失业的风险。因此，在市场经济体制下，大学毕业生需要具有主动意识和自觉意识，树立自主就业的观念，积极地实现就业，自己把握自己的命运，这也是大学生就业市场主体性的体现。大学生要增强市场就业意识，就要关心就业市场动态，积极收集用人信息，根据社会需求变化的趋势和自身的特点，适时地调整自己的学业目标；在校期间努力学习，全面培养自己的能力，有意识地接触社会，提升自己的综合素质，通过社会实践锻炼自己；在就业前恰当自我定位，撰写好个人自荐材料。做好进入大学生就业市场的各项准备。

阅读资料

就业心理平衡十要诀

每个人都会面对挫折、打击和种种压力，很容易引起心理不平衡，进而导致身心疾病。有10条平衡心理的要诀，大家不妨试试，将会有所裨益。

(1) 不对自己过分苛求。有人把奋斗目标定得太高，非能力所及，于是终日郁郁不得志，这无异于自寻烦恼；有人做事要求十全十美，对自己近乎吹毛求疵，往往因小瑕而自责，结果受害者还是自己。为避免挫折感，最好还是明智地把目标和要求定在自己能力范围之内，懂得欣赏自己的成就，自然会心情舒畅。

(2) 对他人期望不要过高。很多人把期望寄托在他人身上，假如对方达不到要求，便会大失所望。其实人各有志，每个人有自己的优缺点，何必非得要求别人迎合自己呢？

(3) 疏导自己的愤怒情绪。当我们勃然大怒时，很多错事或失态之事油然而生。与其事后懊悔，不如事前明智自制。可以把愤怒转移发泄到其他事情上，如体育运动方面。

(4) 偶尔也需要屈服。成大事者处事无不从大处看，无见识的人才会“死钻牛角尖”。只要大原则不受影响，在小处妥协退让，既无碍大局也能减少自己的烦恼。

(5) 暂时回避。受到挫折或打击时，最好暂时将它放到一边，先去做自己喜欢的事情，如运动、睡眠、娱乐等。等心境平和后，再重新面对，效果截然不同。

(6) 找人倾诉烦恼。把所有抑郁埋藏心底，只会令自己郁郁寡欢。不如把它告诉知己好友，心情会倍感舒畅。

(7) 为别人做点事。助人为快乐之源，帮助别人不仅能使自己忘记烦恼，而且可以确定自己的存在价值，更可获得珍贵的友谊。

(8) 不要处处与人竞争。有些人心理不平衡，完全是因为他们处处与人竞争，迫使自己经常处于紧张状态。其实人之相处以和为贵，只要你在心理上不把别人看成对手，别人也不一定与你为敌。

(9) 对人表示善意。别人排斥的原因经常是别人对你有戒心，如果在适当的时候表达自己的善意，多交朋友、少树敌手，心理上的压力自然缓和。

(10) 娱乐。这是消除心理压力的最好办法。娱乐的方式并不重要，重要的是有令人心情舒畅的效果。

第二节 大学生就业程序

大学生就业程序不仅指就业管理部门的工作程序、用人单位的招聘程序，同时也包括毕业生求职择业过程中所应经历的合理过程。了解就业程序，有助于毕业生就业和择业。

一、各级就业管理部门的职能

大学生就业的管理机构，大致由三部分组成：教育部主管全国大学生就业工作；各省（市、自治区）和中央有关部委分管本地区、本部门的大学生就业工作；各高等学校和用人单位负责本校毕业生就业的具体事宜和招聘接收毕业生事宜。

1. 教育部主管全国大学生就业工作部门管理及服务职能

（1）教育部根据国民经济发展和国家建设情况，确定年度就业工作意见，制定相应的就业政策。各省（市、自治区）和中央有关部门根据文件精神制定本地区、本部门所属高校毕业生就业工作的具体意见。这项工作一般在大学生毕业前半年内基本完成。

（2）教育部及各地区在每年 10 月份左右，向社会用人单位提供下一年度毕业生资源情况，包括毕业生所在学校、所学专业、来源地区及毕业生人数等。

（3）各地区各部门和各高校从每年 11 月 20 日开始，采取多种形式，召开毕业生“供需见面，双向选择”会或开放毕业生就业市场，进行招聘活动，为毕业生求职择业提供方便。各高校根据招聘录用情况及生效的毕业生就业协议书，制定本校毕业生就业建议方案，并上报主管部门审批。

（4）高等学校在完成全部教学计划后，按照国家统一要求，一般在 7 月 1 日以后开始根据就业方案为毕业生办理离校手续。

2. 省（市、自治区）教育厅主管高校毕业生就业办公室管理及服务职能

各级地方政府的教育主管部门设立了高校毕业生就业办公室（或就业指导办公室），负责高校学生就业的日常管理工作。其主要职能是：

（1）根据高校毕业生就业工作的政策，制定具体实施意见。

（2）指导高校和用人单位做好毕业生就业工作，并为其服务。

（3）组织管理当地高校毕业生需求信息的登记、发布和供需见面、双向选择活动。

（4）组织实施当地政府委托的高校毕业生资格审查；负责高校毕业生的报到证发放、调整和接收工作。

（5）受委托协调当地高校毕业生就业过程中的争议。

（6）为高校毕业生提供人事代理和就业服务等。

总之，大学生可以从省（市、自治区）就业办公室（就业指导办公室）获得以下三个方面的服务与帮助：一是准确的政策信息，二是宽广的需求信息，三是有效的就业培训。

3. 学校毕业生就业工作部门管理及服务职能

目前，各高校均设有负责大学毕业生就业日常工作的部门——学生就业办公室或学生就业指导办公室。其主要职能为：

（1）根据上级部门的要求，制定本校毕业生就业实施办法。

（2）搜集需求信息，及时向毕业生公布。

（3）开展学生就业指导和服务工作。

（4）组织校园招聘活动。

（5）指导毕业生签订毕业生就业协议书。

（6）组织本校毕业生派遣离校工作，负责毕业生档案的整理和转递工作。

（7）开展毕业生就业跟踪调查和人才市场需求调研，为学校提供学科专业结构和人才培养结构调整的有关信息。

（8）负责毕业生就业信息网站建设和维护，加强网上就业市场建设。

（9）完成主管部门和学校交办的其他任务。

大学生择业期间，打交道最多的是学校的就业工作机构。这里是信息的集散地，是学校与用人单位建立联系与沟通的桥梁和纽带。建议每一位大学生在择业阶段，多留心一下学校的就业指导工作部门在校园内设立的公告栏和就业信息网站，在那里你可以及时得到用人单位的需求、就业招聘活动以及新的就业政策规定等信息；多到学校就业指导工作部门走走，看看最近有哪些就业活动和信息。同时，你在求职择业中所遇到的问题，也可以在那里去咨询并得到服务。

二、大学毕业生择业程序

对大学生来说，一个完整的择业过程至少包括收集信息、自我分析、确立目标、准备材料、参加招聘会（或投递材料）、参加笔试或面试、签订协议、走上岗位等环节。走好择业的每一步，对成功实现自己的职业理想十分重要。

1. 收集信息

收集信息是择业活动的第一步。大学生在择业过程中，需要通过各种渠道收集的信息大致包括五个方面的内容。

（1）当前大学生就业市场的供需形势。

通常包括社会经济发展形势，社会各行业、各类企事业单位经营状况和对毕业生的需求等。尤其要重点了解本校、本专业的社会需求情况，用人单位对毕业生的基本要求等。

（2）政策和法规信息。

如国家及学校有关毕业生就业政策及规定，《中华人民共和国劳动法》《中华人民共和国劳动合同法》《中华人民共和国反不正当竞争法》《中华人民共和国国家公务员暂行条例》等。

（3）就业安排活动信息。

如什么时候召开企业说明会，什么时候举办招聘会或供需洽谈会等。

（4）成功择业的经验及教训的信息。

“择业过来人”的择业经验、教训，就业指导教师的体会和建议等，都会为毕业生的成功择业助“一臂之力”。

（5）具体用人单位的信息。

自己所学专业哪些用人单位需要，需求数量是多少，用人单位经营状况、文化背景、发展前景、工作条件、福利待遇、对人才的重视程度及对毕业生的具体安排使用意图等。就业不仅取决一个人的知识、能力、体力、社会和经济的因素，而且取决于就业信息。谁能获得更多、更有效的就业信息，谁就会赢得择业的主动权。

2. 自我分析

在收集信息的基础上，毕业生要联系自身实际，理智地进行自我分析。

（1）自身综合素质、能力的自我测评。

如学习成绩在全专业中的名次，自己的兴趣、特长，有何出众的能力（包括潜能）等。

（2）分析自己的性格、气质。

一个人的性格和气质对所从事的工作有一定的影响，如果能从事与自己的性格、气质相符合的工作就易出成绩。可以用一些测试表对自己的性格、气质进行一定的测试。

（3）问问自己究竟想做什么。

它具体指的是自己想在哪一方面有所发展，想成为什么样的人。换句话说，即自己的“满足感”是什么，价值标准是什么。

（4）学会展示自己最优秀的一面。

自己有哪些优势，哪些劣势，如何在择业过程中扬长避短。

3. 确立目标

自我分析的结果是为了确立自己的择业目标。从大的范围来说，大学生首先需要确立的择业目标包括以下三个方面：

（1）择业的地域。

要确定是在沿海城市就业，还是在内地就业；是留在本地，还是去外地就业。此时，既要考虑是否符合政策规定，同时还要考虑生活习惯以及今后的发展等因素。

（2）择业的行业范围。

必须确定是在本专业内就业，还是跨出本专业到其他行业就业；是从事本专业范围内的技术工作、管理工作、社会工作，还是从事教学工作、科研工作等。此时应多考虑自己的综合素质、能力以及兴趣、特长等。

（3）择业的单位。

必须确定是去大企业，还是去小公司或应聘公务员；是选择国有企业，还是选择三资企业或民营企业。在这些单位中，有哪些前来招聘，自己是否符合条件，自己最希望到哪一家企业工作。对于愿意从事教育工作的大学生，是选择高校，还是选择中等职业学校或其他学校，等等。

择业过程中会遇到许多不可预测的变化。但是，事前给自己的择业确定一个比较明确的目标，可以使整个择业活动有的放矢，有条不紊。否则，就会出现乱打乱碰的盲目被动局面。

4. 准备自荐材料

在确定了择业目标之后，大学生接下来即可准备自荐材料。自荐材料包括：学校推荐表、导师推荐信、个人简历、自荐信及有关的辅助证明材料。这几种材料虽然都能单独使用，但各自的侧重点不同。自荐信主要表明自己的态度，个人简历主要说明自己过去的经历，证明材料强调自己所取得的成绩，学校推荐表和导师推荐信体现学校和老师对自己的认可。缺了任何一个方面，自荐材料都不完整。

自荐材料是反映毕业生个人总体情况和综合素质的主要材料，是毕业生与用人单位信息交流的载体，也是用人单位透视大学生的一扇“窗户”和决定是否面试的重要依据。因此，自荐材料都被称为大学生求职择业、赢得面试的“敲门砖”。

5. 参加招聘会（或投寄材料）

在招聘会或就业市场上，用人单位与大学生之间只能进行初步结识，即用人单位向毕业生宣传单位发展情况，同时收集众多毕业生的自荐材料（有的单位可能向应聘学生发放登记表）；毕业生则在了解用人单位的大致情况后，将自荐材料和登记表交给招聘单位。从某种意义上说，大学生参加招聘会，大多数仅完成了一项材料递交工作。当然，也有一些毕业生与用人单位“一见钟情”，当场签约。

为了提高效率，毕业生可以有选择地参加几个招聘会，没有必要为“广种薄收”而盲目地去“赶场子”，这样既浪费时间和精力，效果也不会太好。另外，毕业生可以将自己的自荐材料通过邮寄、电子邮件、QQ 等方式传送给用人单位，用人单位可以依据此材料进行分析，决定是否通知你参加面试或笔试。

6. 参加笔试

不少用人单位在招聘过程中，采用笔试的方式考核应聘者的知识、能力与素质。笔试主要检验大学生运用所学知识和所掌握的技能去处理实际问题的能力。当然，笔试不仅在卷面上考核你的知识和能力，同时也在考核你其他方面的素质。比如，书写是否工整，卷面是否整洁，答题是否细心等。因此，应该珍惜并认真对待笔试机会。

7. 参加面试

面试是众多用人单位考核大学生综合素质的重要手段。通过面对面的沟通、交流，用人单位可以了解大学生的表达能力、思维能力、处事能力、仪容仪表，以及对一些问题的看法和其他一些不能通过笔试反映出来的综合素质。因此，大学生在面试之前要做好充分准备，适当进行形象包装。

8. 签订协议

用人单位通过阅读自荐材料和笔试、面试等招聘活动，选拔出自己合意的毕业生后，便向被录用的学生发放录取通知书。毕业生在接到录取通知书后，如果愿意到该单位工作，则双方签订就业协议书。就业协议书一旦签订，就不得随意更改。

9. 报到上班

与用人单位签订好协议，并得到学校、政府教育主管部门的审核同意后，接下来大学生要做的事便是以优异的成绩完成学业，等待发放就业报到证，做好毕业离校的各项准备工作。至此，毕业生的求职择业程序完成，毕业生可在领取报到证，办理离校手续后，按照规定的时间期限和指定的地点去用人单位报到上班。

三、用人单位的招聘程序

了解用人单位的招聘程序，并把自己的择业活动调整到与用人单位的招聘活动较为一致的步调，有利于择业活动的有效进行。

一般而言，用人单位的招聘活动要经历以下几个程序：

1. 确定需求和招聘计划

用人单位根据自身的建设和发展情况，确定当年需要招聘毕业生的岗位、人数和条件等，同时将根据要求制订详尽的招聘计划。

2. 发布就业信息

用人单位在确定了需求信息后会及时向外发布，并通过各种渠道传递给大学生。其主要渠道有：

（1）向政府教育主管部门所属高校毕业生就业指导中心登记。

（2）向高校毕业生就业工作部门登记。

（3）在自己的网站上发布信息，供学生上网浏览。

（4）通过电视、报纸、广播等媒体发布需求信息。

3. 举行单位说明会

为在大学生中进行广泛宣传，一些用人单位（主要是企业单位）还会到学校举办单位说明会，介绍单位的发展情况，人才需求情况及发展机遇、用人制度和企业文化等，并回答大学生们关心的各种问题。单位说明会是大学生全面了解招聘单位的好机会。

4. 收集生源信息

用人单位要招聘到优秀毕业生，需要广泛收集毕业生信息。收集毕业生信息的主要渠道有：

（1）从政府教育主管部门所属高校毕业生就业指导中心及学校就业工作部门获取学生信息。

（2）参加供需洽谈会（招聘会或就业市场），收集毕业生信息。

（3）通过毕业生的自荐获取学生信息。

（4）报纸杂志等媒体所刊登的“求职广告”，也是用人单位获取毕业生信息的渠道之一。

（5）在网站上收集毕业生信息。

5. 分析生源材料

对收集到的毕业生信息进行分析处理，初选出符合条件的毕业生，以便进行下一轮筛选。一般而言，用人单位注重的毕业生材料包括资质、专业、性别、知识水平、综合能力及素质。

6. 组织笔试

为了考核毕业生是否具有在本单位工作所需要的基本知识、能力和素质，一些用人单位以笔试的形式选拔学生。笔试的时间、地点、出题范围用人单位会提前通知。

7. 组织面试

面试是许多单位考核毕业生综合素质的最后一关。有的用人单位还要组织几次面试，每次面试参加人员及考核的侧重点是不同的。

8. 签订协议

用人单位经过各项考核，决定录用毕业生，这时必须签订就业协议书。有些用人单位会同时与毕业生签订劳务合同，明确双方的责、权、利。

9. 上岗培训

每个用人单位对新员工都有一套培训计划。培训内容因用人单位而异，但其目的都是相同的，即通过培训，让你明确单位的创业历史、规章制度和企业文化，以使你尽快适应新的工作和生活环境。

阅读资料

1. 使用失效参考书

何同学想报考某市公务员，她借来前几年公务员招考的“公共基础知识”教材复习。考前一个月她才知道，近年来中组部、国家人事部在招考国家公务员方面进行了重大改革，取消了“公共基础知识”科目的考试，将笔试的公共科目调整为：A类职位考《行政职业能力倾向测验》和《申论》两科；B类职位考《行政职业能力倾向测验》一科，并取消了考试指定用书。最后，何同学因为准备不足，考试成绩不够好而落选了。

2. 求职要了解招聘程序

王同学去省移动公司面试时，主考官问他是否了解移动公司的招聘程序，王同学摇了摇头。主考官又问他，你对“中国移动”的业务及服务了解多少。王同学想了半分钟，然后说：“对不起，我还没有仔细查看中国移动的相关资料，所以还不太了解。”主考官对他说：“很抱歉，我们招聘职员首先希望他能从各方面了解中国移动。你既然都不了解情况，那就请你先回去，待了解清楚再来面试也不迟。”王同学只好乘车返回学校去了。

第三节 面试概述

一、面试的含义

面试是用人单位在规定的时间和空间内通过当面交流来考核应试者的一种招聘测试。通过面试，用人单位不仅可以直接了解应试者的面貌、举止，而且可以了解应试者的总体素质和各方面的才能。同样，对于毕业生来讲，面试是一种综合性强、集多种知识、能力于一体的考核方式，是对自己多年的学习、实践成果的一次检验。面试时的表现往往影响到应试者和用人单位是否“情投意合”，并直接影响到双方能否成功地建立聘用关系。面试越来越成为毕业生重点关注的问题。然而，在高校毕业生求职面试的实践中，往往有一些素质不错的毕业生，由于缺乏面试技巧和必要的准备，过不了面试这一关。因此，学习和掌握面试技巧，做好充分准备，对于应对面试这一难关是非常重要的。

二、面试测评的内容

1. 仪表修养

仪表修养是指面试者的衣着是否干净、整齐；举止是否文明、礼貌；打扮是否符合学生特点；行为是否规范等。研究表明，仪表端庄、衣着整洁、举止文明的人，一般做事有规律、注意自我约束和责任心强。

2. 专业水平

对专业要求较强的岗位，在面试中，主考官对应试者往往会提一些专业方面的问题，以了解应试者掌握专业知识的深度和广度，以及其专业知识和能力是否符合录用职位的要求。

3. 工作态度

用人单位特别注重了解应试者过去的学习、工作情况和求职应聘的动机及态度。一般认为，在过去学习或工作中态度不认真，做什么、做好做坏无所谓，或者很难静下下心来做好一件事的人，在新的工作岗位上，是很难做到勤勤恳恳、认真负责的。

4. 待人态度

待人坦诚是沟通的基础。只有待人以诚，才能获得他人的好感。待人宽厚诚恳，是良好人品的体现，同时也是将来工作中维系良好人际关系的前提条件。因此，待人态度也是用人单位面试重点考查的内容之一。

5. 兴趣爱好

根据应试者个人简历或求职登记表，了解应试者的实习实践经历，考察求职应试者的职业兴趣与爱好、特长等。

6. 分析、反应和口头表达能力

主要看应试者对主考官的提问是否能够迅速反应、全面考虑、综合分析，回答恰当；对于突发问题的反应是否机智敏捷；在交流过程中能否将自己的思想、观点、意见和建议顺畅地用语言表达出来。

三、面试的种类

面试的种类很多，概括为以下几种：

1. 主试式面试

一般是由二至数位招聘者组成的评委会，其中一位任主试官。主试人根据事先拟定的面试提纲，对应试者进行提问。

2. 情景式面试

主试人设定一个情景，如提出一项工程计划，请应试者设法完成，其目的在于考核应试者处理特别情况或解决客观问题的能力。如应聘教师岗位则需要试讲一节课；应聘办公室工作人员，则需要接几个电话，接待一个“来访者”等，这些均属于情景面试。

3. 群体式面试

即由一名或多名“考官”对一批应试者同时进行测试。通过提问、对话等方式进行优劣比较，并从中进行选择的方式。

4. 交谈式面试

主试人与应试者自由发表言论，在闲聊中观察应试者的能力、谈吐、气质和风度。主试人通过交谈考查应试者的能力和素质，如用外语会话，以考查其外语水平等。

四、面试的特点

1. 面试以谈话和交流为主要手段

谈话是面试过程中的一项非常重要的手段。在面试过程中，主考官精心设计谈话题目，应试者应当恰当、顺畅地回答主考官提出的问题。在面试过程中，主考官会运用自己的感官，特别是视觉和听觉，观察应试者的非语言行为，进而通过人的表象来推断其深层心理。

2. 面试交流具有直接互动性

面试中主考官和应试者的交流是面对面进行的，面试中主考官和应试者的接触、交流、观察直接互动；主考官和应试者的信息交流和反馈也是相互作用的，由此，应试者的语言及行为表现与主考官的评判直接相连。面试的这种直接互动性提高了主考官与应试者之间相互沟通的效果与面试的真实性。

3. 面试内容具有灵活多样性

面试的内容具有较大的灵活性。一方面，由于不同的职位对人有不同的要求，面试可以根据不同职位的特点，灵活地采用不同的方式去考查应试者；另一方面，面试内容因应试者在面试过程中的表现而灵活把握。虽然面试内容须经主考官事先拟定，但在面试过程中又要因具体情况而异，灵活调整，既能让应试者充分展示自己的才华，又要达到用人单位自己的意图，应试者最好是收放自如地灵活应对面试内容。

4. 面试是一个双向沟通的过程

面试是主考官和应试者之间的一个双向沟通的过程。在面试过程中，应试者不是一个完全被动的角色。主考官可以通过谈话和观察评价应试者，应试者也应通过主考官的行为来判断其价值标准、态度偏好、对自己表现的满意度等，来调节自己在面试行为中的表现。同时，应试者也可以借此机会了解自己想要知道的东西，如应聘单位、岗位的相关情况等，以此决定是否可以接受这一工作。

当今，我国实行“双向选择”“自主择业”的大学生就业制度，高校毕业生要认识到自己在就业市场中的主体地位，在求职面试过程中抓住机会展现自己的才能，获取相关信息。

案例导读

另类面试：“虚掩的门”

老员工好心好意地劝他说：“咱们刚来的，干好自己的工作，听总经理的没错。”可年轻人偏偏来了倔脾气：“我必须得进去看看那个房间里有什么。”

于是，他来到公司办公大楼的7楼，找到那个没挂门牌的房间。让他诧异的是，门上没有锁，并且还是虚掩着的。年轻人想：总经理既然不让进这个没挂门牌的房间，他为什么不把它锁上呢，里面肯定没有什么贵重的东西。想到这儿，他便轻轻地敲了敲门，无人应声，轻轻一推，虚掩的门便开了。面积很小的房间里摆了一张豪华的老板椅，老板椅的靠背上贴着一张红纸，红纸上面用黄色的宣传色写着这样一行字：恭喜你，你被聘用为本公司新任销售部经理，现在，请你把这张红纸拿给总经理，他将发给你销售部经理的聘书。年轻人十分困惑地拿起那张已沾满许多灰尘的红纸，走出房间，直奔总经理办公室。当他把那张红纸交给总经理时，总经理赞许地看了看他，从办公桌的抽屉里拿出了一本红色的聘书，聘书上写着：不为条条框框所束缚的人，你被聘用为公司销售部经理。“就因为我走进了7楼那个没挂门牌的房间？”年轻人不解地问道。总经理高兴地回答道：“没错，在我不让走进7楼那个房间的情况下勇于走进的人，就能够胜任销售部经理的岗位，我已经等了好几个月了，快去工作吧，我将在随后的公司会议上宣布对你的任命。”

年轻人果然不负众望，公司的销售业绩直线上升。这位总经理后来解释说，这位年轻人不为条条框框束缚，敢于走进某些禁区，这正是一个富有开拓创新精神的成功者所应具备的良好素质。

第四节 面试准备

俗话说：“不打无准备之仗。”面试前的准备相当重要，大致有以下几个方面：

一、深入了解用人单位

古人说：“知己知彼，百战不殆。”面试和打仗有着同样的道理。因此，在面试前了解用人单位的情况，显得尤为重要。

一般来说，毕业生可通过用人单位的内部宣传资料、网站、报纸、杂志、广告宣传手册和新闻媒体的报道等渠道来了解用人单位的性质、规模、特色、组织机构、金融状况、发展前景、企业信誉等情况。了解用人单位对员工的工作要求、职责以及给予员工的报酬、培训等情况。了解用人单位招聘职位的性质、工作内容、所需知识和技能。若事先对这些情况一无所知或知之甚少，则在面试时容易处于被动境地，也容易对用人单位招聘人员造成“你不关心我单位”的不良印象，从而影响面试成绩。

二、充分准备材料

参加面试要带好个人简历、自荐信、成绩单以及有关证书等材料。例如，各类获奖证书，外语、计算机、职业技能等级证书。如果应聘外资企业，最好将自荐信、个人简历等材料准备为中英文对照格式。即使曾经发过求职信和个人简历，也应该再带上一份材料，以备用人单位查看。

三、面试训练准备

刚毕业的大学生缺乏求职面试经验，在面试前有必要进行一些面试技巧训练，面试技巧的训练包括学习聆听、敏捷反应、沉着应对、说话具有条理性、得体的举止、面试礼仪等。大学毕业生可以通过学校就业指导课或讲座来学习、查阅有关面试的指导书籍、模拟面试等途径进行训练。

四、面试状态的调整

1. 调整心情

在参加面试前要适当放松，搞好个人卫生如洗澡、理发等，调节好自己的生活规律，保证充分的休息时间，以饱满的精神状态面对主考人员。

2. 准备好面试服装和物品

准备好面试的服装、公文包、皮鞋及笔、记事本，甚至准备好第二天的早餐等物品。

3. 独自前往

在各类面试及咨询中，一定不要让自己的父母或亲戚朋友陪同，要独自前往。这样，可以避免用人单位怀疑个人的独立能力和自信心。

4. 遵守约定时间

参加面试，最好比约定时间提前到达面试地点，以稳定自己的情绪和作好面试准备。如果有意外情况，最好能够在面试前通知用人单位，告之自己不能准时到达面试地点。绝对不可以迟到，一般提前 10 分钟到达。到达用人单位后礼貌对待前台接待，在规定的地方等候，不可随意走动。

五、对可能谈论到的问题的准备

这项内容有两个方面：一是可能要你回答的问题；二是你要提出的问题。面试前，尤其对面试过程中用人单位主试人可能向你提出的问题要做充分的准备。

为了能顺利闯过面试这一关，大学毕业生应了解、熟悉一些常见的面试试题，这些试题主要涉及以下几类：第一，政治类试题，以考核大学毕业生的政治见解及判断是非的能力；第二，公文类试题，在录用机关工作人员时常常要涉及；第三，技能类试题，以考核应试者实际动手的操作能力；第四，综合类试题，以考核应试者的综合素质；第五，心理类试题，以考核应试者的心理素质和应变能力。

具体来说，无论何种单位，在面试中经常提出的问题有以下几个：

1. 做自我介绍

主试人的用意有几个方面：一是让应试者从自己谈起，可相对放松；二是借此全面了解应试者的情况；三是考查应试者的语言表达能力和逻辑思维能力。进行自我介绍要短而精，先概括介绍自己的情况。然后，问一下招聘者想了解自己哪方面的问题，再有的放矢地回答。自我介绍要建立在分析自己的基础上，要实事求是。

比如说，你应聘的是教师工作，除了介绍自己的基本情况及兴趣、爱好、个性特点外，重点要介绍自己的能力。你可以这样说："别人都说我最适合当教师，因为我讲课能抓住学生的心理，懂得学生喜欢什么样的教师……" 再补充一些具体事例，使你的话得到事实的证明。概括地说，介绍自己时要注意以下几点。

（1）只讲正面的事情。

（2）用具体事例、具体成绩来说明。

（3）介绍的内容要集中在与这一工作有关的经历上。

（4）简单清晰，不要超过三分钟。

（5）介绍完后，问问对方是否还需要了解其他内容。

（6）讲优点和成绩要实事求是。

2. 给我一个聘用你的理由

这时应自述自己的知识基础、工作技能、实践经验与应聘职位的对应性，以及渴望到这家单位工作的心愿和热情。最好突出某一方面的能力，而这些能力能使你完全可以干好这份工作。在此要注意两点：一要注意论述自己具有胜任这份工作的能力，对招聘单位进行解剖分析，阐述自己的观点，然后结合自己的兴趣特长，说明自己应聘这份工作能发挥自己的何种特长和作用，这样会大大增加说服力。二要注意论述自己能对用人单位的发展作出贡献，这样会给人一种事业心强的印象。这个问题几乎每次面试都会被问到，它是评价求职者的标准之一。如果对这个问题的回答不准确，就会影响对方对你的评价。总之，回答这个问题要给人一种积极奋进的感觉，表示愿意到该单位来学习更多的知识和技能，更多、更好地干工作，并努力为事业的发展作贡献。

3. 分析你的优势

主试人常借此问题考查应试者是否能客观评价自己，是否诚实。要如实谈自己的优势，如特点、爱好、能力、水平、社会责任感等，也要敢于谈自己的不足，说不足时要把握尺度。介绍自己的优势时，不要吹牛说大话，也不应谦卑地说自己还在学习阶段，没什么优势之类。如果你对自己的优势都毫无信心，那么又怎么让别人对你有信心呢？介绍自己的优势一定要用具体事实说话，不要泛泛而谈，还要用你在学校里或在工作中的具体事例来对你的回答加以说明。如果有多方面的优势，没必要把它们全说出来，只讲对工作有益、有促进作用的优势。

4. 谈谈来到我单位工作的目的

这个问题包括两方面的含义，一是看你为什么选择这个单位和这个职位。此时，你就应该分析自己的兴趣所在、专长所在，说明自己所学专业、技术技能、实践经历以及对这项工作的期待和理想，并要从该单位有利于你的事业发展和进步角度谈。另外，你可以谈一下这家单位的名望、信誉、工作条件、企业的文化氛围，强调你想到这家单位工作是认真的、慎重地而不是随便地选择。

5. 如果聘用你，你能工作多长时间

这个问题考查你工作的稳定性。你可以这样回答：“只要职位适合我的能力，使我学有所用，工作有长进，我可以一直干下去。”

6. 我们能为你提供职业发展的前途吗

这个问题考查你是否对应聘单位有信心。碰到这样的问题，你可以回答：“我有信心，你们一定能为我提供一条事业发展的道路。”

7. 你喜欢的领导类型

考官要弄清楚的是你是否会同领导闹别扭。你要告诉他员工心目中理想的领导是这样的：“他会让我从他那里学到东西，会给我很多尝试的机会，并指导我，在我需要时鼓励和鞭策我。”并表示：“我会服从领导，听从指挥。”

8. 你期望的薪水待遇

可以说“您能否告诉我贵单位这个职位所提供的薪资范围，我思考之后再答复您。”或者“我愿意接受贵单位的起薪标准。”

9. 你最明显的弱点

可以坦率说出自己的弱点，但不要与应聘职位相冲突。你可以确认一到两个弱点，比如说，“刚刚走出校门，自己还缺乏实践经验，而且在知识结构上还需要进一步充实完善”等，可以从这一角度出发展开去谈。“人贵有自知之明”，应试者要客观评价自己的不足和缺点，并提出改进的措施。

10. 你在业余时间做什么

这个问题考查应试者的生活情趣，从而增加对应试者的全面了解。回答这个问题，要提及多层次的兴趣——热闹的和宁静的、社会的和独处的等，不宜说单一兴趣。注意自己提及的兴趣不要与招聘职位对应聘者的个性要求相冲突。

11. 你是否可以出差或加班

作为年轻人，一般不可否定，或者可以告诉加班的限度。

12. 谈谈你的家庭

问这个问题的目的是主考官要了解家庭背景对你的塑造和影响。回答这个问题，你要传递给主考官积极的一面，要强调温馨、关爱、和睦的家庭氛围，强调家庭成员的良好品质对你的积极影响，强调自己的家庭责任感。

案例导读

藏在招聘启事中的试题

广州某公司在报纸上刊登了一则招聘营销人员的招聘启事，应聘条件、工资待遇等内容一应俱全，参加笔试、面试等要求也非常明确，可通篇启事从头看到尾，就是没有发现应聘的联系方法。

真是咄咄怪事，招聘启事哪有不留联系方法的？多数人认为这是招聘单位疏忽或是报社排版错误，于是，便耐心等着报社刊登更正或补充说明。但也有三位应聘者见招聘的岗位适合自己，便不去管是谁的疏忽：小王通过互联网，在搜索引擎上输入公司名称，轻松地搜出了包括通信方式在内的所有公司信息；小张则立即通过114查号台，查出了该公司的办公电话，通过向公司办公室人员咨询，取得了联系方法；小刘查找联系方式的办法则更是颇费了一番周折，他依稀记得该公司在某商业区有一个广告牌，于是骑车围着城区转了一下午，终于找到了广告牌，并“顺藤摸瓜”取得了公司的地址和邮编。

招聘启事刊登的第三天，多数应聘者正眼巴巴地等着从新来的报纸中找有关更正和补充，但小王、小张和小刘三人的求职信及有关招聘材料已经寄到了公司人事主管的手中。此后，人事主管与小王、小张和小刘相约面试。面试时，公司老总对三位小伙子的材料和本人表示满意，当即决定办理录用手续。三人为如此轻松应聘而颇感蹊跷：招聘启事中不是说要进行考试吗？带着这一疑问，他们向老总请教。

老总拍着他们的肩膀说：“我们的试题其实就藏在招聘启事中，作为一个现代营销员，思路开阔，不循规蹈矩是首先应具备的素质，你们三人机智灵活，短时间内能另辟蹊径，迅速找到公司的联系方式，这就说明你们已经非常出色地完成了这份答卷。”

第五节　面试礼仪

穿着和举止打扮可以反映出一个人的修养和生活风格，仪表往往能决定招聘者对应聘者的第一印象。

一、面试仪表

1. 服装服饰

服装服饰能够反映出一个人的文化水平、修养和气质，它是一种重要的体态语言。从某种程度上来讲，外表装束更能反映一个人的心态。

应试者参加面试时应做到着装整洁、大方，符合职业形象。要做到服饰得体，仪表整洁。服饰搭配协调，比较适合大学毕业生的面试需要。在应聘不同岗位时，衣着要与之适应。根据所应聘的工作性质和类型，确定自己的穿着，这是一个较稳妥的做法。不同的职业对人的要求是有差异的，而这种差异同样体现在穿着上。尽管没有成文的规定来划定对某种职业的穿着标准，但人们的心理上确实存在着各种各样的模式化的思维。观察一下，就可发现，从事不同职业的人一般有着不同的穿着特点。例如，应聘车间里搞安装之类的具体操作岗位，应穿朴素一点；去广告公司应聘，则不应穿古板落俗的衣服；若从事比较活泼的行业，如营销，则上衣与搭配的裙子或长裤未必要同色，也可以有些图案。应试者的衣着服饰要注意以下几个方面：

（1）女同学忌讳上衣与裙子都花花绿绿的，避开大红、橙色或粉红、紫色等颜色。

（2）男生穿深色西装，领带、衬衣袖口要注意清洁。

（3）首饰尽量减少佩戴，要突出大学毕业生年轻有朝气的一面，以清新的形象示人。皮鞋要刷亮，擦去灰尘和污痕，鞋带要系牢。男同学的袜子颜色一般不要比裤子颜色淡。女同学不要穿高跟鞋。

2. 化妆与发型

化妆与发型也很重要。面试前，应整理仪容，头发清洗干净，梳理整齐。不要染怪色头发。男同学不要留小胡子，不要留长发。女同学不要浓妆艳抹，不要用浓烈的香水。

女性如果应聘公务员、国企，面试时可不化妆；但如果去外企，适宜化淡妆。

二、面试举止

举止是无声的语言，主要通过人的表情、姿势、动作等表现出来。它是一个人是否具有修养的表现。面试时应注意以下几方面：

1. 敲门进入面试室

轮到你面试时，应在面试室外轻轻敲门（面试室的门一般是关着的），得到许可后方可进入面试室。注意敲门不可用力太大，也不可未进门先将头伸进来张望一下再进门，更不可大大咧咧地直接推门而入。进门后，应轻轻地转过身去关上门。

2. 主动与主考官打招呼

可点头微笑，也可问候，如“上午好”“下午好”或“各位领导好”。若主考人员没有主动伸手与你握手，你可千万别“自作多情”；若与主考人握手，要有礼貌地告诉主考官自己是谁，做到举止大方，谈吐高雅，态度热情。

3. 回答问题时精神集中

面试时回答问题要集中精神，力求给对方以诚恳、沉稳自信的印象。老老实实讲出自己能做什么，不能做什么，切忌含糊其词。根据听者的反应适时调整自己的语言表达方式，冷静地保持不卑不亢的风度。在语言方面，毕业生谈话的内容和说话的方式同等重要。只要讲话条理清楚，并通过表情、语调、声音等诸方面的配合，传达出自己真诚、乐观、热情、大方的态度，就会收到良好的效果。

4. 微笑待人

微笑是一个无言的答语，它表示欣赏对方的盛情，表示领略，表示歉意，也表示赞同。微笑待人是礼貌之花，是友谊之桥。初次见面，微微一笑可以解除精神和肉体的紧张，给人以亲切自然的感觉。真诚的微笑是心理健康的标志。面对消极防御和排斥他人的主试者，微微一笑可以使他解除戒备心理，使双方的心理距离迅速缩短。微笑是自信的象征，是心理健康的表示或标志，所以，求职时面带微笑会提高你求职的成功率。

5. 面试时的姿势

进入面试室落座后的姿势最为重要，坐有坐姿，站有站相。正确的坐姿是：全身放松，两腿自然并拢，手放在膝上，挺直腰板，身体微向前倾，坐时既不可坐得太浅，也不能坐得太深。坐浅了容易使自己紧张，导致注意力不集中，坐深了斜倚在靠背上给人以懒散感。正确的坐姿，让人看见后会感觉到应试人精神振奋，朝气蓬勃。注意不要有小动作，如下意识地看手表（让主考人觉得你对面试或提问有些不耐烦）；或坐着时双腿叉开，摇晃不停；或大腿跷二腿，不住地抖动；或讲话时摇头晃脑；或用手掩口；或用手不住地挠后脑勺；或不停地玩弄随身携带的小物件等。这些小动作会使主试人分神，并很有可能引起他们的反感。

6. 认真地倾听并注意目光的交流

面试时与主考人保持视线的接触，是交流的需要，也是起码的礼貌，更是应试人自信的一个表现。面试时若回避对方目光，会被主考人认为你或许太胆怯，心中无底；或许太傲气，不将主考人放在眼中。正常状态下，应试者应将大部分时间望着向自己发问的那位主考人，但不要一直将目光盯着对方的眼睛，这会让人觉得你太咄咄逼人，会被认为向主考人挑战，正确的方法是把目光放在对方额头或鼻梁上方，保持目光的自然轻松、柔和，传达出你的真实思想，这样会让对方觉得你是在聚精会神地和他交流。

7. 在语言方面，毕业生还应注意以下几点：

（1）谈话时若无特殊情况不可随便打断别人的讲话，即使是有某种原因，也要以适当的方式插话。

（2）讲话时不可有太多的手势语或口头禅，让人看了或听了不舒服。

（3）讲话时普通话应力求标准，不可讲错字或念错音，方言最好不用。若是涉外单位，还应做好用英语面试交谈的准备。

（4）讲话时声音适中，不能以自负的方式和语气说话，即话不能说得太满，当然也不必过于谦虚。

8. 礼貌告辞

当主考人示意面试结束时，应微笑起立，感谢用人单位给予你面试的机会，然后说“再见”，没有必要握手（除非主考人员主动伸出手来）。如果你进入面试室时有人接待或引导你，离开时也应一并向其致谢、告辞。

三、面试禁忌

1. 迟到

没有什么比迟到更让用人单位反感的了。最好是提前几分钟到，给用人单位留下好印象。

2. 完全被动

主要表现为默不作声，主考官再三诱导也只回答"是"或"不是"，这样的求职者必然让用人单位失望。

3. 傲慢自大

有些求职者三番五次质询用人单位的规模、升级制度、在职培训情况，问他们能让自己担当什么职务或准备给多少薪水等，而对用人单位提出的问题不屑一顾，或是无礼打断主考官的问话，未经同意就吸烟、大声说话，甚至反问主考官，让其下不了台。

4. 不当反问

例如，主考官问："关于工资，你的期望值是多少？"应聘者反问："你们打算出多少？"这样的反问很不礼貌，好像是在谈判，很容易引起主考官的不快。

5. 急于套近乎

面试中，不顾场合地说："我认识你们单位的某某"，"我和你们单位的某某是同学，关系很不错"等，这种话主考官听了会反感。

6. 超出范围

在面试快要结束时，主考官问求职者："请问你有什么问题要问我吗？"若应聘者反客为主地询问："请问你们公司的规模有多大？中外方的比例各是多少？请问你们董事会成员里中外方各有几位？你们未来 5 年的发展规划如何？"连珠炮似的问题让主考官几乎哑口无言，结局自然不妙。

7. 盲目应试

应试者择业意向不明确或对用人单位及招聘岗位的要求不清楚，"有病乱投医"，盲目应试赶场，结果自然以失败告终。

四、面试的后续礼仪

面试结束一两天之内，最好向面试人员和其他人员写封感谢信，内容应该包括：简短重申你的优点和你对应聘职位仍十分感兴趣，你能为用人单位作出的具体贡献以及希望早日能听到用人单位的回音。感谢信最好在面试结束后 24 小时内发出。哪怕你预感可能落选了，寄一封短信说明你即使没有成功但也很高兴有面试机会。这样做不仅仅是出于礼貌，而且还能使接见者当其用人单位出现另一个职位空缺时会想到你，为自己创造一个潜在的求职机会。

例如，面试后的感谢信可以这样写：

尊敬的××先生：

感谢您昨天为我的面试花费的时间和精力。我觉得和您的谈话很愉快，并且了解到很多关于贵公司的情况，包括公司的历史、管理形式以及公司宗旨。

正像我已经谈到过的那样，我的专业知识、经验和成绩对公司是很有用的，尤其是我的刻苦钻研能力。我还在公司、您本人和我之间发现了思想方法和价值取向上的许多共同点。我对贵公司的前途十分有信心，希望有机会和你们一起为公司的发展努力工作。

再一次感谢您，并希望有机会与您再谈。

您的学生：×××

年　月　日

阅读材料

谈话礼仪

1. 注视对方

和对方谈话的时候，要正视对方的眼睛和眉毛之间的部位，和对方进行目光接触，即使边上有其他人。如果不敢正视对方，会被人认为你害羞、害怕，甚至觉得你“有隐情”。

2. 学会倾听

好的交谈是建立在“倾听”基础上的。倾听是一种很重要的礼节。不会听，也就无法回答好主考官的问题。

倾听就是要对对方说的话表示出兴趣。在面试过程中，主考官的每一句话都可以说是非常重要的。你要集中精力，认真地去听，记住说话人讲话的重点内容。

倾听对方谈话时，要自然流露出敬意，这才是一个有教养、懂礼仪的人的表现。要做到：

(1) 记住说话者的名字。

(2) 身体微微倾向说话者，表示对说话者的重视。

(3) 用目光注视说话者，保持微笑。

(4) 适当地做出一些反应，如点头、会意地微笑及提出相关的问题。

第六节　面试难点与应对方法

尽管应聘人面试前做了大量的准备工作，但是还会有可能出现一些意想不到的情况，若处理不好会直接影响面试的结果。这里介绍几种常见情况，以利于毕业生有针对性地加以准备，走出困境。

一、精神紧张及克服的办法

几乎95%以上的大学毕业生都承认自己在面试时精神紧张，精神紧张是大学毕业生面试时需要战胜的最大敌人。陌生的环境，被陌生的人提问，事关自己今后一段时间的发展前途，大学毕业生不可能不紧张，适度的紧张可以促使大学毕业生更加集中注意力投入面试。若紧张过度，则对面试极为有害，不仅使应试人注意力不集中，甚至可能将事先准备的内容忘得干干净净，头脑一片空白。这里，有必要提供几种克服紧张的方法。

1. 做好准备，从容镇定

预计到自己临场可能会紧张，应事先请有关教师或同学充当主试人，举办模拟面试，找出可能存在的问题与不足，增强自己克服紧张的自信心。不要将一次面试的得失看得太重。要知道，虽然你自己紧张，你的竞争对手也不轻松，甚至可能不如你。同等条件下，谁克服了紧张情绪，大方、镇定、从容地回答每一个提问，谁就会取得胜利。

2. 不要急着回答问题

主试人问完问题后，应试人可以考虑五至十秒钟后，再作回答。对某些一时难以回答的问题，可用比较委婉的语气避开，这也是一种诚实机智的表现。

3. 掌握语速

在回答提问时，语速不可太快。快了容易使思维与表达脱节，也容易表达不清。而你一旦意识到这些情况，会更紧张，结果导致面试难以取得应有的效果。所以切记，面试时从头到尾，讲话要不急不慢，逻辑严密，条理清楚。

二、遇到不清楚的问题及解决办法

有时主试人提出的问题，应试者不知怎么回答，此时可以婉转地问主试人是否指某方面的问题，不可胡乱猜测，信口开河。如果真是一点也不清楚怎么去回答，就应实事求是地告诉主试人，这个方面的知识未接触过。作为主试人，他可以理解你的回答，因为世界上没有人什么都懂，况且，这样的问题该不该提出来还是个疑问。

三、讲错了话及改正的办法

人在紧张时很容易说错话。若讲错的话无关大局，无伤大雅，就不要太在意，继续专心应付下一个提问，而不必耿耿于怀，提心吊胆，不能因一个小错误而影响了大局。若应试人感觉说错的话比较重要，则应该及时道歉，并表达出你心中本来要讲的意思。对主试人而言，他可能更欣赏你坦诚的态度，或许你会因此而博得主试人对你的好感。

四、几位主试人同时提问时的回答方法

遇到几位主试人同时提问，一些经验不足的应试者会胡乱地选择其中问题之一或部分加以回答，结果自然不能让所有主试人都满意。在这种情况下，既要逐一回答，又要显得有礼貌。你可以说："对不起，请让我先回答甲领导的提问，然后再谈乙领导的问题，可以吗？"回答哪位领导问题在先，哪位在后，一般应先回答主考官的问题。当然，你也可以按发问的先后次序回答。回答问题时，应试人的目光主要和发问的主试者进行交流，但也要适当顾及其他领导，让他们觉得，你是和所有主试人在交流。同时，还应逐一观察提问者的反应和面试室内的气氛，以便随时调整谈话的策略和方式。

总之，面试时不论遇到什么情况，应试人都应沉着冷静，镇定自若地加以处理，千万不能惊惶失措。只要认真对待，定能化险为夷。或许这就是你获得主试者欣赏的契机。

案例导读

1. 面试不能诋毁竞争者

某知名公司招聘，应聘者云集，竞争异常激烈，为了能够被选中，应聘者“八仙过海，各显其能”。经过学校推荐、笔试和心理测试，小李、小王和小赵“过五关，斩六将”，进入最后面试。他们三人既是一个专业的，又是一个寝室的，平时互相了解较深。如今成为竞争对手，在迈向成功的最后一步时，三人的心情各异。小李首先进入面试的房间，被考官问及若不能被录用，将有何想法。小李回答：“若未被录用，说明自身离贵公司招聘条件有差异，他将继续努力提高自己并寻找新的机会，同时，祝愿另外两名同学能够如愿到贵公司工作。”接下来，小王走进了面试的房间，考官问：“听说你和小李是一个寝室的，你感觉他怎样。”小王回答：“小李成绩不如我，为人处世不如我，我们同学认为我绝对比他强。”小王出了面试房间，最后小赵进入房间，被考官问及同样的问题：“听说你和小李、小王是一个寝室的，你对他们评价如何。”小赵对照自己，将小李和小王长于自己的优势和劣于自己的不足，一一做了说明。最后通知录用结果，小李和小赵被这家知名公司录用。

2. 就业应聘考试现场实录

（1）应聘宾馆职员。

王部长（以下简称“王”）：“陈先生，欢迎你参加面试，请说说你的情况，好吗？”

陈先生（以下简称“陈”）：“谢谢王部长给我参加面试的机会。我叫陈刚，今年28岁。我现在是南湖宾馆销售部的经理，负责一个4人的部门，在这个部门工作已两年多了。我是1990年从××大学英语系毕业的，先在中学教了两年英语。1992年，我应聘到了南湖宾馆当接待员，半年后，由于成绩表现颇佳，被提升为前台经理。”

王：“你为什么离开中学到宾馆工作？”

陈：“我喜欢挑战性的生活，喜欢与人打交道。在旅馆业工作，可以与五湖四海的宾客直接接触，使我时时触摸到生活的脉搏，开阔我的视野。在向这些宾客提供优质服务的同时，得到客人们真诚的答谢，使我感到劳动的快乐与价值。心理学家说过，如果你在干某种工作时感到心情愉快，那就说明你找到了合适的职业。我觉得我很适合从事旅馆业工作。”

王：“你为何辞去现在的工作？”

陈：“王部长，您对本市的旅馆业十分熟悉，您知道我们宾馆是三星级宾馆，没有进一步发展的打算，我的自身发展受到了限制，我觉得再待下去就是浪费时间。在南湖宾馆工作的两年多时间里，我学到了有关宾馆业管理的知识与经验。现在，我还想学点别的，一个五星级酒店，以其一流服务，以及在专业氛围中学习、培训的机会，对我更具吸引力。”

王：“谈谈你过去工作中的成绩，好吗？”

陈：“好的。去年冬天，我策划了一个促销计划，您知道，这几年高级宾馆越来越多，空房比率很高，竞争日趋激烈。去年冬季旅馆业的气候更是不佳，我和我的同事们按照新的促销计划，第一次完成了冬季销售任务，与上年同期相比，客房住客率上升了20%，这是近来我们宾馆一直期望而没有实现的，我因此也受到了嘉奖。”

王：“（有兴趣地）这确实不错，陈先生，你能谈得具体些吗?”

陈：“这计划主要是在全面调研客户需要基础上制订的。我们在原来旅游团体、长包房合同价的基础上做了新的改进，突出了特殊服务。最起作用的是，我们销售人员竭尽全力去争取旅游公司和中小型公司的客户，由于销售宣传和客房服务相互配合，质量与信誉保证了计划的完成。”

王：“你刚才提到客房部，如果安排你到那里，你觉得怎样？那里急需要人。”

陈：“王部长，我乐意接受新的挑战，既然我已决定投身旅馆业，我就珍惜在不同部门工作的所有机会，特别是在您这样一个举世闻名的酒店里。能否请问，那个部门的前任怎么了？该职位要求干些什么?”

王：“职位是客户经理助理。这工作十分费力，而且工作不定时。现任助理因个人原因将要辞职。”

陈：“哦，是这样。正如王部长所说，这份工作的确不那么轻松，认真负责、吃苦耐劳是我一贯的风格，我想我会尽力干好的。”

王：“陈先生，你是已婚还是未婚?”

陈：“已婚。我的夫人是中学教师，很理解、支持我的工作。”

王：“你现在有没有孩子?”

陈：“有。小孩子两岁多了，上全托幼儿园。我的母亲现在和我们生活在一起，帮助我们料理家务和照顾孩子。我之所以能轻装上阵，得感谢我的母亲和我的夫人。”

王：“目前，你还考虑去其他单位就职吗?”

陈：“不考虑。我的目标就是一家有国际声誉的宾馆。如果能到这里任职，我将不胜荣幸。”

王：“陈先生，你想要得到一份什么样的薪金?”

陈：“我对你们的薪金一无所知。王部长，我现在的薪金是每月1 500元，外加保险和奖金。我希望到这里比原来增加300~500元，然后根据工作业绩和酒店的定级规定定期加薪。”

王：“可以考虑。请问你什么时候可以来上班?”

陈：“如果只涉及我个人，我会说马上开始，但还要考虑手头工作交接问题。能否请问王部长，我可以有多少时间办理移交手续?”

王：“一般来说有两周时间。陈先生，我想我希望与你面谈就是这些问题。具体决定，我会让有关人员及时通知你。”

陈：“感谢您给我面试机会。”

王：“今天与你谈得很愉快，谢谢你来参加面试。”

陈：“谢谢您，再见。”

（2）应聘秘书。

史密斯：“李小姐，你想应聘秘书工作，请你就秘书工作方面具备的专业技术作一简要说明，好吗？”

李小姐：“好的。我在打字、速记、个人电脑、文书处理以及档案处理各个方面都接受过专业训练。以打字来说，无论打 Print 和 Draft，电脑或用手操作，每分钟都在 60 个字左右。就文书处理来说，像一般的 Fax、Telex、Correspondence 等也能独立作业，并且处理得很好。”

史密斯：“我知道你在贸易公司当了几年的秘书，能否告诉我，你为什么要到我们公司应聘秘书呢？”

李小姐：“在那儿我是一个初级秘书，我的工作是接电话和打印信件，我觉得我现在能做更富于挑战性的工作。”

史密斯：“我想这就是你要求变动的原因了。李小姐，我们这次是招聘行政秘书，这方面你有什么专业知识？”

李小姐：“我刚学完秘书培训班的课程，包括会计、簿记、行政管理、商务写作、进出口常识、人力资源管理、公共关系等，结业分平均 87 分。现在我又在学‘秘书实务与当代英语’这门课程。每星期听两次课，我觉得这些课程对我的职业可能会有帮助。”

史密斯：“那很可能。李小姐，你认为一个合格的秘书应该有哪些特质？”

李小姐：“丰富的学识、熟练的专业能力、良好的风度、端庄的外表、亲切动人的魅力、应付自如的协调能力等都是作为一个好秘书应有的特质。但我认为最重要的是她的勤奋、积极的工作态度，如果她能以勤奋、积极的主动精神去工作，那么她就能发挥很好的协调作用。”

史密斯：“你认为秘书应如何与上司处理好关系？”

李小姐：“我很欣赏‘秘书和上司一起工作’的新概念，而不是‘秘书为上司工作’的旧观念。秘书和上司为了公司的共同利益，彼此之间应相互尊重，为提高工作效率而尽职。秘书要协助上司应付日常事务，处理信函，并和办公室同事们一起工作，尽职尽责地完成上司交给的各项任务，当好助手。”

史密斯：“你如何看待你以前的工作？”

李小姐：“我对秘书工作是很热爱的。虽然秘书工作显得比较复杂和枯燥，但它对公司无疑是非常重要的。客户们从秘书那里得到了对于公司的第一印象，因而我在工作时总是充满活力，对人热情、耐心、细致、周到，我们部门经理对我的工作表现评价很高，并且，他为公司里没有提拔我而感到十分遗憾。”

史密斯：“对，我从你的推荐信里看到这一点。你认为你的缺点是什么？”

李小姐：“我习惯于当配角，也就是说，我的宏观决策能力不太令人满意。”

史密斯：“其实，我们公司也不苛求完美无缺的职员。你对薪金有何看法？”

李小姐：“我希望你会考虑我的经验和培训，给我一份高于初级秘书的薪金和其他福利待遇。如果在试用期后，根据我的工作表现定薪金，我也会同意。”

史密斯：“可以考虑。请问你对加班有何看法？”

李小姐："没有什么问题。我知道什么叫承担更多的责任。其实，以前我也从不拒绝加班。反正我晚上的唯一活动是夜校，我想我能想办法解决的。"

史密斯："李小姐，我想今天我们面谈的就是这些问题，有关决定，我会及时通知你的。"

李小姐："谢谢您抽时间和我面谈，再见，史密斯先生。"

思考题

1. 大学生毕业有哪几种选择？
2. 简述大学生的择业程序。
3. 面试有几种？简述其特点。
4. 参加面试时要注意的礼貌举止有哪些？
5. 假设你参加了一次应聘面试，请给面试主持者写一封感谢信。

第六章
就业权益与法律保障

心灵咖啡

签订劳动合同应注意的问题

劳动合同必须是书面形式；数字一定要大写；必备条款必须齐全，明确具体；附加条款要高度重视；仔细确认用人单位的签字盖章；签字要慎重；合同应一式三份，双方各执一份，公证单位保留一份；注意合同生效的条件和时间；要注意合同生效的必要条件和附加条件，有些合同需要登记或鉴证才能生效；谨慎交费；在订立合同时如发生纠纷，应通过合法途径解决。

第一节　就业权益概述

普通高校毕业生就业制度改革正逐步走向市场化、法制化，高校毕业生在其整个求职择业过程中应增强法律意识，自觉遵守市场规则，并运用法律武器保护自己的合法权益。毕业生的就业权益主要体现在毕业生与用人单位进行双向选择、签订就业协议、就业报到等环节中。

一、就业权益的主要内容

根据目前大学生就业政策和有关法律、法规的规定，毕业生在求职就业过程中主要享有以下几方面的权益。

1. 接受就业指导权

《中华人民共和国高等教育法》规定，“高等学校应当为毕业生、结业生提供就业指导和服务”。由此可以看出，接受就业指导和服务是毕业生的一项重要权益。各高校应成立专门的大学生就业指导服务机构，配备专门人员对毕业生进行就业指导与服务。

2. 平等就业权

毕业生参加就业求职过程中，应当享有平等就业权。平等就业，应当包括全面有效地获取就业信息，能被公平、公正、择优推荐，参加“双选”时与用人单位自主洽谈协调等。根据国家有关规定，在国家就业方针、政策指导下“双向选择，自主择业”。

3. 公平待遇权

用人单位在录用毕业生过程中，应当公平、公正，一视同仁。公平受录用权是毕业生最迫切需要得到维护的权益。

4. 违约求偿权

毕业生的就业协议一经签订，毕业生、用人单位、学校三方都应严格履行。任何一方提出变更或解除协议，均须征得另外两方的同意，并应承担违约责任。对于用人单位无故要求解除就业协议的，毕业生有权要求对方严格履行就业协议。

二、求职就业过程中个人权益的自我保护

毕业生求职就业过程中个人权益的自我保护一般体现在以下几个方面。

1. 了解有关政策和法律规定，增强法律意识

毕业生要了解目前国家关于毕业生就业的有关方针、政策和法规以及它们之间的关系，以及毕业生在就业过程中的权利和义务。如果在就业过程中用人单位的单方面规定和国家政策、法律、法规相抵触，侵犯了自己的权益，毕业生应勇于并善于依法维护自己的合法权益。

2. 签订就业协议书，充分发挥就业协议书的作用

就业协议书是明确毕业生、用人单位、学校三方在毕业生就业过程中的权利和义务的书面文本，由国家教育部统一制定。但在实践中经常出现一些用人单位与毕业生、学校签订“三方协议”后，依据“就业协议书”中“如有其他约定，应在协议书和备注栏中明确，并视为本协议的一部分”的条款，与毕业生另行签订一份比较详尽的劳动合同。这种劳动合同由于不是国家统一制定的格式合同，用人单位有可能会要求毕业生承担额外的不合理的义务。如过长的服务期限、不合法的离职赔偿等，有的甚至扣押毕业文凭。如果遇到这些情形，毕业生要坚持原则，依据国家政策和法律的规定，据理力争，避免陷入劳动合同陷阱。

毕业生在签订就业协议书及其补充条款时一般应着重注意以下方面。

（1）查明用人单位的主体资格是否合法。

协议双方的主体资格是否合法是协议书是否具有法律效力的前提。就毕业生就业协议而言，不管用人单位是国家机关、事业单位还是企业，都应有用人自主权。如果其本身不具有用人自主权，则就业协议必须经其具有用人自主权的上级主管部门批准同意。因此，毕业签约前，一定要先审查用人单位的主体资格。

（2）协议条款是否明确合法。

协议书的内容是整个协议书的关键部分，毕业生一定要认真检查。首先，要检查协议是否合法，是否符合国家有关法律和政策；其次，要检查双方权利和义务是否明确；最后，要检查除协议本身外是否有附件，即补充协议。如有，还应检查其内容。按照劳动法、合同法及相关法律的规定，协议内容至少应具备以下条款才具有法律效力：服务期限、工作岗位、

工资报酬、福利待遇、协议变更和终止条款、违约责任等。

（3）签订就业协议的程序是否完备。

毕业生和用人单位协商一致，签约时要注意完整地履行手续。首先，毕业生签名并写清签字时间；其次，用人单位及其上级主管部门必须盖单位公章并注明时间，不能用个人签字代表单位公章；最后，毕业生和用人单位签字后需及时将协议书交给学校毕业生就业主管部门一份，以便学校履行相关手续，从而保证毕业生能够顺利派遣。

（4）违约责任的界定是否明确。

违约责任是指协议当事人因过错而不履行或不完全履行协议规定的义务而应承担的相应的法律责任。追究违约责任是保证协议履行的有效手段。鉴于近几年实践中毕业生及用人单位违约现象有所增加的状况，协议书违约条款的规定就显得更为重要。因此，在协议内容中，应详细表述当事人双方的违约情形及违约后应负的责任，同时还应写明当事人违约后通过何种方式、途径来承担责任。这样才有利于当事人双方履行协议，也有利于防止纠纷的发生及有利于纠纷的解决。

3. 预防侵害自身合法权益行为的发生

毕业生在就业求职过程中应本着“诚实、信用、平等”的原则，以自身实力参与竞争。同时，要有风险意识，对于有些用人单位招聘人员时，使用夸大待遇条件等欺骗手段的做法要有提防戒备心理，防止侵害自身合法权益行为的发生。

4. 用法律手段维护自身合法权益

由于高校毕业生就业市场尚不成熟，有关法律、法规和制度尚不健全，加之社会风气和人们旧观念、旧思想的影响，在就业过程中不可避免地会出现一些不公平现象，侵害毕业生的正当权益。在自身权益受到侵害时，毕业生有权向用人单位上级主管部门提出申诉，也可提交给当地的劳动争议仲裁机构进行调解和仲裁或直接向人民法院提起诉讼。

案例导读

全国普通高等学校毕业生就业协议书

毕业生：

用人单位：

学校名称：

按《普通高等学校毕业生就业工作暂行规定》的要求，为维护国家就业计划的严肃性，明确毕业生、用人单位、学校三方在毕业生就业工作中的权利和义务，经协商，毕业生、用人单位、学校三方签订如下协议：

一、毕业生应按国家有关规定就业，向用人单位如实介绍自己的情况，了解单位的使用意图，表明自己的就业意见，在规定的时间内到用人单位报到，若遇到特殊情况不能按时报到，需征得用人单位的同意。

二、用人单位要如实介绍本单位的情况，明确对毕业生的要求及使用意图，做好各项接收工作。凡取得毕业生资格的毕业生，用人单位不得以学习成绩为由提出违约；未取得毕业资格的结业生，本协议无效。

三、学校要如实向用人单位介绍毕业生的情况，做好推荐工作，用人单位同意录用后，经学校审核列入建议就业计划，报教育厅批准，学校负责办理派遣手续。

四、学校应在学生毕业前安排体检，不合格者不派遣。如果用人单位对毕业生身体条件有特殊要求，原则上在签订协议前进行单独体检，否则，以学校体检为准。

五、毕业生、用人单位、学校三方如有其他约定，应在备注栏注明，并视为本协议的一部分。

六、本协议经毕业生和用人单位签字或盖章后生效。经学校鉴证登记后作为签发报到证的依据。

七、本协议一式三份，毕业生、用人单位、学校各执一份，复印无效（以下附一张毕业生就业协议）。

<table>
<tr><td rowspan="6">毕业生情况及意见</td><td>姓名</td><td></td><td>性别</td><td></td><td>出生年月</td><td></td><td>民族</td><td></td></tr>
<tr><td>政治面貌</td><td></td><td colspan="2">培养方式</td><td></td><td>健康状况</td><td></td><td></td></tr>
<tr><td>专业</td><td colspan="3"></td><td>学制</td><td></td><td>学历</td><td></td></tr>
<tr><td>联系电话</td><td colspan="3"></td><td>电子信箱</td><td colspan="3"></td></tr>
<tr><td>家庭地址</td><td colspan="7"></td></tr>
<tr><td colspan="8">应聘意见：
毕业生签名：
年 月 日</td></tr>
<tr><td rowspan="7">用人单位情况及意见</td><td>单位名称</td><td colspan="4"></td><td>单位隶属</td><td colspan="2"></td></tr>
<tr><td>联系人</td><td></td><td>联系电话</td><td colspan="2"></td><td>邮政编码</td><td colspan="2"></td></tr>
<tr><td>通信地址</td><td colspan="4"></td><td>联系部门</td><td colspan="2"></td></tr>
<tr><td>单位性质</td><td colspan="7"></td></tr>
<tr><td>档案转寄详细地址</td><td colspan="7"></td></tr>
<tr><td>户口迁入地址</td><td colspan="7"></td></tr>
<tr><td colspan="3">用人单位意见：
签章
年 月 日</td><td colspan="5">用人单位上级主管部门意见：
（有自主权的单位此栏可略）
签章
年 月 日</td></tr>
<tr><td>学校意见</td><td colspan="8">学校毕业生就业主管部门意见：
签章
年 月 日</td></tr>
<tr><td colspan="9">学校通信地址：</td></tr>
</table>

续表

注意事项
一、就业协议书的签订程序： （1）毕业生填写本人基本情况、签署应聘意见并签名。 （2）用人单位签署接收意见，由人事部门负责人签字并加盖单位公章。 （3）学校毕业生就业办公室签署意见后列入就业方案。 二、毕业生必须在协议书上说明是否报考研究生、专升本或公务员，并将有关情况告知用人单位，双方协商达成一致意见后，在备注栏内注明。 三、备注栏内，已写明的内容，双方可以协商填写，否则无效。
备注： 一、以下甲方为用人单位，乙方为毕业生。 二、（乙方填写）乙方（已/没有）报考研究生或专升本或国家公务员。 三、在甲方知情的情况下，乙方若被录取为研究生或专升本或被录用为国家公务员，学校视为本协议自行取消，并由乙方负责通知甲方。 四、（甲方填写）甲方录用乙方所从事的岗位工作、落户情况、服务期限、工作条件等情况。 五、（甲方填写）甲方录用乙方后，能为乙方提供的工资待遇、住房福利、培训发展情况。 六、甲方如有以下情形，属于甲方违约，应承担违约责任： （1）在招聘过程中，甲方向乙方提供虚假的或严重失实的招聘信息的； （2）甲方在与乙方签订就业协议后，未经乙方同意，擅自变更乙方工作地点的； （3）甲方在与乙方签订就业协议后，除本协议另有规定之外，甲方无正当理由不接收乙方的。 七、乙方如有以下情形，属于乙方违约，应承担违约责任： （1）乙方在应聘过程中向甲方提供虚假的、不真实的求职材料（包括学习成绩、外语等级证书、个人基本情况等）的。 （2）乙方未经甲方同意，毕业后未在报到证规定的时间内到甲方报到的。 八、违约方须征得另一方的同意，双方签字盖章后，方可结束本协议。 九、其他约定： 甲方：用人单位　　　　乙方：毕业生 （签章）　　　　（签字）

第二节 大学生就业的法律保障

《全国普通高等学校毕业生就业协议书》（以下简称《毕业生就业协议书》）是明确毕业生、用人单位和学校三方在毕业生就业中权利和义务的书面表现形式。《毕业生就业协议书》由国家教育部统一制定。作为学校毕业生就业派遣计划依据的《毕业生就业协议书》，由学校发放、毕业生签字、用人单位和学校盖章，毕业生将其作为办理报到、接转档案、户口关系的依据。

一、《毕业生就业协议书》概述

《毕业生就业协议书》是为了明确毕业生、用人单位、学校三方在毕业生就业中的权利和义务的法律文书。

1.《毕业生就业协议书》的主要内容

（1）毕业生的基本情况。

毕业生应按国家法规就业，向用人单位如实介绍自己的情况，如姓名、性别、民族、政治面貌、专业等；表明自己的就业意向；在规定的时间内到用人单位报到。若遇到特殊情况不能按时报到，需征得用人单位同意。

（2）用人单位的情况。

用人单位要如实介绍本单位的情况，如单位名称、隶属关系、性质、地址、联系人等。

（3）学校意见。

学校要如实向用人单位介绍毕业生的情况，做好推荐工作。用人单位同意录用后，经学校审核，报主管部门批准，学校负责办理毕业生派遣手续。

（4）各方应严格履行协议，任何一方若违反协议，应承担违约责任。

（5）其他补充协议。

2.《毕业生就业协议书》签订程序

毕业生持学校下发的推荐表，参与双向选择活动。确定接收单位后，毕业生凭借推荐表回执或单位接收函换取《毕业生就业协议书》。《毕业生就业协议书》一律以原件为准，复印件无效。签订《毕业生就业协议书》的程序如下：

（1）毕业生获得用人单位的书面接收函。

（2）毕业生到所在学校领取一式四份的《毕业生就业协议书》。

（3）毕业生与用人单位签署《毕业生就业协议书》，并在《毕业生就业协议书》上签名盖章。用人单位应在《毕业生就业协议书》注明可以接收毕业生档案的名称和地址，并由可接收毕业生档案的用人单位上级主管部门或人才部门盖章。

（4）毕业生到所在学校签署《毕业生就业协议书》。

（5）学校签署完《毕业生就业协议书》以后，学校留两份；用人单位、毕业生本人各留一份。毕业生本人把用人单位应持的一份《毕业生就业协议书》转交用人单位。

3.《毕业生就业协议书》的解除

《毕业生就业协议书》的解除分为单方解除和三方解除。

（1）单方解除。

单方解除包括单方擅自解除和单方依法或依协议解除。单方擅自解除协议属违约行为，解除方应对另两方承担违约责任。单方依法或依协议解除，是指一方解除就业协议有法律或协议上的依据，如毕业生未取得毕业资格，用人单位有权单方解除就业协议；毕业生考取研究生后，用人单位依协议规定可解除就业协议。此类单方解除就业协议情况，解除方无须对另两方承担法律责任。

（2）三方解除。

三方解除是指毕业生、用人单位、学校三方经协商一致，取消原签订的协议，使协议不发生法律效力。此类解除原因是三方当事人真实意思表示一致的体现，三方均不承担法律责任。三方解除应在就业计划报主管部门之前进行，如就业派遣计划下达后三方解除，还须经主管部门批准办理改派。

4.《毕业生就业协议书》的违约及后果

《毕业生就业协议书》一经毕业生、用人单位、学校签署即具有法律效力，任何一方不得擅自解除。否则违约方应向权利受损方支付协议条款所规定的违约金。从实际情况来看，就业违约多为毕业生违约。毕业生违约，除本人应承担违约责任、支付违约金外，往往还会造成其他不良的后果，主要表现在：

（1）就用人单位而言。用人单位往往为录用一位毕业生做了大量的工作。同时毕业生就业工作时间相对比较集中，一旦毕业生因某种原因违约，势必使用人单位的这一录用岗位空缺。用人单位若另起炉灶，选择其他毕业生，在时间上也不允许，从而给用人单位的工作造成被动。

（2）就学校而言。用人单位往往将毕业生违约行为看作是学校行为，从而影响学校和用人单位的长期合作关系。用人单位由于毕业生存在违约现象，而对学校的推荐工作表示怀疑。从历年毕业生违约情况来看，一旦由于毕业生存在违约现象，给用人单位造成损失，则该用人单位在几年之内都不愿意再到此高校来挑选毕业生，影响学校的声誉。面对激烈的就业竞争，用人单位的有效需求就是毕业生择业成功的前提，如此下去，必定影响今后学校的毕业生就业工作。同时，毕业生的盲目违约也影响学校就业计划方案的制定和上报，影响学校的正常派遣工作。

（3）就毕业生而言。用人单位到校挑选毕业生，一旦与某毕业生签订就业协议，就不可能再录用其他毕业生。若日后该毕业生违约，有些当初希望到该用人单位工作的其他毕业生由于录用时间等原因，也无法补缺，造成就业信息的浪费，耽误其他毕业生就业的机会。因此，毕业生在就业过程中应慎重选择，认真履约。

二、《毕业生就业协议书》的法律性质

1.《毕业生就业协议书》具有合同的属性

《中华人民共和国劳动法》（以下简称《劳动法》）第二条明确规定：“合同是平等主体的自然人、法人和其他组织之间设立、变更、终止民事权利义务关系的意思表示一致的协议。”毕业生所签订的《毕业生就业协议书》是否属于合同呢？我们通过分析发现，首先，《毕业生就业协议书》的主体是毕业生（自然人）和用人单位（法人或其他组织），他们在签订就业协议时的法律地位是平等的；其次，《毕业生就业协议书》是双方意思表示一致后达成的，任何一方都不得将自己的意志强加给另一方；再次，《毕业生就业协议书》所涉及的权利义务均属于我国民事法律调整范围，所以说《毕业生就业协议书》具有合同的属性。

目前，仍有很多企业包括一些国有大型企业，在接收毕业生时，用与毕业生签订《毕业生就业协议书》来代替劳动合同。用人单位与毕业生签订《毕业生就业协议书》的依据

是1989年3月2日教育部颁布的《高等学校毕业生分配制度改革方案》第十四条“高等学校毕业生实行定期服务制度。服务期一般为五年，随着人事、劳动制度的改革，具体服务年限和办法也可以由用人单位与毕业生根据实际情况商定”，该方案中关于“定期服务制度”仅有的这一条款，并没有规定毕业生违反定期服务的赔偿责任。1995年我国颁布实施《劳动法》以后，企业实行劳动合同制，用人单位与员工的劳动关系应当由《劳动法》与劳动合同来调整，作为高校毕业生就业工作程序，《毕业生就业协议书》是一定要签的。毕业生到企业工作后，与企业还应签订劳动合同。

2.《毕业生就业协议书》不能取代劳动合同

《毕业生就业协议书》作为确定劳动关系的依据，从本质上讲属于广义上的合同，具有劳动合同的部分特征，主要根据如下：

（1）签订《毕业生就业协议书》是毕业生、用人单位双方在平等互利的基础上进行的民事法律行为，其目的在于构建双方的劳动法律关系。在毕业生的就业选择中，毕业生可以自愿地选择用人单位，用人单位也可以根据自身业务发展的需要选择合适的优秀毕业生到本单位工作，从而为单位谋求更大的利益和发展。其他的任何人或单位、组织若无法定的事由不得对毕业生和用人单位的就业协议加以干涉。

（2）劳动合同表明劳动者和用人单位间确立了劳动关系，而毕业生和用人单位确定的就业劳动关系的依据是《毕业生就业协议书》。

（3）签订《毕业生就业协议书》是用人单位和毕业生双方当事人设立各自权利义务的民事法律行为，它是一种双方承诺的毕业生就业书面合同。由于就业协议是确立毕业生就业关系的一种协议，凡用人单位与毕业生之间的就业争议、纠纷都应遵循就业协议中的有关规定。

（4）《毕业生就业协议书》不能等同于劳动合同。《毕业生就业协议书》作为一份简单的格式文本，很多诸如工作岗位、工作条件等劳动合同必备条款并不在其中直接体现。因此，单凭就业协议，毕业生就业后的劳动权利无法得到全面具体保障。尽管2005年新制定的《毕业生就业协议书》做了某些限定，即毕业生到用人单位报到后最长不超过一个月，双方应订立劳动合同。但很多毕业生对二者的法律地位不太清楚。

从法律角度看，虽然《毕业生就业协议书》与劳动合同二者一经签订都具备法律效力，无论是毕业生还是用人单位都应当履行约定。但《毕业生就业协议书》仅仅是毕业生与用人单位双方进一步确立劳动关系的前提。从内容上看，就业协议中所规定的条款大多是些框架性内容，毕业生与用人单位的有关劳动权利和义务的具体内容还有待于双方在劳动合同中详细约定。因此，如果毕业生在报到后与用人单位始终未能签订劳动合同，双方一旦发生纠纷，由于举证不能等方面的原因，即使毕业生主张权利，法律最终也很难保护其合法权益不受侵害。根据《中华人民共和国劳动合同条例》的有关规定，劳动合同是劳动者与用人单位确立劳动关系、明确双方权利和义务的协议，应当以书面形式订立。在应当订立劳动合同的情况下，如果用人单位以种种借口不与毕业生订立劳动合同，毕业生完全可以拿起法律武器保护自己的合法权利。

3. 签订《毕业生就业协议书》的法律责任

每位毕业生只能与一家用人单位签订《毕业生就业协议书》。《毕业生就业协议书》明确规定了学校、用人单位及毕业生三方的权利、义务与责任，一经签订即视为生效合同，不能随意更改。如由于特殊原因，毕业生单方面毁约，必须在规定的时间内征得原签约单位的同意，经学校毕业生就业工作部门批准，方可办理改派手续。

《毕业生就业协议书》是学校派遣毕业生的依据。毕业生如果没有签署《毕业生就业协议书》，而只是与单位签了劳动合同，那么毕业生的档案、户口等人事关系都无法直接从学校转到用人单位。所以说，毕业生应按照学校的就业工作程序签署《毕业生就业协议书》。

三、劳动合同

大学生经过努力落实了工作或与用人单位确定了工作意向，并不意味着就此完成就业。对于初涉职场的大学生来说，就业之前还有一个关键环节，就是与用人单位签订劳动合同，它是劳动者合法权益得到有力保障的重要举措之一。

1. 劳动合同概述

《劳动法》第十六条规定："劳动合同是劳动者与用人单位确立劳动关系、明确双方权利和义务的协议。"劳动合同按照标准可划分为不同的种类，以合同的目的为标准，划分为聘用合同、录用合同、借调合同、停薪留职合同；按照有效期限的不同，划分为有固定期限的合同、无固定期限的合同和以完成一定的工作为期限的劳动合同；按照劳动者人数不同，划分为个人劳动和集体劳动合同。

2. 劳动合同的订立、履行、变更、解除和终止

我国《劳动法》规定，劳动合同应当以书面形式订立，即应采用书面协议。劳动合同的书面形式有主件、附件之分，劳动合同的主件即为劳动合同书；附件一般指劳动合同的补充协议，如岗位协议书、专项劳动协议书、用人单位依法制定的内部劳动规则等。

（1）劳动合同的订立原则。

《劳动法》第十七条规定："订立和变更劳动合同，应当遵循平等自愿、协商一致的原则，不得违反法律、行政法规的规定。"根据这一规定，订立劳动合同必须遵循下列原则：

①合法性原则。劳动合同的订立必须遵守国家的宪法和法律法规，不得违反法律、行政法规的规定。

实例：利用假文凭求职签订劳动合同无效。2005 年 12 月，某大学学生李某由于多门功课不及格，不能顺利拿到毕业证和学位证书，于是通过非法渠道购买了仿造的某大学本科文凭，在通过一系列的笔试、面试后，被一公司录用。双方签订了 3 年的劳动合同，约定试用期为 3 个月。在合同履行 3 个月后，公司为李某调取档案办理医疗保险、失业保险、养老保险时，发现李某的证明系伪造，遂通知李某立即解除劳动合同。李某不服向当地劳动争议仲裁委员会提出申诉，要求确定劳动合同有效，并要求公司支付解除合同的经济补偿金。

当地劳动争议仲裁委员会裁决申诉人李某的申诉请求不予支持，视双方签订的劳动合同无效，李某要求公司经济补偿的要求无法律依据，故也不能得到支持。

法律分析：劳动合同作为合同的一种，首先应该是签约双方真实意思表示一致的协议。求职者使用假文凭求职，致使用人单位对事实做出错误的判断，录用了该毕业生，公司的录用行为不是一种真实意思的表示。李某为了追求自己的利益，违背诚实信用的基本原则，侵

犯了公司合法权益，其行为构成欺诈。李某采取欺诈手段与公司订立的劳动合同，属于无效合同。

②平等自愿、协商一致的原则。平等是指订立劳动合同过程中，双方当事人的法律地位平等。毕业生和用人单位在自愿的基础上订立劳动合同，任何一方不得将自己的意志强加于对方，也不允许第三者非法干预。

实例：强迫毕业生续订的劳动合同无效。2003 年 5 月 10 日，毕业生黄某与某企业签订了为期 2 年的劳动合同。合同期间，企业为了上新项目派黄某到香港培训半年，并且双方约定，培训期间劳动合同继续有效，培训时间计入劳动合同履行期间。2005 年 5 月 9 日，合同期满，但企业不同意办理黄某解除劳动关系的手续，要求黄某必须续订劳动合同，否则公司要求黄某赔偿为其支付的培训费 6 000 元，为此双方发生纠纷。黄某向当地劳动仲裁部门提出仲裁申请，经过调解，企业同意与黄某解除劳动关系，并自动放弃收取培训费的要求。

法律分析：这是一起因强迫续订劳动合同而产生的劳动纠纷。

本案中，黄某与该企业的劳动合同期满，双方按照合同规定的条款履行了各自的权利和义务。合同终止后，双方的劳动关系也解除，因为我国《劳动法》第二十三条明确规定："劳动合同期满或者当事人约定的劳动合同终止条件出现，劳动合同即行终止。"如果想继续维持双方的劳动关系，那就必须在平等、自愿协商一致的基础上续订劳动合同，如果一方不同意，则不能续订劳动合同。

（2）劳动合同的必备条款。

根据《劳动法》的规定，劳动合同有必备条款和补充条款，下面就劳动合同的必备条款加以阐述。

①劳动合同的期限。

劳动合同的期限是指所签订的劳动合同是有固定期限、无固定期限和以完成一定工作为期限的劳动合同。如果是有固定期限的劳动合同，则应约定期限是一年或几年。应届毕业生所遇到的劳动合同绝大多数是有固定期限的劳动合同。所以大家一定要注意劳动合同中对期限的约定，以及关于期限的违约责任的约定。

②工作内容。

工作内容是指用人单位安排劳动者从事什么工作，是劳动合同中确定的应当履行的劳动义务的主要内容。包括劳动者从事劳动的岗位、工作性质、工作范围以及劳动生产任务所要达到的效果、质量指标等。

③劳动保护和劳动条件。

劳动保护和劳动条件是指在劳动合同中约定的用人单位对劳动者所从事的劳动必须提供的生产、工作和劳动安全卫生保护措施。即用人单位保证劳动者完成劳动任务和劳动过程中安全健康保护的基本要求。包括劳动场所和设备、劳动安全卫生设施、劳动防护用品等。用人单位不仅必须为劳动者提供必需的劳动条件和劳动保护，而且必须提供符合国家规定的劳动安全卫生条件和劳动保护。

④劳动报酬。

劳动报酬是指用人单位根据劳动者的劳动岗位、技能及工作数量、质量，以货币形式支付给劳动者的工资。包括工资的数额、支付日期、支付地点以及其他社会保险（养老、失业、医疗、工伤、生育）待遇。劳动报酬的内容和标准不得低于国家法律、行政法规的规定，也不得低于集体合同的规定。

⑤劳动纪律。

劳动纪律是指劳动者在劳动过程中必须遵守的劳动规则，它是劳动者的行为规范。劳动合同的劳动纪律包括国家法律、行政法规，用人单位内部制定的规定、纪律对劳动者的个人纪律要求等。如上下班制度、工作制度、岗位纪律、奖惩的条件等。

⑥劳动合同的终止条件。

劳动合同的终止条件是指劳动关系终止的客观要求，即劳动合同终止的事实理由。劳动合同中约定的劳动合同终止条件，一般是指劳动者和用人单位在国家法律、行政法规规定的劳动合同终止条件以及协商确定的劳动合同终止的条件。特别是在签订无固定期限劳动合同时，双方应约定劳动合同终止的条件。

⑦违反劳动合同的责任。

违反劳动合同的责任是指劳动合同履行过程中，当事人一方故意或过失违反劳动合同，致使劳动合同不能正常履行，给对方造成经济损失时应承担的法律后果。在劳动合同中约定违反劳动合同的责任，一般是指国家法律、行政法规对违约没有作明确规定的内容；若法律、行政法规已有明确规定的，一方当事人违反劳动合同，应依照法律、行政法规的规定承担违约责任。当事人在劳动合同中约定违反劳动合同的责任，应当符合法律、行政法规的基本精神和原则，公平合理。

（3）劳动合同的履行。

劳动合同的履行是指劳动合同的双方当事人按照合同规定，履行各自承担义务的行为。依法订立的劳动合同具有法律约束力，当事人必须履行合同约定的义务，任何个人或第三方不得非法干涉劳动合同的履行。履行劳动合同一般应遵循以下原则：亲自履行原则、全面履行原则、协作履行原则。

（4）劳动合同的变更。

劳动合同的变更是指双方当事人对尚未履行的合同，依照法律规定的条件和程序，对原劳动合同进行修改或增删的法律行为。劳动合同变更应遵循平等自愿、协商一致的原则，不得违反法律、行政法规的规定。任何一方不得擅自变更劳动合同，否则要承担相应的法律责任。

（5）劳动合同的解除。

劳动合同的解除是指劳动合同当事人在劳动合同期限届满之前依法提前终止劳动合同关系的法律行为。劳动合同的解除可分为协商解除、用人单位单方面解除、劳动者单方面解除以及自行解除等。

（6）劳动合同的终止。

劳动合同的终止是指符合法律规定或当事人约定的情形时，劳动合同的效力即行终止。我国《劳动法》规定："劳动合同期满或者当事人约定的劳动合同终止条件出现，劳动合同即行终止。"

3. 劳动合同签订过程中的注意事项

签订劳动合同是毕业生就业后面临的第一个考验。对没有什么社会经历的毕业生来说，签订劳动合同过程中有可能遭遇“就业陷阱”。为避免毕业生遭受不必要的挫折和损失，我们将有关毕业生在签订劳动合同过程中应注意的事项介绍如下。

（1）及时与用人单位签订劳动合同。

《毕业生就业协议书》是毕业生与用人单位确立的就业关系的法律依据。毕业生报到后，用人单位应当与毕业生签订正式的劳动合同，在双方签订了劳动合同后，双方的具体劳动关系应当以劳动合同为准。

如果不签订劳动合同，用人单位则可能以《毕业生就业协议书》为双方处理劳动关系的依据，主动权更多地掌握在用人单位手里。因为就业协议很简单，一般不会包括工作（劳动合同）期限；工作岗位和工作内容；劳动保护和工作条件；工资报酬和福利待遇；就业协议终止的条件；违反就业协议的责任等条款。

（2）明确劳动合同的必备条款。

个别用人单位可能会钻劳动合同的空子，有意在工作内容、劳动报酬、劳动保护和劳动条件等劳动合同的必备条款方面侵害劳动者的合法权益。劳动关系应以书面文书为基础，口头承诺不能作为依据。

（3）毕业生有“知情权”，应了解用人单位的相关的规章制度。

在签订劳动合同时，不少单位可能会给毕业生一本员工工作手册或规章制度等材料，此举意味着单位已告知你相关规章制度。因此，发现合同中有涉及单位规章制度的条款，你应当先了解这些规章制度，能接受的，才能签字。

（4）签订劳动合同贵在协商、重在约定。

劳动关系属于民事关系。所以它也适用“有约定从约定，没有约定从法定”的法律原则。法律法规和政策不可能对所有问题都作规定，鼓励“约定”是劳动关系中重要的指导原则之一。所以“约定”在劳动关系中有着非常重要的作用。由于一般的合同往往不可能包含所有约定条款，所以我们可根据自己劳动合同的重点，确定约定条款的内容。从劳动争议案例来看，在约定条款中，比较容易引起矛盾的往往是在服务期限、就业限制、商业秘密、经济赔偿等方面，这也就是劳动者或用人单位都要重视的约定内容。

（5）双方可以约定试用期，但不能无视法律的规定。

《劳动法》对试用期有明确规定：“劳动合同期限6个月以下的，试用期不得超过15日（一般不设试用期）；劳动合同期限在6个月以上1年以下的，试用期不得超过30日；劳动合同期限在1年以上2年以下的，试用期不得超过60日；劳动合同期限2年以上的，试用期不得超过6个月，试用期包含在劳动合同期限内。”根据这个规定，劳动和社会保障部门作出进一步规定：凡是合同中有关试用期的约定超过上述规定的，其超过部分视为正式合同。也就是说，如果你的合同期为5年，而合同规定试用期为9个月，超过规定3个月，当你被试用了6个月后，你已自动成为正式职工了。

（6）明确违约金的设立依据。

《劳动法》规定：劳动合同对劳动者的违约金条款的设立仅限于下列情形：

①违反服务期约定。《劳动法》中规定：“劳动合同当事人可以对由用人单位出资招用、培训或者提供其他特殊待遇的劳动者的服务期做出约定。”

②违反保守商业秘密的约定。《劳动法》中规定："在劳动合同中约定保密或者单独签订保密协议；对负有保守用人单位商业秘密义务的劳动者，劳动合同或者保密协议中约定就业限制条款。"

在劳动过程中若要设违约金条款。首先，合同中要有服务期内容，或者合同中要有保密约定。没有这其中任何一个作前提，那就不允许设违约金条款。违约金的金额不应高于毕业生的年薪。

案例导读

实习期糊涂签协议，上班后跳槽要赔钱吗

沈阳某大学学生小张在大四时到一家广告公司实习。由于实习表现突出，小张与该公司达成就业意向，并签订了就业协议。双方约定，服务期为3年，如果小张提前解约必须赔偿公司1万元。至于协议中的待遇、福利等条款暂为空白，人事部门让他先签名，具体条款过几天再补上。小张觉得，自己是经熟人介绍来的，不好意思提待遇的事儿。"找个工作不容易，不敢要求太多。反正别人有啥咱有啥呗，差不了事儿。"小张便在协议上签上了自己的名字。

正式上班后，公司与他签订了劳动合同，合同的有效期仅1年，而且也没有提前解除合同的赔偿条款。由于待遇与其他员工相差较大，小张在工作第二年便向公司提出辞职。公司提出，必须按就业协议的规定赔偿1万元。小张不服，准备通过法律手段维权。

签了劳动合同，《就业协议》自动失效

通过从劳动部门了解到，和小张一样在尚未毕业时急于找工作与用人单位糊涂签下就业协议的大学生并不少，有些应届毕业生甚至连就业协议都没有，正在给用人单位"打黑工"。

律师介绍，由于正在实习的大学生尚未毕业，不是合格的劳动主体，用人单位不能与其签订劳动合同。但是毕业生与用人单位确定就业意向后，可以签订《就业协议》。这份协议并非劳动合同，但充分保障了应届毕业生和用人单位的权益。

根据新《劳动合同法》规定，用人单位与劳动者在用工前订立劳动合同的，劳动关系自用工之日起建立。这意味着，即将毕业的在校大学生毕业前与用人单位提前签订了劳动合同，其劳动关系也只能从其正式上班之日起计算。在本案中，小张与用人单位签订了劳动合同后，劳动关系就以劳动合同为准，就业协议书就自动失效。因此，该公司要求赔偿1万元的说法是没有依据的。所以，毕业生要尽快与用人单位签订劳动合同，以保障自己的权益。

第三节　防范求职陷阱　反对就业歧视

目前，大学生就业市场存在不少求职"陷阱"和就业歧视现象，已引起政府有关部门

的高度重视。与此同时，为维护求职的合法权益，大学生还应努力增强自身素质，掌握识别求职“陷阱”的知识，加强自身防范意识，树立坚决反对就业歧视的观念。

一、求职陷阱的种类

求职陷阱指的是以招聘毕业生为名，侵害毕业生合法权益的行为和活动。初涉职场的毕业生在求职的时候最容易遭遇求职陷阱。求职陷阱主要有以下几种：

1. 试用期陷阱

用人单位利用试用期骗取廉价劳动力主要有两种形式：一种是试用期结束后以各种理由告诉求职者，谎称其是不合格的，公司解聘也是无奈之举；另外一种就是无故延长试用期，期满后又继续延长一定时间，最终结果却仍是解聘。毕业生除了经济上的损失、精神上的挫折，还无端地失去了可能的就业时机和发展空间。

因为试用期的工资、福利待遇和正式录用后差异较大，一些用人单位便通过无休止的“试用”来获得廉价劳动力。

这类陷阱常常让毕业生非常无奈。用人单位对试用期限待遇一般都只有口头承诺，而求职心切的毕业生也不敢提出签合同的要求，最后的结果可想而知。明明知道被骗了，即便诉诸法律也会因为没有证据而不能胜诉。所以，试用期被无故延长，超过了国家规定的期限，你就要警惕了。

实例：假借试用获取廉价劳动力。今年23岁的小孙，2005年毕业于国内一所名牌大学的工商管理专业。为了找到一份理想的工作，他获得了英语六级和公务员资格证等多个证书。2005年1月份，小孙在网上看到了国内一家大型销售公司正在招聘，因为专业对口，便与同班其他6位同学给这家公司投了简历。没想到他们很快就得到了面试邀请并顺利通过面试。进入试用期，当时公司口头告诉他们试用期为3个月。因为这个公司很大，想留在这里的小孙和他的同学们尽管没有签任何协议还是答应先做了再说，希望通过不懈的努力争取这个职位。试用期的待遇很低，跟正式员工相差甚远，而试用期的工作内容也和他们想象的有很大差距。单位让他们做些简单而又重复的工作，为了能够顺利通过试用期成为正式员工，小孙和他的同学们非常努力地完成了公司交给他们的工作。3个月的试用期很快就到了，该转正了。公司始终没人提及这事，小孙向公司领导询问，领导表示对他的工作表现比较满意，但还需要进行全面考察。小孙认为公司可能是真想留用他，于是很痛快地答应了公司提出的再试用两个月的要求。两个多月很快又过去了，公司领导找到小孙，说没有合适的位置，小孙被辞退。

2. 收费陷阱

当前，在就业市场中，一些用人单位利用毕业生求职心切，设立各种名目向毕业生收取不合理费用，如风险抵押金、违约金、培训费等。

实例：小陈是某大学计算机专业2005年应届毕业生，2月初，他在国内一知名网站上看到一则招聘信息：北京某房地产公司正在招聘工作人员。小陈即给这家公司投了简历，没想到很快就收到了公司的面试通知。而更让他欣喜万分的是，面试不但顺利通过，对方公司还建议他应聘总经理助理的职位，这个职位仅为公司负责上“四险”，可分配住房，薪酬方面也相当可观。如果签约五年服务期，还能解决进京户口。如此优厚的条件让小陈对未来充满希望，他又参加了复试，并再次顺利通过。这时，公司领导说正式工作前要先参加为期3天的培训，要交800元培训费，先由员工自己垫付，培训合格后由公司报销。3天的培训很快结束了，拿到了培训合格证，小陈开始上班了。公司要求他把事先签订的劳动协议拿上来。小陈当时纳闷：公司已有一份协议了，为什么还要他的那份协议呢？公司回复说：办理相关手续，需要两份协议，并承诺用完就会还给他。当天恰逢周五，马上就要过周末了，小陈也没有太较真。小陈周一欢欢喜喜去上班，却是人去楼空。

这类求职陷阱，毕业生最容易上当。其实，国家早有明确规定，任何招聘单位以任何名义向求职者收取各种费用都属于违法行为。毕业生遇到此类情况得注意了。

3. 智力陷阱

目前，个别用人单位利用毕业生的专业优势，使其承担具有一定科技含量的项目，获取廉价智力成果，项目完成后以各种理由拒收毕业生，使毕业生陷入智力陷阱。

实例：易红是某重点大学的一名计算机专业应届本科毕业生，不仅形象好、气质佳，而且编程能力很强。因此，比起她的同学来说，她的求职经历可谓一帆风顺。在学校举办的一次大型双选会上，易红以优异的专业成绩获得用人单位较高的评价，被一家小有名气的内资IT企业相中，并很快签订用人合同。双方商定试用期3个月，试用期间月薪1 500元。当其他同学还在为找工作东奔西走的时候，满心欢喜的易红已经开始上班了。

可是天有不测风云，刚结束春节休假的易红一到公司，便接到人事部门一纸解约通知，通知称“通过试用，发现张红不适合在本公司工作，决定解除双方的试用合同……”公司的决定让她感到非常突然。“就在春节前，易红通宵达旦，加班加点设计出来的一个财会软件还受到部门经理的夸奖，怎么突然就变卦了呢？”易红感到十分不解。后来，一位共过事的公司员工向她道明了事情的真相：“公司根本没想要你这个人，只是需要你设计的软件。公司只是想无偿占有你开发的软件而已。”易红幡然醒悟，原来自己天真地掉进了用人单位设下的智力陷阱中。

4. 薪酬陷阱

所谓薪酬陷阱，是指用人单位在招聘时以优厚的待遇吸引前来求职的毕业生，等到其正式上班时，招聘时的承诺则以种种理由不予兑现；或是针对薪酬中的一些不确定收入，进行虚假或模糊的承诺，最终不能兑现；或者“缩水兑现”。毕业生求职时应根据自身的情况对薪酬标准有一个合理定位，否则就容易上当受骗。遇到薪酬问题时，应先与用人单位界定薪酬的上下限，尽量使他们减少承诺薪酬中的“不确定成分”，并协商支付方式。

实例：“只要拥有大专学历，就有机会被跨国金融集团录用，进入人才储备库，成为储备主管，底薪至少在5 000元/月，并有高额奖金和优厚福利待遇……”面对如此令人心动的招聘启事，某高校工商管理专业2005届毕业生小仇，投递了简历。面试当天，她发现有近百位应聘者，而她应聘的职位只招20名。较低的录取率着实让她担心。应聘者多是来自一些名校的金融专业毕业生，更让她信心不足。

第一轮面试出人意料简单。回答了面试官几个常规问题后，小仇被通知可以参加培训和第二轮面试、笔试。3天的培训中，由一位自称是公司的高层的年轻人现身说法，详尽说明了优厚待遇。接下去的笔试、面试更简单，仅仅是一些性格测评题。经过层层“筛选”，小仇被录用为公司的储备主管，本次求职简直出人意料的顺利。

小仇按要求前去公司报到，却被告知先要交纳250元费用，并暂时只能签订3个月临时合同。公司解释：250元是“保险代理人资格考试”报名费；3个月临时合同是为了给“储备主管”们参加培训和“基层锻炼”的时间。

小仇恍然大悟，所谓“金融集团”，其实是一家保险公司。更意外的是，原以为自己是在1：5的比例中脱颖而出，没想到初试中的大多数人，都在“录用”之列，远远超过“储备主管”职数。在大家的追问中，公司方面终于承认：无论是什么职位，进入公司后，都要从事至少3个月的保险员工作，只有完成一定业绩后，才可能晋升到原本承诺的职位。接下来更令人吃惊：原来这家保险公司基本上每周都在招聘，相同的岗位，相同的招聘内容，相同的培训内容，甚至连面试和笔试的试题都相同。最终，小仇选择放弃这份工作。

二、求职陷阱的防范

1. 避开求职陷阱

各种巧立名目、花样翻新的招聘陷阱给毕业生带来了经济、精神上的损失，毕业生应当提高甄别能力，努力避开求职陷阱。特别要注意下列常遇的陷阱：

（1）以招聘之名盗取个人信息。

当对方要求你提供各种与工作无关的证明材料时一定要多加警惕，不要向根本不知底细的“招聘单位”透露任何个人信息。

（2）以招聘之名非法敛财。

法律规定用人单位不得向应聘者收取任何不合理费用（包括押金或保证金）。可以断言，那些在招聘和任职伊始就要求毕业生交纳各种费用的公司都不是诚心进行招聘的。面对这类单位，毕业生应坚决地克服急于求职的心理，对其敬而远之，不抱任何幻想；而肆意吹嘘公司资质和经营状况，收取各种服务费用的中介，一般也是诈骗敛财的黑中介。

（3）设下薪酬陷阱。

一年发多少个月的薪水，试用期待遇如何好，试用期限短，加班有报酬，或者某公司反复强调招聘职位轻松便能拿高薪等，很有可能是在引诱你加入传销、色情及其他非法组织。

（4）其他陷阱。

一是连续数周或数月甚至长年在一家或多家媒体（其中不乏大型知名媒体）刊登相同的招聘信息；二是待遇丰厚、工作轻松、无须经验的职位；三是招聘信息中没有载明公司名称及地址或只留了电话、联系人、电子邮箱、手机号码；四是求职时要先购买产品，不明确告知薪水如何发放；五是求职时要求先缴纳材料费、报名费、保证金、培训费、意外保险费或拍照费等；六是电话咨询时支支吾吾、含糊其词，或者长时间占线，或者长时间无人接听（表明该公司极可能是一人公司或未经注册的非法“公司”）。

2. 防范求职陷阱

求职陷阱形形色色，初涉职场的毕业生最易落入此种陷阱。如果你遭遇了求职陷阱后会以什么方式对待呢？据了解，遭遇求职陷阱后，有49%的毕业生选择“忍气吞声，继续寻找别的工作”，26%的毕业生选择与对方申辩，只有15%的毕业生会向相关部门反映，而能够勇敢地拿起法律武器起诉维权的仅为10%。对于求职陷阱，最好的办法是多加警惕，防患于未然，因为取证困难、诉讼程序烦琐等因素会使得受害人难以讨还公道，而招聘骗子也容易逃脱法网。

实例：某著名高校应届毕业生小方到一家职介所求职，被要求交300元报名费和600元培训费。对方承诺，签订协议后找不到工作可退钱。小方放心地交了900元。然后和其他求职者被召集一起听人讲了一个小时的培训课。职介所让小方回家等通知。结果等了半个月也没有回音，小方耐不住，三番五次去职介所催促。结果职介所说，根据协议只能返还报名费的20%，培训费不能返还。小方几次去要，都被恶语相加，不仅浪费了大量时间，精神还受到极大伤害。

求职者通过中介公司进行求职时，要认真查阅公司有无职业介绍许可证，是否超范围经营，最好要求经营者提供原件，以防伪造。要仔细审阅双方协议中约定的内容。在很多情况下，求职者轻信了口头承诺，未认真检查协议条款即签合同，导致自身合法权益不能得到保障。在当面咨询时，细心考察接待人员对工作要求的介绍是否清晰明确。骗子公司接待人员对工作只作简单叙述，对保证金等比较看重，同时为骗取更多钱财，会以各种名义诸如培训费、服装费、抵押金等形式收取钱财。若以“好单位”“好职位”或“高报酬”等做诱饵，开口就索取几百甚至上千元的报名费、培训费、押金等额外费用，那就可能遭遇黑中介了。

许多求职者上当受骗后不知如何维护自己的权益。毕业生在遭遇招聘陷阱时可分别根据不同情况诉诸不同的维权渠道：若被投诉对象有营业执照，可向劳动保障部门投诉；若是无证照经营，可向工商部门投诉；若情节特别严重，诈骗金额较大，可向公安部门投诉。

三、反对就业歧视，捍卫平等就业权

随着社会主义市场经济体制的逐步建立和完善，在“毕业生自主就业、市场调节就业、政府促进就业”的就业政策下，建立了用人单位自主录用、毕业生自主择业的就业市场机制，用人单位和大学毕业生成为就业市场中的平等双方。然而，由于就业竞争日趋激烈，就业压力日渐加大，一些用人单位的自主选择权被无限扩大，使毕业生在求职中受到某种歧视，其自身的合法权益受到侵害。

1. 就业歧视的表现

在毕业生求职过程中，就业歧视常见的表现有性别歧视、户籍歧视、学历歧视等。性别歧视主要是指目前招聘市场上很多职位限定招聘男性，往往使女性求职者多了一道门槛。户籍歧视是指户口的藩篱使很多非本地户口的人才在用人单位无法成为正式职工，影响了人才的社会流动，也使用人单位自我限制了选才的视野。学历歧视是指用人单位对拟招聘人才的学历定位过死，很多大专生可以胜任的职位却要招聘本科以上的人才；许多本科生可以胜任的岗位却要录用研究生；也有些职位以“学历高的人不好用”为由，把研究生、博士生拒之门外。疾病歧视、籍贯歧视、身高歧视、相貌歧视也是就业歧视的常见表现，甚至还有姓氏歧视、血型歧视等离奇古怪的现象。但不管是哪种就业歧视，都将对劳动力市场产生严重的扭曲和损害。

就业歧视是毕业生求职路上的绊脚石。有关调查显示，有74%的毕业生遇到过就业歧视，其中29%的毕业生认为受到性别歧视，17%的毕业生受到年龄歧视，20%的毕业生受到形体相貌歧视，25%的毕业生受到地域歧视，受到其他方面歧视的占9%。

2. 捍卫平等就业权

据调查，遭遇就业歧视时，很多毕业生选择忍气吞声，继续找别的单位，而选择法律手段来维权的人很少。为什么会出现这种情况呢？除了毕业生个人怕麻烦之外，恐怕还有相关法律需要建立和完善的原因。广大求职者应当据理力争平等就业，反对就业歧视，或依“法”力争，直接拿起“法律”武器，捍卫自己的平等就业权。

案例：2001年12月23日，即将毕业的小张在《成都商报》上看到了一则招聘启事：中国人民银行成都分行招录职员。小张立刻动了心，但仔细一看，其中的一个招聘条件却又让他心灰意冷。银行在这则启事中规定，男性身高要在1.68米以上，而小张只有1.65米。仅仅因为矮了3厘米就失去了报名资格，这使小张感觉受到了歧视。在法律专家的鼓励下，2001年12月25日，小张一纸诉状将中国人民银行成都分行告上了法庭，要求被告停止发布这一招聘启事，公开更正并取消报名资格的身高歧视限制。因为没有直接的法律依据，小张最终选择援引宪法进行诉讼。《中华人民共和国宪法》（以下简称《宪法》）第三十三条第二款规定法律面前人人平等，第3款规定任何公民都享有《宪法》和法律所赋予的权利。

小张的这场官司在社会上引起了广泛的关注。法院立案不久，中国人民银行成都分行就对招聘广告做了更改，去掉了有关身高限制的内容。在新广告右下角特别注明：招聘行员启事以本次为准。小张起诉的依据是宪法，这起案件被许多媒体报道为宪法平等第一案。小张为什么要引用宪法呢？除了妇女权益保护法和残疾人保护法包含有禁止就业歧视的原则性规定之外，其他法律、法规中几乎不存在关于就业歧视的具体规定。小张之所以能把招聘单位告上法庭，是因为这家单位白纸黑字写出了对身高的要求，成为小张据以胜诉的关键证据。

案例导读

1. 遇到求职陷阱你该怎么办

（1）如被欺诈或误入非法行业，应立即向公安机关报案。

（2）合法的中介机构应持有职业介绍许可证或人才中介服务许可证、营业执照、税务登记证等。如果遇到无证照或证照不全的中介，应及时向相关的劳动部门、工商管理部门或公安部门反映。

（3）如果遇到用人单位发布虚假招聘信息，信息中所列的待遇、薪酬与实际情况严重不符的，求职者应向劳动部门反映，请求查处。

（4）劳动保障部2000年12月8日颁布的第10号令《劳动力市场管理制度规定》第九条明确规定，禁止用人单位招聘人员时“向求职者收取招聘费用”，同时禁止“以招聘人员为名牟取不正当利益或进行其他违法活动。”用人单位以收取培训费、押金、保证金、担保金作为录用条件的，其行为违反了《劳动法》的相关规定。求职者可及时向劳动部门反映，请求查处，要求退还所交费用。

（5）用人单位以招聘推销员为名，订立推销员不可能完成的任务，致使推销员不能获取报酬的，其行为系以欺诈手段建立劳动关系，同样违反了《劳动法》的有关规定，如果其行为触犯刑律，应由相关部门追究刑事责任。

(6) 对于因用人单位或中介机构收取一定中介费用后搬迁消失的情况，如果是正规中介机构或有营业执照的用人单位，可向劳动部门投诉；如是没有营业执照的用人单位，则可向所在地公安部门报案，由公安部门查实。如其行为触犯刑律，应依法追究刑事责任；未触犯刑律的，可移交相关劳动部门处罚。

2. 如何防范求职陷阱

(1) 尽量直接和用人单位联系，减少对中介机构的依赖。

(2) 不要轻信报刊或网络尤其是不知名的媒体上刊登的招聘广告，面试之前最好能通过各种渠道了解该中介公司的资质和规模。

(3) 面试时不随身携带印章、大量现金及信用卡，不缴纳任何费用，不购买公司以任何名义要求购买的有形、无形产品。

(4) 不随意做任何允诺或签署任何不明文件。

(5) 不将证件及信用卡交给用人单位保管，不要心存“撒大网捞小鱼”的心理，要有选择地投递简历，对自身资料要加强保密。

(6) 如果通过中介机构求职，在支付中介费之前，一定要坚持中介机构先开具正规发票，然后付费；否则，黑中介会以各种理由拒开发票。

(7) 面试时主考官说话轻浮、目光闪烁不定，并要求更换面试地点或时间，只要使你产生不安全感，即可基本断定这是一家不可靠的单位。

(8) 面试时不食用用人单位提供的饮食，并详记该用人单位主考官、接待人员的基本资料及特征。

(9) 在与招聘单位接触的过程中，留心你所观察到的各种细节，分析其是否正规、正常地经营，面试时是否草率，待遇是否丰厚不合常理，公司业务、工作内容是否明确。

(10) 参加面试前打电话告知亲友所要前往的面试地点。

3. 慎重签订就业协议

某高校毕业生李某在毕业前与一家用人单位签订了就业协议，而真正踏上工作岗位时，却去了另一家单位。因为这次违约行为，李某被用人单位告上法庭，并被判赔款2万余元。

刚毕业的王某在一家外资企业谋得一份好职位，但一直未与公司签订劳动合同。工作3个月后公司裁员，王某不幸被裁。由于他没有与公司签订劳动合同，所以得不到一分钱的赔偿金。

思考题

1. 《毕业生就业协议书》的主要内容是什么？
2. 简述《毕业生就业协议书》的签订程序、法律地位。
3. 什么叫劳动合同？它与《毕业生就业协议书》有何不同？
4. 毕业生在签订就业协议书及其补充条款时应着重注意哪几个方面？
5. 毕业生在遭遇就业歧视时怎么办？

第七章

职业的适应与转换

心灵咖啡

危机意识

非洲的草原上，当曙光刚刚划破长空，两只羚羊从睡梦中猛然惊醒。“赶快跑!”它想到，“如果慢了，就可能被狮子吃掉!”于是，起身就跑，向着太阳飞奔而去。就在羚羊醒来的同时，一只狮子也惊醒了。“赶快跑!”它想到，“如果慢了，就可能会被饿死!”于是，起身就跑，也向着太阳飞奔而去。

一个是自然界兽中之王，一个是食草的羚羊，等级差异，实力悬殊，但面临着的同一个问题：为了生存而奋斗！人与人之间的竞争，不仅仅是实力的竞争，更是行动速度的竞争！

职业适应是指高校毕业生在就业之初，为了能够很快进入角色，迅速完成向职业工作者角色的转变。职业适应也是大学生实现自身社会化的第一步。职业转换就是在职业生活中，由一种职业工作者向另一种职业工作者的转变，是职业角色的变更过程。

第一节 职业的适应

人们对职业的适应与不适应，主要是一个人的职业素质是否能够达到职业对人的要求，也是适应力的问题。职业对人来说都有适应力的一般要求和特殊要求，不同的职业对人的不同要求就是对人的适应力的特殊要求，也就是对其素质优势的特殊要求。如果缺乏素质优势的基础，即使职业岗位给人提供的条件再好，也无济于事。

面对一个新的环境、新的岗位，求职者要有一个适应新环境、新岗位的过程。有的人能够很快适应，将自己融入新的工作环境，工作起来“如鱼得水”；而有的人很长时间内仍显得与新的环境“格格不入”，这就体现了适应能力的差别。就大学毕业生来讲，能够在短时间内熟悉新的环境，适应新的岗位，对个人的成才是非常重要的。

一、自我身心适应

1. 观念适应

面对当今社会瞬息万变、日益复杂的情况，职业对人们思想品德素质的要求显得日益突出，随着社会经济的高速发展，整个社会的职业体系发生了很大变化。许多旧的职业开始在内涵上产生新的变化，甚至是走向消亡，同时又有许多新的职业产生，甚至成为热门职业。这就要求人们首先要转变陈旧观念，形成适应于新社会职业体系的新思想观念。随着整个社会经济和文化的发展，社会生活日趋民主化、法制化。这就要求人们在具有强烈的职业道德感和责任感的同时，也具有比过去更强烈的法制意识和法制观。

2. 生理适应

社会职业的发展要求人们不断提高自身的生理素质。随着社会职业的发展，整个社会出现体力劳动脑力化的趋势。从表面来看，这种脑力化趋势似乎对人的生理素质要求开始下降。事实上，生理素质是一切活动的基础和保证，因此越是趋向脑力化，越应重视提高人们的生理素质。

3. 心理适应

社会职业的发展要求就业者提高自身的职业心理健康水平。由于社会职业的迅速变迁，使得人们面临更大的工作压力，竞争加剧，工作和生活节奏加快，从而更可能引发精神上的疲劳、紧张、焦虑等不良情绪，影响心理健康，降低工作效率，给工作带来消极影响。因此，为适应当代社会职业的发展，人们必须增强自己的意志力、自控力、认识及心理调适能力，从而加强其对职业和社会的适应性。

二、岗位环境适应

1. 岗位环境

岗位环境包括自然环境和人际关系环境。

自然环境是指工作单位所处的地区和地理位置、气候、交通状况以及周边单位等。刚参加工作的新员工有必要在较短的时间里熟悉自然环境。特别是应聘到完全陌生的地区工作，不知乘几路公交车、穿什么衣服、到哪里消费等，可能因为不会乘车而迟到，或走冤枉路；可能因为着装不合时宜而影响身体或工作。当遇到这些麻烦时，往往就会产生不安全感，甚至会影响工作情绪。

人际关系环境是指机构内部风气，涉及与上司、同级以及下属的关系。工作单位是一个小型社会，它时时刻刻都在传达信息，告诉人们它对员工的要求以及规矩和限制。有些规定很具体，比如说，已经在工作描述和人事手册上形成的文字。还有些规矩是以微妙隐晦的形式表达出来的，如员工的穿着和谈吐风格、谈论话题、非官方领导结构等。这些微妙的线索一起构成了机构内部的风气，它也是维持工作环境稳定的纽带。熟悉这些环境，可以从中学到如何以合适的举止言行来满足需要和实现目标。

2. 岗位环境的适应

（1）要尽快实现由学生到职业者的转换。

开始做第一份工作时，不管事先做了多么仔细的考察或工作的选择有多么实际，都要面临接受现实、适应工作的挑战。工作与家庭生活或大学生活都不大相同，要留意与环境的关系、个人的形象、与他人交往的方式，另外还有上级在一旁的督促和评价。这种全新的体验常常会带来焦虑。最大的适应问题是从学校学习时的学生身份向工作的职业者身份的转型。从考试、做实验、实习到独立承担一份工作要跨越一大级台阶。在工作中要纠正错误，克服困难，自己鼓励自己。他人给予的责备或安慰已不再像学校里那么多了。

（2）学会接受工作现实。

在工作中，失败的一个重要原因往往是不愿意接受工作现实，而是按自己的想象行事。适应新的工作环境需要时间和努力，可能一时不了解为什么这家公司要以这样一种方法来做事，但现实生活中的工作不会与书本上讲的一样。只有认真体味和仔细观察，逐渐适应环境，才能为成功地工作奠定基础。

（3）学会与管理者进行有效交流。

刚参加工作都要碰到的一个问题是如何与管理者进行有效地交流。如果管理者不善于与人打交道，或存在偏见，正在生气，甚至无能的话，麻烦就大了。不幸的是，这种问题仍需要员工设法来解决，因为员工是受聘于管理者的，除了服从管理者外，还要及时弄明白上司到底想干什么，当完全理解了他的意图时，要么积极地贯彻，要么采用符合自己身份的方式向他提出合理建议。

（4）学会与同事合作相处。

同在一个单位，或者就在一个办公室或小组，搞好同事间的关系是非常重要的。关系融洽，心情就舒畅，这不但有利于做好工作，也有利于自己的身心健康。在工作中有八种言行会影响同事关系：该做的杂务不做；有好事儿不通报；有事不肯向同事求助；常和一人“咬耳朵”；总是说私事；神经过于敏感；拒绝参加同事自发组织的“小聚”；领导面前献殷勤。处理好人际关系要切忌上述八种言行，还要学会宽容。要想和同事相处愉快，对和自己不同的人要保持宽容之心，与他们和气地打交道。在合作时，要给予别人指导或自己接受指导，分享观点和奖励，这就需要耐心、友好、宽容、审慎和机智。具备了这些品质，就会赢得友谊和支持。

要学会与他人有效交流的方法，掌握在不同的层次上与人交流的技能。

第一个层次交流的技能包含：读、写、说。几乎所有的工作都需要口头交流，同时有许多东西要求阅读，如信件、报告、会议记录、备忘录等。另外，大多数机构要求职业者能够清晰明确地表达看法，思路有条理，词汇和语法正确，易于理解、老练成熟，说服力强。写出的东西要清晰而富有逻辑性，正确使用标点符号。要想交到朋友，和同事打成一片，还需要有非正式的交流技巧，如袒露心声，提出异议，使用得体的幽默和保守秘密。

第二个层次的技能是自我表达——告诉别人自己相信什么，立场是什么，需要的是什么。这便构成了有别于他人的“个性”，这也正是吸引别人的地方。还要让别人知道自己的价值观、无法容忍的事以及内心的感受。这种坦荡、透明的个性会得到同事和朋友的尊重与信任。

（5）学会化解和解决矛盾的方法。

在同一环境中工作的人也许会有不少相同之处，但人们的工作方式、思维方式往往差别很大。当人们面临压力、责任不明确或个人需要得不到满足时，这种差别会导致矛盾的产生。采用正确的方法化解和解决矛盾有益于改善工作环境中的人际关系。首先，不要让差异扩大，避免将几件事情混在一起做，问题一旦发生立刻着手处理；其次，直接与对方打交道，别另外拉进第三者；最后，避免通过责备对方把事情复杂化，要就事论事，不涉及其他。

3. 注意社会适应能力的培养

参加工作就进入了社会，为了适应社会，就必须学会进行社会活动所必要的各种知识和能力。

（1）职业技能。

职业技能是从事某专业工作所需要的各种知识和能力。包括工作技能、对环境适应的能力等。工作技能的培养，应该从学校开始做起。一是要充分利用机会深入实际锻炼自己，如社会调查、学校集体组织的各项实践活动；二是要虚心向有经验的人学习；三是在实践中培养分析问题、解决问题的能力。通过以上三个方面实践锻炼，找到自己的不足之处，抓紧在校期间进行弥补。

（2）人际交往能力。

人际交往能力是社会基本技能之一。人际交往能力的培养最主要的是要处理好以下几个方面的问题：

①虚心求教，克服嫉妒心理。

②培养待人宽宏大度的品质。在人际交往中要求大同存小异，待人宽厚，能谅解他人的难处，原谅他人的缺点。

③增强自信心，克服“社交恐惧症”。大学生毕业后，经济活动、语言交谈，都少不了接触各方面的人，如不能谈吐自然，恰当交往，将影响个人的人际关系。所以，恰如其分与人交往的能力是每个大学生都应努力具备的。

（3）生活技能。

生活技能是指生活自理的能力、独立解决生活中困难的能力。生活技能的高低直接影响一个人的成就大小。年轻的大学生应该在培养生活技能的过程中显示立世、立身、立业的本领。

三、尽快进入角色

一个人在自己的职业生涯中要经历不同的角色：学生、职业申请人、学徒或受训人、职员、顾问、主办人和退休人员。每一种角色都有中心任务、主要活动以及特定心态。

由职业申请人转为学徒，只需要短短的时间，而再转为正式职员的时间却不确定。不管时间长短，进入新角色的标志是一样的，要有自信心，在感情上对单位要有归属感，作为独立的个体作出贡献，找到和形成被人承认的专业领域的个人职业定位，与高级管理人员之间建立咨询关系。具体地说，所谓进入角色就是进入工作状态，能承担和胜任本职工作。

1. 要珍惜岗位，树立敬业思想

当今社会是竞争的社会，行业之间、人员之间必须遵循市场经济规律，优胜劣汰、适者生存，所以要十分珍惜上岗的机会。要干一行爱一行。千万记住不敬业就会再失业。要努力工作，谦虚为怀。少攀比，不计较个人小利益。

2. 遵守岗位责任制

理解、贯彻指令，服从安排，无论到哪个企业，哪家公司，哪个机关、事业单位，都要时刻记住这一点，对岗位责任制就要服从并完成任务。分外的事，要在完成自己任务的基础上再去考虑。另外，上岗之初要给上下级一个好印象，也就是要“踢好头三脚”。要眼勤、手勤、腿勤，坚持做到“多想、多问、多做、少说”。

3. 提高工作效率

①要制定一天的工作计划。根据任务的轻重缓急，制订计划，必要时可随时修订计划。

②完成一项工作之后再开始另一项工作。不要两次拿起同一份文件——时间就是这样溜走的。

③定期清理所有的资料，无用的随时扔掉。

④每天下班前整理自己的办公桌。

⑤所有文件要分门别类地放好，不要把时间花在找东西上。

⑥建立个人信息系统。日历、地址簿、电子邮件信箱、效率手册等都会帮助提高工作效率。

⑦对上级和同事之间的工作问询要立即响应，拖拉不是好习惯。

⑧下班前再想一想，是否完成了当天的工作，还有哪些遗漏。

4. 追求卓越，适应新的工作环境

①与其因懈怠而生活在再次失去工作的恐惧中，不如努力工作去赢得同仁的认可。

②不断对自己的工作进行反省。一个从来不自我批评的人，一定经常遭到他人的批评。

③工作必须专注。对所有事情都感兴趣的人一定什么事都做不好。

④工作要有魄力，世界上没有什么不可能的事，昨天的梦想也许就是今天的希望，更可能在明天成为现实。

四、坚持终身学习

1. 人的终身学习是21世纪的生存概念

国际21世纪教育委员会向联合国教科文组织提交的《教育——财富蕴藏其中》报告中指出，教育的四大支柱才是学习的真正内涵——学会认知、学会做事、学会共同生活、学会生存。当然这是学习含义的最广义理解。具体落实到学校操作层面上，学习一般是指个体经验的获得，及由此而影响到个体行为变化的过程，包括学习兴趣、意志、情感的培养与学习能力的生成，形成个体的学习知识、心理、能力、品质、习惯等学习素质。学习素质的含义可以理解为个体在学习过程中掌握的学习规律、学习方法、学习能力、学习心理，具备学习品质与习惯等因素的综合表现。

据科学预测，未来每十年就要发生一次职业革命，每次革命都要淘汰一批人，但同样造就一批新人。要成为新人，就必须迎接学习挑战，获取技能，方能在激烈的人才竞争中不被淘汰。

2. 必须树立终身学习的思想

21 世纪的到来，大量先进的高新技术被更多、更快地运用到生产实践中，三大产业结构也由劳动密集型、资源密集型逐步向知识密集型、技术密集型转变。大量低效率、重体力岗位将被淘汰，取而代之的高效率、高科技含量的机器设备被运用到生产中，迫使用人单位越来越注重那些能驾驭这些设备的人才。因此，今后的人才需求将势必集中在那些具备高素质、能学习掌握新技术、新知识的可持续发展的高潜能、复合型的人才身上。21 世纪是素质决定就业的时代，必须树立终身学习的思想。

市场经济的特征是竞争，优胜劣汰，适者生存。为了能在市场中站稳脚跟，各生产厂家纷纷注重对人才的选拔、运用，以降低成本，提高效率。因此在人员要求上，不但要看技术等级和熟练程度，更注重个人的能力与素质的高低。而在有限的大学学习期间里，掌握的知识、技能也是有限的，如果走上工作岗位不再继续学习，是难以适应社会快速发展的。

3. 如何进行终身学习

首先，要努力精通已有的专业知识和技能；其次，要结合本专业、本岗位学习，掌握岗位必需的有关知识；再次，要不断吸收新知识、新技术，更新旧知识，边工作、边学习、边提高，做到不落伍；最后，还要向一专多能方向发展，也就是要努力做“通才”。只有终身学习，才能终身受益。

阅读材料

几个终身教育的概念

终身教育所意味的，并不是指一个具体的实体，而是泛指某种思想或原则，或者说是指某种一系列的关心与研究方法。概括而言，也即指人的一生的教育与个人及社会生活全体的教育的总和。

——保罗·朗格朗

终身教育应该是个人或者集团为了自身生活水平的提高，而通过每个人的一生所经历的一种人性的、社会的、职业的过程。这是在人生的各种阶段及生活领域，以带来启发及向上为目的并包括全部的正规的（formal）、非正规的（non-formal）及不正规的（informal）学习在内的一种综合和统一的理念。

——R·H·戴维（曾任联合国教科文组织教育研究所专职研究员）

第三种较具权威性的观点是由 1972 年起就任联合国教科文组织终身教育部部长的 E·捷尔比提出的。捷尔比认为：“终身教育应该是学校教育和学校毕业以后教育及训练的总和；它不仅是正规教育和非正规教育之间关系的发展，而且也是个人（包括儿童、青年、成人）通过社区生活实现其最大限度文化及教育方面的目的，而构成的以教育政策为中心的要素。”

——E·捷尔比（曾任联合国教科文组织终身教育部部长）

这三种观点在表达和侧重上都有所不同，但是有一点是一致的：他们都认为终身教育包括人一生所受的各种教育的总和。

第二节 职业的转换

一、职业转换的原因

1. 职业转换的客观原因

(1) 传统的劳动关系发生嬗变，使职业转化成为可能。

纵观以市场配置为基础的劳动关系、劳动制度，它的嬗变可以概括为以下几个重要特征：

①市场经济默认劳动力的个人所有制，进而使劳动者的自主性人格得以确立。市场经济客观上默认劳动能力是个人的天然权力，承认劳动者的劳动力属个人所有。这是实现市场就业配置劳动力的基本前提。社会尊重每个人自由支配自己的劳动权力，如体现在劳动者自由选择职业；自由地与用人单位洽谈工资、待遇、报酬等问题；自由地选择在何时、何地劳动，这说明市场经济条件下，劳动者是一个真正的自由人。

②市场经济否定计划经济体制中的“一次分配定终身”的劳动制度，它确立劳动力的供给与用人单位需求的双向选择权利。在劳动力市场上的双向选择中，其一是倡导人才流动，即包括垂直流动与横向流动，这是合理合法的行为；其二是市场也确立需求方（用工单位）有权对劳动者进行考核、择优录用，这就是企事业单位有自主权。这种双向选择是劳动力市场（包括专业人才市场）优化配置的基本特征之一。

③市场经济确认每个劳动者的劳动价值和人力资本的价格，以市场上的供需规律来调节劳动力的配置。市场经济是以高工资、高福利待遇的利益导向来分流劳动力的。传统的计划经济，用行政手段来配置劳动力，这势必忽视和否定劳动力价值。市场确定劳动力价值，一般是确立人力资本价值，如上大学的比上中专的人力资本要高。因为前者的教育投入多于后者，其能力和知识一般也高于后者，因此劳动力价值也高于后者。而作为大学生参加工作，当然比作为中专生参加工作的收入要高些。市场经济把不同人力资本分成不同等级和不同的劳动力价值，它的实现形式也就是不同的工资价格。

④市场经济对劳动力的配置还强调了公平竞争性，确立能力至上的原则。在传统计划经济的行政配置下，可以通过走后门、拉关系找到好工作、好工种，甚至好的福利待遇。但市场化的配置是强调公平竞争、能力至上，因为在市场经济下用人单位本身就有一种产权约束，谁能给企业（公司）带来效益就录用谁。公平竞争也促使劳动者不断地提升自己的素质，以适应劳动力市场的挑战。

⑤市场经济下的企业劳动组织是一种契约性机制。在用人制度上实行合同制或职工股份制这两种制度来确认劳动者的权利、义务和责任。市场经济也是合同经济，在企业用工制度上通过职工与企业签订合同来确立双方的法律地位和各自承担的义务和责任。而职工股份制是以财产的分享制来规范、制约职工（劳动者）的义务、责任和权利。无论是合同制还是

职工股份制都明确地界定了劳动者的身份、地位、责任、义务和权利，这是市场经济下企业劳动关系有效发展的基本制度。

（2）产业结构调整，使下岗、转岗成为必然。

知识经济的快速到来，高科技产业的迅猛发展，在不断创造新的就业机会的同时，迫切要求劳动力素质升级换代。一方面是劳动的知识含量越来越高；另一方面是生产作业方式开始从密集型向分散型，从工厂集体劳动向家庭、分散式劳动转化。处于工业化中期，甚至初期阶段的我国工业及其他产业，大部分开工不足、产品供大于求、出口量下降。这标志着我国产业结构正在迅速地向信息化、知识化产业过渡，有相当大一批人下岗正是这种趋势的必然反映。有人对1 000万名下岗者情况进行分析，绝大多数属于“结构性失业”。这个事实说明，知识经济要的是人的质量而不是数量。产业进步越快，技术淘汰就越快，因技术落后造成失业的可能性就越大。

2. 职业转换的主观原因

（1）从业者个人素质较低，导致被迫转岗。

个人可能由于知识、能力达不到本职工作要求，被迫转岗。如办公自动化的岗位需要懂计算机的人员；搞市场营销要求员工既会开车又懂营销业务；从事业务洽谈需要懂外语等。在激烈的人才竞争中，如果你没有优势，就有被淘汰出局的可能。

（2）从业者个人的人格缺陷，导致被辞退。

有的人性格中存在明显的缺陷，处世方法不当，被“炒鱿鱼”或不适应环境而被迫走人；还有的人表现自私自利，刚愎自用，不善于听取不同意见，不能与人共事，缺乏合作意识等。这类缺点会导致上司和同事对你的人品和工作方式产生看法，也会直接影响团队人际关系及合作意识，如不及早纠正，不是“被炒鱿鱼”就是被环境“排挤”出局。

（3）本人专业不对口或能力优势得不到发挥而要求转岗。

刚从学校毕业的青年学生，在第一次就业时表现的一般比较盲目，因为对岗位的选择机会太少，往往是急于找到安身之所，很少考虑专业对口，特别是岗位是否适合自己。在经过一段人与岗位的适应与磨合之后，可能会对自己和岗位有新的认识，会发现当前就职的岗位发挥不了自己的专长或优势，甚至职位、待遇也不合乎自己的理想，这时会做出转岗的新选择。

二、职业转换的原则

双向选择、自主择业的就业原则给大学毕业生就业和转岗提供了极大的选择自由度。过去的一次分配定终身的情况不再有。从业者不仅在第一次就业时可进行多项选择，就是在就业之后也还可以跳槽，进行多次选择。这样宽松的人才流动机制应该是符合市场经济条件下人才流动的规律的。对于要进行职业转换的年轻从业者而言，不仅要看到大的社会环境，还应坚持必要的转换原则。

1. 比较性原则

把当前的就业岗位与待选岗位进行比较。比较的内容主要应该集中在岗位性质、知识能力的要求，工作环境、物质利益等几方面。经过比较，从诸多因素中选出适合自己的因素，作为转换岗位的依据。还要把眼前利益和长远利益进行比较。有些岗位暂时显不出太大优势，但很有发展潜力和前途，如那些知识含量高的岗位或部门，在刚开始时可能不如某些商品流通单位的收入高，但高科技产业将来的发展前途肯定是看好的，我们在比较时，就不能只顾眼前利益而舍弃具有潜在优势的单位。

2. 个人愿望与社会客观实际相符合的原则

不论是出于哪一种原因需要转岗，都必须坚持个人愿望与社会客观实际相符合的原则，即实事求是的原则。如果是单位结构调整等需要转换岗位的，作为个人要承认和面对这个社会客观实际；如果是本人不胜任工作等需要转换岗位的，不要怨天尤人，要直面现实、奋发努力；如果是认为自己的能力、特长没得到发挥，自己的价值未得到实现，而要求转岗的就特别要慎重。要认清自己，看自己是否有转到比目前岗位更好的岗位上去的实力。切勿盲目和主观臆断，如果现实中没有你想得到的岗位，草率做出转岗决定就会使你陷入两难境地。

3. 主动性原则

改革开放以来，虽然出现了许多人被迫下岗的现象，但也有些人是主动丢掉铁饭碗去闯世界、建功立业的，这就是主动性原则。社会给人们提供了实现自我价值的机会，年轻人要敢于抓住机遇，主动迎接困难与挑战。当目前的岗位保不住时，决不能固守“围城”，而要主动冲出围城，去寻找新的发展机遇；当目前的岗位束缚自己发展时，不能患得患失，要主动给自己松绑，投身更适合自己发展的工作中去；当机会与困难并存时，要抓住机遇，迎着困难上。成功是在创业中取得的，许多再就业成功的典型人物的事迹都证明了这一点，许多创业成功者的经验更证明了这一点。

三、职业转换的准备

1. 职业转换的心理准备

（1）要有适应新岗位的心理准备。

我们处在一个由计划经济向市场经济急剧转轨的时期，下岗、转岗是市场经济的必然产物。已走向社会的大学生对自己将要面临的形势要有足够的心理准备。一是要对市场经济条件下人才竞争的激烈性与残酷性有足够的了解与认识。未来的人才市场不仅对人的素质要求很高，而且人才之间竞争激烈，适者生存，优胜劣汰。二是要对市场经济条件给人才流动所创造的自由选择机会充满信心。

（2）要有艰苦创业、不怕失败的心理准备。

许多人转岗是为了实现自己的人生价值和理想。当做出这种选择时，就要有艰苦创业、不怕失败的心理准备。很多成功者曾经经历过的创业的万般艰辛和他们不屈的意志都告诉我们“天上没有馅饼掉下来”。创业的路上充满荆棘，对于刚进入社会不久的青年学生来说，一无经验，二无资金，要想转换一个自己理想的岗位，唯有脚踏实地，从零做起。

（3）转变观念，突破“围城”。

传统就业等级观念，把职业分成三六九等，一些受此影响的人只向往当干部做“白领”，进国企、坐办公室等。这种择业观念犹如“围城”，会把一些人困在其中。在就业形势十分严峻的今天，我们应主动突破这种择业“围城”。俗话说，三百六十行，行行出状元。职业本身无贵贱之分，无等级之别。著名教育家黄炎培先生曾说过：“职业平等，无高下，无贵贱，苟有益于人群，皆是上上品”。由于城乡差别的存在，以及城市民俗文化的影响，使一部分城市人和从农村出来读了书的年轻人产生虚荣心，他们认为城市的门槛要比农村的门槛高，自己的身份要比有些人高，应该从事轻松舒适的职业。这种择业观念把许多等待就业的人困在“围城”之中，造成了一边是职工下岗，一边是空岗无人的奇特现象。据有关资料统计，160 万名外地打工者在上海一年赚走 64 亿元，而 35 万名上海下岗人员却在抱怨没有工作。这不能不归结为陈旧的就业和择业观念。

（4）要确立职业社会化意识。

职业社会化是指人一生都在与各种各样的职业打交道，获得对各种职业的认识，最终选择适合自己的职业，进而在职业中获得成功。个体职业社会化，即个体进行与职业有关的社会化活动，包括学习与职业有关的知识，形成一定的职业意识，以致有效选择和适应职业角色，有效应对失业、下岗后的再适应，乃至适应将来退休的整个历程。

确立职业社会化意识，有助于青年学生正确认识和确立既适合社会又适合自己的职业意识、职业态度、职业需要和职业动机，进而有目的的发展自己的职业能力和个性。

2. 职业转换的能力准备

无论是哪种原因需要转换岗位，要实现成功转换，除了必要的心理准备，还必须有足够的能力准备。过去，人们受“终身职业”观念影响，往往只满足于一技之长，很少注意储备多种技能和知识。于是，一旦失业便束手无策，难以在新产业部门中找到新就业岗位。

对于大学生而言，职业转换的能力准备，主要是指知识、能力乃至更高的学历的准备。在准备转换或必须转换时，都必须衡量和补充自己的实力。如果需要为自己“充电”，补充知识，切不可盲目。当准备重新选择职业时，不妨做好以下几件事：首先，重新审视自我，评价自我，用一个社会人的眼光为自己定位；其次，研究对未来有哪些选择，又可以给自己做哪些改变；再次，为自己设计一个职业发展规划；最后，把它付诸实践。制定职业发展规划时，应注重五个方面的内容：确定职业目标；确定成功标准；制订职业发展的通路计划，即在职业生涯过程中由低到高，拾级而上的每一职位的学历、工作经历、技能和知识；明确需要进行的培训和准备；列出大概的时间安排。按照这个职业发展规划，去安排自己的近期目标和长远目标，这样，行动会有的放矢，少走弯路，达到事半功倍的效果。事实表明，越是经济发达地区，人才竞争越激烈，越是竞争激烈的地方人们就越是主动或自觉地去补充、完善自己的知识和技能。

3. 主动“充电”考证

有资料表明，广州市 2000 年有 30 万人重返学校“充电”学技能，其人数和覆盖面为历年之最，它是劳动力进入就业市场竞争的必然趋势。时下人们在“充电”进修过程中，普遍感兴趣的主要有四类证书。

①执业资格证书。目前我国有部分专业实行执业资格制度，如注册会计师、监理工程师等。由于这一制度的推行，相关行业的业务培训工作已明显从以前的职称准备考试转向了执业资格考试。拥有一张全国通用的执业资格证书，会使自己的身价倍增，在人才市场上更能得心应手。

②业务考试证书。在业务考试方面，专业技术职务（职称）考试长期以来一直是我国专业人员能否获得更高一级职称的关键，因此受到广泛重视。其实这种重视最后主要集中在外语考试这一项上，因为在众多考试中只有外语考试是“统考”，比较正规，现在又加上一门计算机应用。由于职称或等级证书与个人的收入水平直接相关，因此为了获得一张自己所追求的证书而自愿接受培训，成了大多数人在职业领域发展的基本共识。

③通用技能证书。现在英语口语、通用计算机软件应用和驾驶技术是大家公认的通用技术，也被认为是通向21世纪的必备技能，在社会大量办学机构中，这三个专业的开设率最高、就读人数最多，证书的通用性也最广。

④海外考试证书。在十多年前，许多人把托福高分的证书视为进入美国的第一步，由此社会上形成“托福培训热”。如今，这些洋证书已越来越多，什么剑桥商务英语证书、多益考试证书、微软认可证书、英国公认会计师证书、伦敦教育学会证书、英国宝石协会钻石鉴定师证书等洋证书，已成为一些人出国谋生或到三资企业谋职的“敲门砖”。

阅读材料

职业转换理论

1. 工作适应理论

Dawis 和 Lofquist 的工作适应理论认为，工作适应受两个特征的影响：称职和满意，这两个特征是员工与新环境交互作用的结果。称职是指员工能成功承担新职务的各项责任、个体所具备的能力与新职务所要求的能力相符合。满意是指个体的职业价值观与新进入组织的强化体系相符合。

在这个理论中，个体特征主要是能力、价值观；环境特征是职务能力要求和强化模式。能力与职务能力要求的交互作用导致称职或不称职，价值观与强化模式的交互作用导致满意或不满意。称职和满意的共同结果是工作适应。

该理论还认为，个性的某些方面对工作适应有缓冲作用。因此不同个体对不匹配的反应存在着差异：①个体对环境变化作出反应的速度；②个体试图对环境采取行动或试图改变自己的程度；③为达成目标而选择稳定模式还是多变模式；④个体对不匹配的忍耐程度，即个体留在不匹配环境里的时间长度；⑤个体为达到目标愿意付出努力的程度。

2. 角色转换理论

这个理论包括四个自变量和两个因变量。这四个自变量分别是角色要求、个体过去职业社会化程度、控制和反馈愿望以及组织社会化策略等。两个因变量分别是调整模式和调整程度。角色要求指新旧角色的差异性和新异性。

Nicholson 认为，它与创新性的调整机制有正相关关系。个体过去职业社会化程度主要是指过去工作角色对个体的影响水平。对过去角色有高度认同的个体更有可能采用改变新角色的调整模式，低角色认同的个体更有可能改变自己以适应新角色。控制愿望与改变角色的调整模式有正相关，反馈愿望和改变个体的调整模式有联系。Vaanen 和 Schein 的组织社会化策略是最后一个影响因素。当组织社会化过程是依次、连续进行时，转换者更有可能采用改变自己适应角色；当组织社会化是随机、间断性时，更有可能采用改变角色。

另外，该理论还提出了四种类型的调整模式：重复、吸收、决定和探索，分别指个体对新旧角色的认同程度和调整程度。

因此，职业角色转换模型可以概括为：个体差异决定了职业转换的调整模式，而个体差异取决于个体在控制和反馈需要上的差异性、预期的角色要求、角色差异感知水平。组织社会化策略也会影响个体的调整模式，转换成功与否取决于个体的调整模式及其新阶段实际的角色要求（如图 7－1 所示）。

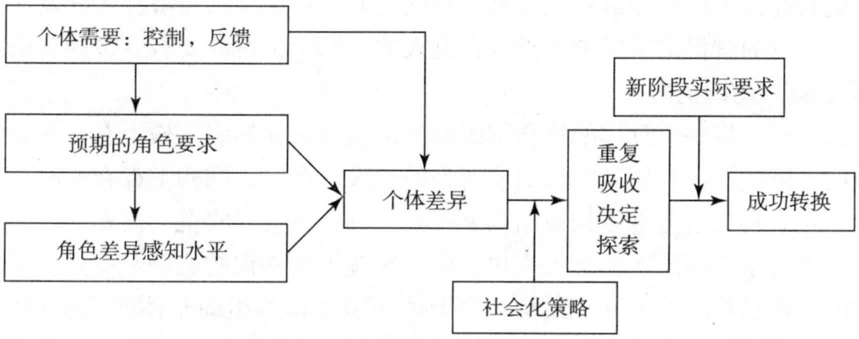

图 7－1　职业角度转换模型

第三节　职业适应、转换的必备条件

决定求职择业、职业适应、职业转换成功与否有很多因素，其中最重要的因素是求职者的知识与能力。随着时代和社会的进步，人们对人力资源的开发越来越重视，现代企业已经把人力资源开发当作企业的三大部门之一（财务、销售和人力资源开发）。近年来，用人单位在挑选人才时，对应聘者的科学文化水平和知识结构要求越来越高。

一、具备结构合理的理论知识

知识结构是指一个人经过专门学习培训后所拥有的知识体系的构成情况与结合方式。合理的知识结构是担任现代社会职业岗位的必要条件，是人才成长的基础。现代社会的职业岗位，所需要的是知识结构合理，能根据当今社会发展和职业的具体要求，将自己所学到的各类知识科学地组合起来，适应社会要求的人才。当今学术界对人才的知识结构主要提出了三种模式。

1. “宝塔型”知识结构

这种知识结构形如宝塔，由基本理论、基础知识、专业基础知识、专业知识、学科知识和学科前沿知识构成。基本理论、基本知识为宝塔型底部，学科前沿知识为高峰塔顶。这种知识结构的特点是强调基本理论、基础知识的宽厚扎实、专业知识的精深，容易把所具备的知识集中于主攻目标上，有利于迅速接通学科前沿。我国普通本科院校大多是培养这种知识结构的人才。

2. “蛛网型”知识结构（复合型人才知识结构）

蛛网型知识结构是以所学的专业知识为中心，与其他专业相近的、有较大相互作用的知识作为网状连接，形如蜘蛛网。这种知识结构，是以自己的专业知识作为一个“中心点”，与其他相近、作用较大的知识作为网络的“纽结”相互联结，形成一个适应性强、能够在较大范围内左右驰骋的知识网。这种蜘蛛网型知识结构的特点是知识广度与深度的统一，这种人才知识结构呈复合型状态。随着社会生产力的高速发展，这种知识结构的人才非常受社会用人单位的欢迎，中国的外资机构尤其重视此类人才。如北京经济技术开发区的外资机构在招聘人才时，有的就提出了需求各类复合型人才，如学工科的要有六级的英语水平。

3. “幕帘型”知识结构

这种知识结构是指一个具体的社会组织对其组织成员在知识结构上有一个总的要求，而作为该组织的个体成员，将依其在组织中所处的层次，在知识结构上存在一些差异。以一个企业为例，企业对其成员的整体知识结构要求是，具有财会、安全、商业、保险、管理等知识。而对企业中处于不同层次的个人来说，要求掌握上述知识的比例是截然不同的，从而组成各自不同的知识结构。这种知识结构强调个体知识结构与组织整体知识结构的有机结合，它对于求职者的启示是，在求职择业的过程中，不但要注意所选职业类型在整体上对求职者的知识结构的要求，还要了解所选职业岗位在社会组织中的位置及具体层次，以此来调整自己的知识结构，增强就业后的适应性。

二、现代社会职业岗位的要求

现代社会职业岗位对求职择业者的知识结构、文化素质的要求越来越高，用人单位为适应现代社会发展的需要，为在市场经济的激烈竞争中求得生存和发展，就必须合理配置自身企业的人力资源。因此，就知识结构而言，一方面对知识结构多样性的要求越来越多；另一方面，对知识结构的实用性的要求也越来越强。

1. 国家机关、事业单位的工作人员知识结构要求

在国家机关事业单位工作的人员，一般根据不同的职业岗位层次，要求具备不同的知识结构。首先，现阶段，最低职位的文化水平要求是高中以上。随着现代化社会进程加快，对上述人员的文化水平的要求将越来越高。其次，对上述人员还要求有相关的业务知识，主要是与本职岗位有密切关系的业务知识，要掌握有关法律、经济、行政、管理等基础知识。最后，必须具备适应本职岗位需要的各种能力，即理解能力、判断能力、决断能力、创造能力、开发能力、表现能力、协调能力、涉外能力、指导能力、统率能力、调查研究能力及语言文字表达能力等。

2. 工程技术人员知识结构要求

我国现阶段对从事工程技术工作人员的知识标准，主要是有牢固掌握专业基础知识，掌握现代专业知识；有解决复杂技术的能力，对问题判断能够做到完整、客观；有系统的思维和抽象概括能力，能够选择最有效的方法和最新的设备和材料来解决问题；能够提出改进材

料和设备的方法；有全面、周密的计划和组织能力；有具体分析困难和解决困难的能力等。

3. 社会科学工作者知识结构要求

作为一个社会科学工作者，应该有一个比较完善的知识结构体系，无论研究什么学科，都应该具有三个层次的知识结构。一是具有本学科的专门知识。包括本学科的概念、体系、理论体系、研究工具、基础资料以及了解本学科的历史演变，熟悉本学科的现状和它们的发展前景。二是要有相关学科知识。以经济学为例，要包括哲学、政治学、法学、历史学、数学和有关的技术科学，这些都是相关学科。在一个学科中，由于研究的问题不同，相关学科也不一样，如经济学中，研究生产力布局的，一定要掌握经济地理知识，而研究货币政策的就不一定要掌握经济地理知识。三是一般知识不一定要求过多，但是必要的知识应该具备。如语法修辞知识、逻辑学知识等。专业知识是从事科学研究的基础，相关知识是专业知识的必要延伸，一般知识决定一个人的知识面，专业知识不牢固，似懂非懂搞研究工作是不行的；相关知识不够，会限制专业知识的引申和发挥；一般知识太少，难以开阔思路，启迪创造性思维。

4. 经营管理人员知识结构要求

从事经营管理的人员，其知识结构应该是：能够深刻领会党和国家的各项方针、政策，并能适应改革开放的经济形势；具备创新意识和精神；有高度的事业心和责任感；是本行业的生产技术骨干，且有比较宽广的知识面；具有较强的综合能力、果断的指挥能力、较强的控制能力；能及时发现问题，善于捕捉信息、沟通信息；具有良好的决策能力、较强的公关、社交、谈判能力；处理问题灵活机动、随机应变。

5. 自然科学研究人员知识结构要求

对于自然科学研究人员知识结构的要求是：有雄厚的基础理论知识和较深的专业知识；有较强的逻辑思维能力和判断能力；善于发现问题，有较强的科研定向能力和创造能力；有较强的表达能力；有较强的计算机应用能力和科技鉴别能力；有较高的外语水平及掌握国内外信息的能力。

6. 军事人才知识结构要求

军事工作是流血的政治职业，相对于其他行业来说，军事人才的结构有其特殊性。首先，要有高度的政治素质，反对侵略，保卫和平，随时准备以生命和鲜血捍卫祖国的领土安全；其次，有高度的组织纪律，必须做到有令必行，有禁必止，保持高度的集中统一，才能完成各项战斗任务；再次，由于现代科学技术的高度发展，很多当代的高科技技术都首先运用到军事上，因此军事人才必须有较高的科学技术知识，才能驾驭高科技军事装备。

7. 财会人员知识结构要求

随着我国社会主义市场经济制度的逐渐建立和完善，社会对财会人员基本素质的要求越来越高。一般都要求他们具备熟练的专业知识，又要有较宽的知识面；熟悉与本职工作有关的政策、规章制度、法律，同时还要有一定的经济学、营销学和采购学等方面的知识；要诚实可靠、不得以权谋私、营私舞弊，并有较强的公关社交能力。

8. 文艺人才知识结构要求

文艺人才，是指从事文学创作、文艺表演、文艺理论研究等方面的专门人才。这类人才的知识结构要求是：要有良好的道德品质，用马列主义的世界观和文艺观正确地观察社会、反映社会，全心全意为人民大众创作，以优秀的作品鼓舞人民、教育人民、引导人民。同时还必须具备各种专门文艺表演技能，必须掌握广博的社会知识、文艺史、文艺理论等，以及较丰富的生活阅历。

9. 涉外工作人员知识结构要求

涉外工作主要包括对外政治、对外经济、对外科技、对外贸易和对外文化交流与往来。对从事这些工作的人员知识结构的要求是：较高的政治素质、热爱祖国、掌握外交政策、自觉地维护祖国的利益和尊严；严格遵守外事纪律、保守国家和企业的机密；要有广博的知识、熟悉古今中外的政治、经济、文化、风土人情、风俗习惯等；精通对外业务；要有较高的外语水平；熟练掌握从事对外政治、对外经济、对外科技、对外贸易、对外文化交流与往来工作的具体涉外业务；在对外交往中，要有较好的礼仪仪表，熟悉社交礼节等。

10. 公关工作人员知识结构的要求

在社会主义市场经济环境下，公关工作越来越引起人们的重视，而且从事此项工作的人员也越来越多。公关工作人员的知识结构要求是：要以自己的人格魅力征服公众，在公关活动中，要给人们留下真诚、热情、可信的好感；靠自己高尚的人品去赢得社会公众的了解、支持和爱戴。公关人员必须把本单位、本企业的形象放在第一位；要善于学习、分析判断、把握机遇，为领导提供高质量的决策信息；要有广泛的社交能力，干练的办事能力，善于与各种人员打交道；要能写会说，能写就是有较高的文字写作表达能力，会说就是要有较好的口才。

三、适应职业需要的实践能力

走出校门的大学毕业生，虽然有了一定的知识积累，但并不等于有了各类职业岗位所需要的应用能力。知识不能和应用能力完全画等号，所以大学生在完成学习任务的情况下，应培养一些适用社会需要的实际应用能力。在某种意义上说，能力比知识更重要，大学生只有将合理的知识结构和适用社会需要的各种能力统一起来，才能在求职择业中立于不败之地。对于大学生来说，除了具有从事本行业岗位的某些专业能力外，还须具备一些共同的基本能力，概括起来主要有以下五种能力。

1. 决策能力

决策是人类社会活动的一个重要环节，决策涉及各个领域，涉及社会的所有人，大到国家的政治、经济、军事、文化等，小到家庭、个人的打算。从日常生活到改造自然、改造社会都与决策有关。所谓决策能力，就是对未来实现目标的决断和选择的能力。良好的决策能力可以对实现目标和手段做出最佳选择，人们的决策过程是一种思维的活动过程，其中心环节是选择，要对各种方案做出优劣判断，进行取舍。因此平时训练和培养自己的决策能力是十分重要的，培养决策能力要从小事做起，不要事事让别人拿主意，要养成多谋善断的习惯，才能不断地提高自己的决策能力。

2. 创造能力

创造能力是指人们在改造自然和改造社会的活动中所具有的发明创造能力。能力人人皆有，只是水平高低、作用大小不同而已。只有思维敏锐和有创新精神的，能在自然和社会发展中的难题、新问题面前充分地发挥其创造才能、以新颖的创造去解决问题的人，才称得上创造性人才。培养创造能力必须做到：一要有远大的奋斗目标，有理想，有抱负，有强烈的创造欲望，有胜不骄、败不馁的精神。二要有敏锐的创新精神。三要有批判继承和开拓创新精神。任何发明创造都是继承和创新相结合的产物，人们要有效地创新，就要继承和吸取前人的经验和教训。批判继承性和思维独立性的统一，是创造能力必备的思维方法。四有坚定的意志和顽强的毅力。

3. 社会交际能力

所谓社会交际能力，就是人通过语言和非语言符号与他人传递思想感情与信息的能力。在现代社会，培养良好的社交能力是一个人事业成功的重要条件。在社会上从事各项工作都需要一定的交际能力。通过交往，可以使自己的设想和创造得到实践的检验和认可。积极参加社会活动，是提高交际能力的基本途径。同时还要提高自己的交往技巧，以使别人能准确、完整地接受你的正确思想。许多事业成功者都是借助于良好的人际关系，促使自己的事业成功的。

4. 熟练的操作能力

实际操作能力，是专业工作者必须具备的一种实践能力。在一切社会活动中，尤其是教学、科研和生产第一线，没有熟练的操作能力，都是很难胜任的。操作能力包括四个方面：一是迅速性，是提高效率的重要条件；二是准确性；三是协调性；四是灵活性。大学生为了提高自己的操作能力，应该多看、多练。看得多、接触得多，才有可能提高自己动手操作的技巧和能力。

5. 组织管理能力

组织管理能力是指成功地运用管理者的知识和能力影响机构的活动，并达到最佳的工作目标。组织管理水平的高低，已经成为一项工作、一个部门、一个单位工作好坏的重要因素。尽管不是每个毕业生走上社会后，一定都从事组织管理工作，但是每个人将会在工作中不同程度地运用组织管理能力。现代社会表明，组织管理能力不仅领导干部、管理人员要具备，其他专业技术人员也应当具备。现代科学技术已经综合化、社会化，科研规模日益扩大，协作趋势日益加强，这就有一个组织协调问题。同时，现代社会的科学技术高度发展，每一项工作完全依靠一个人去完成，是不可能的，都有一个相互协调、相互配合的问题。如果没有一定的组织协调能力，专业技术工作也是不能完成的。

四、健康积极的思想和心理

大学生在求职择业、职业适应、职业转换过程中要有积极健康的思想和心理。要树立自信心，自信就是一种“天生我材必有用” 的理念。自信与狂妄的区别，就在于是否正确地估量自己，是否正确地认识现实，正确地认识和估量环境及所遇的困难。如若遇到挫折，要有坚定不移的意志。意志是成功的核心因素，是人们行为的自觉性、果断性、顽强性的体现，只要目标合理就坚持不懈地干下去的一种个性品格特征。

正确认识自己、了解自己，也是求职择业、职业适应、职业转换过程中树立健康积极的思想心理的基础。每个人在求职择业、职业适应、职业转换过程中都要认真分析自己的能力，研究可能遇到的困难，要寻找或转换到这样一份工作——那就是自己喜欢干，而且能干好的一项工作。隔行如隔山，每个行业都有自己的职业语言。职业语言是一种壁垒，它将不熟悉这行的人拒之门外，也可以使“强行闯入者摸不清东南西北”。所以知己知彼是迈向成功的钥匙。

在求职择业、职业适应、职业转换过程中，要清醒地认识到，今天的热门专业，明天可能就要饱和了；今天不发达的地区，明天也许将成为我国经济建设的主战场。所以要用发展的眼光、长远的眼光来指导自己的求职观。

阅读材料

2016 年中国大学生就业报告：大学生就业重心发生变化

中青在线北京2016 年6 月12 日电（中国青年报·中青在线记者 诸葛亚寒）2016 年中国大学生就业报告今天上午在京发布。报告显示，大学毕业生就业重心发生变化，民企、中小微企业、地级市及以下地区等成为主要就业去向。

同时，报告指出，虽然近两年经济下行，但创业与深造确保了 2015 届大学生就业率总体稳定；连续三届大学毕业生就业向知识密集型产业转移；大学毕业生薪资涨幅超社会平均水平；超 20 万 2015 届大学生选择创业，自主创业比例呈上升趋势。

该报告由麦可思研究院编著。报告还根据失业量、就业率、薪资和就业满意度综合评价显示，软件工程、网络工程、通信工程、车辆工程专业连续两届成为本科就业“绿牌专业”，而本科的美术学、高职高专的法律事务、语文教育专业连续三届被亮“红牌”。

大学生毕业就业率稳定，就业重心发生变化

报告显示，2015 届大学生毕业半年后的就业率为 91. 7%，与 2014 届的 92. 1% 和 2013 届的 91. 4% 基本持平。其中，本科院校 2015 届毕业生半年后的就业率为 92. 2%，高职高专为 91. 2%。

报告分析认为，虽然去年与今年经济下行，但2015 届大学生毕业半年后就业基本稳定，这是因为大学毕业生的创业和深造比例上升，减少了需就业的基数。

数据显示，大学生自主创业比例从 2013 届的 2. 3% 上升到 2015 届的 3. 0%，本科毕业生读研加上高职高专毕业生读本的比例从 2013 届的 8. 0% 上升到 2015 届的 10. 1%。此外，信息、教育、医疗等知识密集型产业近年来增长较快，大学毕业生在经济结构变化中的就业适应性更好，从而就业受传统经济的影响较其他人群小。

但是，仍值得关注的是，在 2015 届大学生未就业人群中，52% 的人处于求职状态，

31%准备国内外考研、考公务员、准备创业和参加职业培训，另有17%不求职也无其他计划。

在就业选择上，国企和外企已不再是毕业生们的首选。报告显示，大学毕业生在民营企业就业的比例从2013届的54%上升为2015届的59%。而在国有企业、外企就业的比例分别从2013届的22%、11%下降到2015届的18%、9%。

与此同时，越来越多的大学毕业生选择中小微企业和地级市以下地区就业。2013届至2015届大学毕业生在3 000人以上大型用人单位就业的比例从23%下降到21%，在300人以下的中小微用人单位就业的比例从51%上升为55%。

其中，2013届到2015届本科毕业生中，在3 000人以上大型用人单位就业的比例从27%下降到25%，在300人以下的中小微用人单位就业的比例从45%上升为50%，这三届高职高专毕业生在3 000人以上大型用人单位就业的比例从19%下降到17%，在300人以下的中小微用人单位就业的比例从56%上升为60%。数据表明，中小微企业雇用了超过一半的大学毕业生。

数据还显示，毕业生在地级市及以下地区就业比例从2013届的52%上升为2015届的55%。其中，2013至2015届本科毕业生在地级市及以下地区就业比例从2013届的46%上升为2015届的48%。高职高专毕业生就业比例从58%上升为61%。

就业向知识密集型产业转移，部分专业连续三届被亮红牌

报告显示，在就业比例前十位的行业中，与2013届相比，2015届本科毕业生就业比例增加较多的行业类为“教育业”“医疗和社会护理服务业”“媒体、信息及通信产业”；就业比例降低最多的行业类是“建筑业”，其次是“机械五金制造业”。

在高职高专方面，与2013届相比，2015届毕业生就业比例增加较多的行业类为“金融(银行/保险/证券)业”“医疗和社会护理服务业”和“教育业”；就业比例降低最多的主要行业类是“机械五金制造业”。报告指出，知识与服务密集型的现代产业发展强劲，而劳动密集型的传统产业面临挑战。

报告还发布了大学生就业绿牌和红牌专业。绿牌专业指的是失业量较小，就业率、薪资和就业满意度综合较高的专业，为需求增长型专业；而红牌专业指的是失业量较大，就业率、薪资和就业满意度综合较低的专业。

报告显示，今年本科就业绿牌专业包括：软件工程、网络工程、通信工程、电气工程及其自动化、审计学、广告学、车辆工程。2016年高职高专就业绿牌专业包括：铁道工程技术、电力系统自动化技术、市场营销、房地产经营与估价、发电厂及电力系统、视觉传达。

其中，本科的软件工程、网络工程、通信工程、车辆工程专业以及高职高专的铁道工程技术、电力系统自动化技术专业连续两年获评“绿牌专业”。

而今年本科就业被亮“红牌”的专业包括：应用心理学、化学、音乐表演、生物技术、生物科学、美术学。高职高专就业红牌专业包括：法律事务、语文教育、工程监理、建筑工程管理、税务。

其中，本科的应用心理学、生物科学、美术学、音乐表演专业上届也是红牌专业，本科的美术学、高职高专的法律事务和语文教育连续三届被亮“红牌”。

在就业率方面，2015 届本科毕业生半年后就业率最高的学科门类是管理学，达到 94%；最低的是历史学，只有 86.4%。就业率最高的专业类是护理学类，达到 95.5%，最低的是物理学类，只有 86.8%。

2015 届高职高专毕业生半年后就业率最高的专业大类是生化与药品大类，达 93.5%，最低是资源开发与测绘大类，只有 87.4%。就业率最高的专业类是城市轨道运输类、港口运输类、公共管理类，均为 94.4%；最低的是法律实务类，只有 86.7%。

自主创业比例呈上升趋势，三年存活率近一半

报告提到，自 2010 年《教育部关于大力推进高等学校创新创业教育和大学生自主创业工作的意见》发布之后，大学毕业生创业比例年年稳步提升。2015 届大学本专科毕业生自主创业比例是 3.0%，比文件发布之前的 2009 届高出 1.8 个百分点。2015 届高职高专毕业生自主创业的比例（3.9%）高于本科毕业生（2.1%）。

根据国家统计局《2015 年国民经济和社会发展统计公报》发布的普通本专科毕业生人数 680.9 万估算，2015 届大学生中约有 20.4 万人选择了创业。

同时，报告显示，2012 届大学毕业生毕业时创业的比例为 2%，毕业三年后创业比例增长为 5.7%，其中毕业时创业三年后还存活的约为 1%，就业后再创业的约为 4.7%。

报告认为，大学毕业生创业群体中大部分是先就业后创业。大学毕业生创业存活的比例在上升，2010 届毕业时创业的大学毕业生，三年后还在创业的比例为 42.2%，2012 届的创业三年存活率增长为 47.8%。大学毕业生创业质量在提高。

值得注意的是，2015 届毕业生自主创业的资金主要依靠父母/亲友投资或借贷和个人积蓄，本科生比例为 78%，高职高专比例为 75%，而来自商业性风险投资均为 3%，政府资助的比例均较小，本科比例为 4%，高职高专比例为 3%。

毕业生薪资涨幅超社会平均水平，对母校总体满意度持续上升

报告显示，2012 届大学生毕业三年后平均月收入为 5 696 元。其中，本科为 6 371 元，高职高专为 5 020 元，与其毕业时相比涨幅比例为 87%。其中，本科涨幅比例为 89%，高职高专涨幅比例为 84%。

值得注意的是，2012 届本科毕业生三年后从事“互联网开发及应用”职业类的三年后月收入最高，为 8 527 元。2012 届高职高专毕业生三年后从事“经营管理”职业类的三年后月收入最高，为 6 678 元。

报告认为，2012 届大学毕业生工作三年后薪资涨幅 87% 的比例，超过城市居民同期平均薪资涨幅 15.7%，大学教育的中期回报明显，读大学比不读大学在收入的中期提升中有较大优势。

此外，报告还提到，2011 届至 2015 届大学毕业生对母校的总体满意度从 82% 上升为 89%，本科毕业生这一比例从 84% 上升为 91%，高职高专从 80% 上升为 88%。

报告认为，从近五届的趋势可以看出，“十二五”期间应届大学毕业生对母校的总体满意度呈现持续上升趋势。

据悉，本报告数据中关于2015届大学生毕业半年后培养质量的跟踪评价，于2016年3月初完成，回收全国总样本约25.0万，研究覆盖了999个专业、全国30个省、直辖市和自治区、大学毕业生能够从事的637个职业以及大学毕业生就业的327个行业。对2012届大学毕业生进行过毕业半年后培养质量跟踪评价于2013年年初完成，回收全国样本约26.2万，2015年年底对此全国样本进行了三年后的再次跟踪评价，回收全国样本约4.1万。（教育科学部编辑）

思考题

1. 什么叫职业适应，包括哪几个方面？
2. 岗位环境包括哪两个方面？如何去适应？
3. 简述职业转换的主客观原因。
4. 如何才能做好职业转换的准备？

第八章 积极适应社会

心灵咖啡

先把眼前的事做好

波士顿的教务长罗尔德对毕业生曾经有这样的告诫："大学生容易有一种危险——那就是分心于其他的问题而把目前的问题疏忽了。"年轻人有许多失败，就是因为把目前的职务看得太容易，认为不值得用全部的精力去干。

著名的银行家克拉斯许多年前就有一种理想，想主持一个大银行。但是他多年来做过各种各样的工作，试了一样又一样，最后才接近他的目标。他曾经做过交易所的职员、木料公司的职员、簿记员、收账员、折扣计算员、簿记主任、出纳员、收银员等。但是在做这种种不同的工作的时候，他总是注视着自己的目标，利用他的经验增进银行知识。

他说："一个人可以有几条不同的路径达到他的目的地。有时如果是在一个机关之内得到他的一切学识和经验，或许是很对的。有时却要时常变换……不过我以为他必须晓得他干的是什么事，而且要晓得他为什么要干这种事。""如果我换工作，就是为了多赚几个钱，每星期多获得几元的薪金，那么，恐怕我的将来便为现在所牺牲了，对我并没有什么好处……我之所以换工作，完全是因为我对那方面的经验已经吸尽而无可再学了。"

一个目标应该作为一种指南，引导你决定是否要换工作、应当把精力用在何处以及发生其他枝节问题时如何应付。目标是一种进行时的指南，不是一种最后固定的地点。

大学生经过寒窗苦读，奋力拼搏，完成了学业，选择好了适当的职业和工作岗位，开始迈向社会，这是人生的一大转折。如何尽快地适应这一转折，顺利地完成社会角色转换，适应社会，适应新的工作，是迈向人生成功的第一步。

第一节 从学生角色向职业角色转变

大学生完成学业，进入社会后，就开始了人生的职业生涯。对于刚刚走上工作岗位的大学生来说，这是其人生历程的重大转折。

一、社会角色和角色转换

“角色”本意指演戏的人化装后扮演的戏剧中的人物。后来这一概念也运用到社会心理学中，社会也是一个大舞台，社会中的人也扮演着各种各样的角色。

在社会生活中，人的社会任务或职业生涯随着自身所处的内外环境变化而变化，社会角色也随之变化。一个人从一种角色转换为另一种角色的过程称为角色转换。通常一个人会经常变换自己的角色，就如同舞台上的演员一样。人处在不同的社会地位，从事不同的职业，都有相应的个人行为模式，即扮演不同的社会角色，如下班回家，就要从职业角色变换为家庭成员的角色。这种经常性的由上级到下级、由领导到子女、由学生到老师等都是角色的转换。

角色冲突是普遍存在的。从事职业的变化，职务的升迁，家庭成员的增减，都会产生新旧角色的转换。新旧角色转换过程中必然伴随着新旧角色的冲突，不过可以通过角色协调使得角色冲突尽可能地降至最低限度。协调新旧角色冲突的有效方法是角色学习，即通过观念培养和技能训练以提高角色扮演能力，使角色得以成功转换。

二、学生角色向职业角色的转换

从学生角色向职业角色的转换是人生最重要的角色转换之一。根据社会心理学的角色理论，大学毕业生从学生角色到职业角色的转换，必然伴随着角色冲突、角色学习和角色协调等一系列过程。因此，大学生在开始自己的职业生涯之前，应该学习一些相关的知识，对自我、对社会、对即将从事的职业进行细致深入的了解和调查分析，找出自身的不足，提高心理承受能力和抗挫折能力，加强角色认知，做好上岗前的各项准备，以便顺利实现角色转换。

1. 学生角色向职业角色转换的三个阶段

（1）在校期间的实践是角色转换的基础。

学习期间的专业劳动和社会实践是学生接触社会、走向社会的第一步。通过专业劳动技能能够使学生充分认识专业特点，巩固专业思想，有利于学生更好地锻炼自己的专业技能，有利于学生对职业角色的认可。社会实践是学生运用自身专业特长，展示才能，服务社会的重要渠道，可以作为角色转换的准预备阶段，它可有力地推动学生在毕业实习期间演习角色的转换，促进学生角色向职业角色转换。

（2）毕业前的角色转换。

目前，我国大学毕业生在每年的 7 月初离校，奔赴工作岗位，但是就业工作一般从大四上半年甚至大三下学期就开始了，可以说，这一时期是毕业生转换角色的重要阶段，主要表现在：毕业前夕是择业的黄金时期，毕业生与用人单位接触的过程中，能够比较全面地了解到用人单位的基本情况，切身体会到社会对自己的认可程度，并依据自身的感受调整职业期望值，实事求是地定位自己的职业。这是从学生角色向职业角色转换的第一步，这为大学生的职业角色确定了一个基调，对角色的转换将产生深远的影响。

(3) 见习期的角色转换。

一般来说，大学生工作的第一年为见习期，之后转为正式人员。有人形象地称之为“磨合期”。初到工作岗位，生活和工作环境与大学相比，都有很大区别。高校大多位于大中城市，学习和生活环境比较优越，空闲的时间比较多，生活节奏比较缓和，压力较小。而职业岗位不一定在城市，有的环境相当艰苦，由于工作繁忙，经常要加班，属于自己的时间很少，从大学学习环境向职业环境转变，往往加剧角色冲突。为此，大学生要加强见习期的角色学习，使角色转变顺利。

2. 职业角色的基本要求

刚参加工作的大学毕业生要在较短的时间内获得同事的认同和领导的肯定，应当从以下几个方面提高和锻炼自己。

(1) 要善于展现自己的优良品格。

大学生因为具有新知识而受到同事的青睐和尊敬，但也会因此容易在一些同事之间产生一定的距离。因此，大学生在同事面前一定要表现得谦虚、随和，在尊重有经验的老同事的同时，适度地展现自己的知识，以谦虚诚恳的态度与同事探讨问题，真诚待人。也可以利用业余娱乐的机会，在交流中让大家了解你的为人和性格，表明自己的世界观、人生观和价值观，缩短与同事间的距离，成为大家的朋友。千万不要以文凭居功自傲。

(2) 要树立工作的责任意识。

大学生对未来都有美好的愿望，都想在事业上有所作为，但大多数大学生在走上工作岗位时不会被委以重任，而是先从简单的辅助工作做起，这也符合人才成长的基本规律。但是，有不少人认为自己被大材小用了，对一些工作不愿意干，甚至闹情绪。其实，这是缺乏责任意识的表现。干任何一项工作，都要有足够的热情，要有丰富的经验和随机应变的能力。这种经验和能力的获得并非一朝一夕之功，而是要靠平时工作中的积累和训练。因此，不管工作大小，大学生都要以满腔的热情、高度的事业心和责任感来对待，圆满完成任务。

(3) 要培养实事求是的工作作风。

大学生具有较强的自尊心和自立意识，在工作上想独当一面，取得成就。但有时工作难免出错。工作上出现错误并不可怕，可怕的是不能正确面对错误，实事求是地承认错误。工作中一旦出现错误，要认真分析原因，总结经验教训，找准失误点。要敢于向领导和同事承认错误，勇于承担责任，以获得领导和同事的同情和理解。同时，要虚心学习、请教，吸取教训，防止类似的错误再次发生。

(4) 要重视岗前培训。

岗前培训对于刚刚走上工作岗位的大学生的角色转换是非常重要和必要的。它不仅仅是让新员工了解单位的基本情况，熟悉规章制度和工作程序，更重要的是通过岗前培训来树立集体主义观念，培养新员工的人际协调能力和奉献精神，从某种意义上讲，岗前培训可以直接反映出新员工素质的高低，因此单位都非常重视岗前培训，并依此择优录用，分配岗位。

毕业生一定要以认真的态度把握好这样一次充实自己、表现自己和提升自己的良机，事实证明，很多毕业生就是因为在岗前培训期间显露才华、表现出色而被委以重任的。

三、职业角色转换中容易出现的问题

大学生在从学生角色向职业角色转换的过程中，往往会面临着新旧角色的冲突。有些人由于受到社会因素、家庭因素尤其是自身认知能力、人格心理发展、意志品质以及情绪情感等因素的影响，不能正确认识角色转换的实质，或在角色转换中不能持之以恒，于是从学生角色到职业角色的转换过程中会出现以下问题。

1. 对学生角色的依恋

经过多年的学生生涯，对学生的角色体验非常深刻。学生生活使每一位学生在学习、生活和思维方式上都养成了一种相对固定的习惯，因此在职业生涯开始之初，许多人常常不自觉地把自己置身于学生角色之中，以学生角色的社会义务和社会规范来要求自己、对待工作，以学生角色的习惯方式来待人接物，来观察和分析事物。

2. 对职业角色的畏惧

一些大学生在刚走进新的工作环境时，不知道工作该从何入手，如何应对，在工作中缩手缩脚，怕担责任，怕出事故，怕闹笑话，怕造成不好的影响，于是工作上就放不开手脚，前怕狼后怕虎，缺乏年轻人的朝气和锐气。

3. 思想上的自傲

有的毕业生对人才的理解不够全面和准确，认为自己接受了比较系统正规的高等教育，拿到文凭，学到了知识，已经是较高层次的人才了，因而往往看不起基层工作和基层工作人员，甚至认为一个堂堂大学生干一些琐碎的不起眼的工作是大材小用，有失身份，于是就轻视实践，眼高手低。

4. 作风上的浮躁

一些人在角色转换的过程中表现出不踏实的浮躁作风和不稳定的情绪情感，一会儿想干这项工作，一会儿又想干那项工作，不能深入工作内部去了解工作的性质、工作职责及工作技巧。有的学生就职相当长时间还不能稳定情绪，不能去适应职业角色，反而认为单位有问题，没有适合自己的职位。其实，如果不能静下心来踏踏实实地学习，适应工作，不管什么样的工作职位都不会适合。

以上这些问题的存在，会严重影响大学毕业生顺利从学生角色转换为职业角色，每个刚参加工作的毕业生都必须认真对待，加以克服。

阅读材料

职场新人应注意的18个工作细节

（1）避免学生腔和书生气。

（2）做好每一件小事。

（3）克服懒惰习气，展现主动热情的个性。

(4) 微笑面对每一个人。
(5) 熟谙职场礼仪，尊重身边的每一个人。
(6) 严格遵守规章制度，不越雷池半步。
(7) 了解公司潜规则。
(8) 不妄加评论公司的制度和规定。
(9) 不要卷进办公室的是非旋涡之中。
(10) 不要在办公时间干私事。
(11) 不要向同事借钱。
(12) 肯吃苦和吃亏，不斤斤计较。
(13) 重视公司的入职培训。
(14) 独立做好分内工作。
(15) 不强出头。
(16) 抱着学习的态度。
(17) 学会与人沟通。
(18) 穿着整洁、得体。

第二节 积极适应职业角色

对职业的适应是大学生社会化的重要组成部分，职业适应就是在对职业具有一定认识的基础上，通过不断对自己的职业观念、态度和行为习惯进行调整和改变，以符合职业的要求和职业的变化。

一、塑造良好的自我形象

人们评价一个人往往以先入为主的印象，通常最鲜明、最深刻，使人拂之不去、经久难忘，它形成一种定式，长期影响着周围人们以后的评价。大学毕业生从到工作单位报到起的适应期，就要注意自我形象。自我形象主要指与他人交往中，留在他人心目中对你的印象。这个印象与你的外表、气质、思想和言行密切相关。第一印象塑造成功，实际上就迈出了就业上岗坚实的一步，意味着在以后的工作道路上可能会比较顺利。同事间会相处较好，大家愿意与你合作共事。相反，如果给人的第一印象不好，相处时关系容易紧张，合作共事可能会磕磕碰碰。所以，大学生一定要特别重视第一印象的塑造，开好头。下面谈几个注意点，供大家参考。

1. 外表仪态

衣着服饰是一个人文化素养的外在表现。人们会根据一个人的外表来判断他的品位。倘若一个人对自己的着装和修饰过于随便，他会被看成不修边幅甚至邋遢不羁的人。作为一个职业者，穿着打扮要与所在单位的文化环境、与周围的同事们保持协调。对刚刚走上就业岗位的毕业生，首先，必须合乎单位大多数人的品位；其次，考虑自己的身材特点、个性爱好以及自己的身份。如果对单位情况还不太了解，第一天报到时，衣着尽量以普通大方，整洁得体为主。另外头发长度要适中，双手洁净。女孩子要慎用化妆品，不宜浓妆。

2. 言谈举止

言谈举止在人们日常的待人接物时显得十分重要。亲切、热情、诚恳、讲信用、守纪律等行为举止总能给人留下美好、难忘的印象。所以，在与他人交往中，应热情坦诚，文明礼貌。应注意发现别人感兴趣的话题，不要只顾谈论自己，还要善于倾听别人诉说。尤其不要随便打断别人的谈话。若发现看不惯的现象或对问题有不同想法时，不要随意议论和轻易否定。为人处世要讲道德，讲信用。对自己严格要求，自觉遵守劳动纪律和单位的规章制度。

3. 工作作风

良好的工作作风包括：工作态度积极；能服从工作安排，接受领导的指示；认真完成工作任务；按规定操作的程序完成工作；能接受临时指派的工作；当工作伙伴有要求时，能协作完成任务。总之，要认认真真、踏踏实实完成工作，切忌浮躁、漫不经心、丢三落四、虎头蛇尾。不要随意在工作时间做私事，随意串岗，更不要随意翻看别人的文件等物品。

二、建立和谐的人际关系

社会中的人际关系与学校里的人际关系差异甚大。社会中的人际关系呈多方面、多层次和多类型的特点。在交往中碰到的对象的文化程度、年龄、性别、性格、阅历、工作性质、兴趣爱好等方面存在的差异，构成了社会交往中人际关系的复杂性、多样性和不可预见的特点。这种社会交往不再是大学同学之间、师生之间的单纯的交往。因此，大学毕业生必须用心观察、弄清社会人际关系之间的特点，研究和掌握社会上人际交往的一般规律、原则和技巧，这对于毕业生尽快适应职业角色具有特殊的现实意义。

1. 理解他人

工作场所是一个小的社会环境，不像学校那么简单。工作伙伴中，每一个人经历不太一样，可以说各个人的思想、观念、性格千差万别。在同一部门，同一岗位的工作伙伴即使合不来、不喜欢，也必须一起工作下去。如果头脑中有这样的想法“我不喜欢这个上司，能不能换个部门”“我和他合不来，觉得他好烦”，那么工作就很难开展。所以，对他人要多一些宽容，多一些理解。工作中要多听取工作伙伴和其他同事的意见，不要以自我为中心。

2. 平等待人

单位里的人际交往，既有与同事之间的交往，也有与领导之间的交往；既有与熟悉的人的交往，也有与陌生人的交往；既有因工作的交往，也有因生活的交往等。刚走上工作岗位的大学毕业生在交往过程中要摆正自己的位置。平等待人、平等相处、团结合作，这是建立良好人际关系的前提。没有平等待人的观念，就不能与周围的人融洽相处。

3. 尊重他人

惠特曼曾说“对他人不尊敬，首先就是对自己不尊敬”。人都有自尊心，要求别人尊重自己是每个人的权利，而尊重别人是每个人的义务。要做到尊重他人，首先在交往中做到礼貌为先，这样他人才有兴趣和热情与你交往下去。尊重他人，还应注意一些细节，如与别人交谈时，不要看书看报，东张西望或做一些小动作等，眼睛要注视对方。在与人交往时，不要触及别人的短处。遇到单位同事或长者要热情打招呼。这些看起来是小事，实际上是人际交往中尊重他人的表现。

4. 宽以待人

人际交往中，应做到严于律己，宽以待人。看别人，要看主流，看本质；求大同存小异。

宽以待人可以使自己更多地看到别人的优点，善于向他人学习。即使发现对方有错，也要能用“金无足赤，人无完人”的辩证观点来对待。

如果与人在工作上发生矛盾和冲突，应该对事不对人，工作中的分歧不要非理性地上升为个人之间的矛盾；当矛盾发生后，要主动沟通，消除隔阂，尽可能达到相互理解；如果确实是自己有不足之处，要勇于承认错误，向对方道歉。为人随和、宽宏大量的人容易与人形成良好的人际关系。

在人际交往中，一方面要随和、忍让；另一方面在遇到原则性问题时，要坚持原则，在必要时要据理力争。

三、积极适应工作岗位

从大学生到合格的职工转变，有一个过程，单位通过对新参加工作的大学生进行教育、上岗培训等，来帮助毕业生在较短的时间内完成从学生到合格职工的转变。但更重要的是，大学生自己应该主动去适应职业角色的要求。

1. 立足工作岗位，树立新的意识

刚刚毕业的大学生在走上工作单位之前往往对角色转换的认识模糊，对即将从事的职业缺乏全面准确的了解。因此，尽快树立新的意识，形成职业观念是非常重要的。

首先，树立独立意识。走上工作岗位后，大学生已经成为社会认可的具有独立资格的真正意义的社会人，在生活上要自理，尤其是工作上要独当一面，承担一定的社会责任。

其次，树立团队意识。由于学生角色中心任务的特殊性，学校环境的相对独立性，使一些大学毕业生的协助精神和团队意识远远不能满足职业的要求。而现代生产过程的组织与管理，单靠个人的力量显然是不够的，必须是很多人相互配合、相互协作才能完成。这要求每一个成员都要有互相协作的团队意识，从整体利益出发，个人利益服从整体利益，顾全大局，并建立良好的人际关系，创设一个友好合作的氛围。

再次，树立主人翁意识。个人工作成绩的好坏，不仅和自己的前途密切相关，而且与单位和部门的兴衰荣辱有密切联系。因此，大学生要牢固树立主人翁意识，以国家兴旺、民族强盛和单位发展为己任，立足本职，做好工作。

2. 坚持学习求教，不断完善自我

大学毕业生已经具备了比较扎实的基础知识和专业知识，但是社会角色的适应过程是一个不断学习、不断完善的循序渐进的过程。初到工作岗位，大学生拥有的知识量不一定足够大，知识结构不一定合理，因此要根据职业的特点、性质、工作程序及其相互关系，不断学习新知识，增强自身素质和能力，提高工作技能和业务水平。除根据自身情况需要补充必要的知识外，非智力因素也是影响大学毕业生获得职业技能的重要因素，应注意改善和提高。

3. 勤学多思，锻炼自己的能力

一般情况下，一个大学毕业生刚刚来到一个单位，领导和同事对他的业务能力的高低不一定在短时间内给一个定论，但对他在日常的工作中所表现出来的思维方式、与他人沟通和组织协调的能力等，可能在短时间留下深刻印象。所以锻炼自己的能力很重要。毕业生要踏实工作，增加自己在职工中的影响力；要积极思考，提高自己对事物的洞察力；要与人沟通，发挥自己的组织协调能力。

4. 准确把握自己，慎重选择

由于自身能力、机遇或工作单位等方面的变化，一些毕业生就业后需要重新选择职业。这要求毕业生准确把握自己，具体情况具体分析。一方面，要珍惜第一次职业的选择，认真地、实事求是地分析自己对职业不满意的原因。如果是因为自己的眼光太高，那么就应主动调整目标，热爱自己的职业，从点滴做起，踏踏实实地工作；如果是因为自己的能力不够，那么就应当虚心学习，不断提高自己的素质，单单抱怨单位是不行的。另一方面，如果确实是因为客观的原因，经过自己努力调整仍然难以适应现有的工作岗位，则可以慎重考虑重新选择职业。

第三节　如何走向成功

大学生毕业就业，即开始了人生旅途中一段新的征程，人生事业成功的前景已经展现在面前。然而，通向成功的道路并不平坦，只有经过顽强拼搏，脚踏实地，不断完善知识结构，提高综合能力，才能在现代化经济建设的宏伟事业中实现自己的人生目标。

一、脚踏实地，实现职业生涯目标

1. 制定切实可行的职业生涯目标和策略

很多刚参加工作的大学毕业生经常会有这样的问题“我到底适合做什么？”或“为什么我总是不能满意现在的工作？”这些问题表现在行动上便是不断地从一家公司换到另一家公司。在很多时候，没有职业目标的人为了适应新的工作岗位，总是在不得已地做各种各样的调整，弄得自己筋疲力尽。因此，为自己确立一个可行的职业发展目标是十分重要的。成功的职业生涯无不从一个成功的目标定位开始，而成功的目标定位是从业者依据自身条件，对所将从事的行业与所求职位的判断和选择。

有了明确的职业生涯目标定位后，就要制定切实可行的职业生涯策略，职业生涯策略是指落实目标的具体措施，主要包括工作、训练、教育、轮岗等方面的措施。个人在选择职业时，就要考虑诸如企业能否为员工提供适当的学习与培训机会，让员工能够取得工作所需要的技能与经验等。

2. 在勤恳的实践中实现职业生涯目标

实践是知识创新和发展的源泉，也是毕业生锻炼成长的有效途径。毕业生要成才，就要勤于实践，将所学的理论知识与实践结合起来，在实践中持续学习，不断总结，逐步完善，有所创新，并在实践中提高自己现有的知识、能力、智慧等因素合成的综合素质和能力，为自己事业的成功打下良好的基础。

首先，有勤奋的工作作风。韩愈曾说“业精于勤荒于嬉，行成于思毁于随”。勤奋既要动脑，即时捕捉外界各种新信息，通过思考运用到工作中去，以提高自己的工作能力；又要勤动手，凡事主动去做，不怕吃苦。

其次，善于总结经验教训。对于刚刚走上工作岗位的大学毕业生来说，由于人生阅历、工作方法、工作经验等方面的欠缺，在工作中难免会出错，让人有“不成熟”的感觉，但只要通过不断总结与反思，肯定成绩，纠正错误，向其他同事学习，是一定会得到提高，干好工作的。

再次，有坚持不懈的精神。“合抱之木，生于毫末；九层之台，起于垒土；千里之行，始于足下。”做任何事，都不能操之过急。在工作中既要发挥自己的主观能动性，也不可锋芒毕露，不要过于心急而有邀功思想。暂时没有成功或没能得到肯定，也不要泄气。要一如既往认真对待工作，最终会成功的。

二、善于沟通，让领导和同事看到你的成绩

平时我们总强调多劳多得，现实却常常和我们开玩笑。有人做了很多，但升迁的不是他，涨薪的也不是他；有人虽然做的不是很多，但是每做一件事都搞得有声有色，引来领导的赞赏、同事的羡慕，加薪等好事自然是尾随而至。造成如此迥然不同境遇的关键，是前一类人的成绩没有被领导和同事看在眼里，记在心里，没有得到领导和同事的认可。要想让领导注意你取得的成绩，须从以下几个方面入手。

1. 要明白领导提出的工作要求

要把领导布置的工作做好，必须认真地主动地了解领导的意图，如果没弄清领导的意图就随便去做工作，很可能把事情搞砸，费力做事却不讨好，反而给领导留下不好的印象，会误以为你不认真工作，敷衍塞责或者欠缺工作能力；一旦留下这样的印象就很难改变过来。所以做工作以前要明白领导布置这份工作的用意及要达到的目的。

2. 要加强与领导的沟通与交流

当一时没搞清领导的工作要求，或领导迟迟看不到你的工作业绩时，就应寻找机会与领导进行沟通。想在工作中有所成就，消极等待与只顾默默工作都是不可取的，努力找机会让领导明白自己的想法，才是积极的做法。

在与领导沟通前，先要自我评价一番，不要事无巨细，事事向领导汇报，领导的时间很宝贵，不要让他觉得你在浪费时间。想清楚自己最近做得最成功的是什么，领导最看重的是什么，对今后的工作有什么好的建议等。讲述得有条有理，有独到的见解，会让领导眼睛一亮，对你刮目相看。

3. 勤恳苦干，在工作中创造业绩

重视沟通并不意味着投机取巧，在职场中，只有勤恳苦干才是积攒沟通资本的唯一途径。在工作中，展示自己的工作能力与人格魅力，取得不凡的工作业绩，才会赢得同事的尊重，才会博得领导的青睐和认可。

三、要不断进取，在适应变化中成长

要学会适应环境，在任何环境下都能做好职业发展规划。人生无时不在面对顺境与逆境的问题，刚毕业的大学生也是一样。当你处在顺境时千万不要得意忘形，因为你的终极目标是追求事业成功和人生幸福。并不是人人都能实现这一目标，现在的顺境只是万里长征的第一步，要更加谦虚谨慎地做人，更加踏踏实实地做事，以坚定的步伐向自己的目标前进。

面对逆境，面对工作中的困难要有足够的心理准备，尤其是刚步入社会的高校毕业生。如果你对新环境、新工作的困难有足够的心理准备，当你遇到逆境时就不会惊慌失措，而是泰然处之。在遇到困难时，要冷静分析造成困难的主客观原因，尤其是主观原因，以便对症下药。如果领导、同事一时不理解你、误会你。要学会沟通和忍耐，等待机遇，不能简单地与领导、同事对抗。高校毕业生在步入社会之前，最需要的是建立起坚定的信念、不屈不挠的毅力和坚韧的意志品质等健康的心理素质。

要有所作为，就要学会在变化中找到自己的位置。工作生活中各种变化会随时发生，处在其中，会使人感到紧张不安，但我们可以预先做好准备，坦然以对。《谁动了我的奶酪》讲述了一个关于“变化”的故事。故事发生在一个迷宫中，有四个可爱的小生灵在迷宫中寻找他们的奶酪。故事里的“奶酪”是对我们现实生活中追求目标的一种比喻，它可以是一份工作，一栋房屋或健康或社会的认可和老板的赏识……当我们一旦得到自己梦寐以求的奶酪，常常对它产生依赖心理，甚至成为奶酪的附庸，停滞前进，结果奶酪被吃完或被人抢走。如今竞争无时不在，找工作时有竞争，找好工作后，在工作中还是有竞争，假如你不努力，不利用空余时间继续充电，继续提高业务能力和其他方面的能力，你的位置很有可能被人取代。所以要想成功，就必须不断制定目标，做好职业生涯规划，不断提升自我。只有这样，才能得到长足的进步。

案例导读

“学校人”到“职业人”的七个转换

一、从宏大的“人生理想”向现实的“职业理想”转换

第一份工作对大学生们的冲击是巨大的，从高高的象牙塔走下来的他们怀抱的是理想化的思维方式，是指点江山的做事方法。然而就业压力大，选择余地小，能够专业对口，就已经很不容易了，让他们感到理想与现实之间的落差太大，一时难以接受。先前宏大的理想，在现实面前已经失去目标，失去动力，只感到实现理想是遥遥无期的事情。因此，情绪低落。

当务之急需要的是把理想转化为职业目标，并制定出切实可行的方式方法，去实现职业目标。搭起一座桥梁让自己从理想走入现实。实现职业目标有很多的途径，要结合自己的综合因素去选择一条最适合自己的途径，更快地实现职业目标，从而最终实现职业理想。从实现职业理想的角度看，我们所做的工作一定要与职业目标有密切的相关性，否则，所做的工作将不会对职业理想产生支持，那实现职业理想的想法就会再次成为空想。

二、从青苹果“学校人”到成熟“职业人”的转换

同样的实习经历，可以出现不同的出路和结局。关键是你自己的路怎么走，虽说自己做主，但也要首先认识到究竟要在实习过程中获得什么，怎么才能把握实习机会为自己求职增加砝码。实习生一定要摆平心态，在做事方面，首先要建设的是自己的心态。一颗浮躁的心会带着你的眼睛在各个职位、各个企业之间来回游移，你会觉得这个工作你能做，那个你也能做，最后导致你连最简单的都做不好。

从学生转变成职场人的第一步，应从企业文化、业务流程、公司制度、仪态仪表、接人待物、为人处世等多个方面进行了解，企业需要的是什么人员，什么职位，应该具备什么样的素质，如何能够更好地发挥自己的潜力。职业人最需要的就是敬业精神，职场新人要做的以日常性的事务工作居多，专业性的工作一般要经过企业的再培训之后才去做。要保持沉稳的心态，因为这是做好任何一份工作的关键。俗话说：“良好的开端是成功的一半”。你首先要学会适应。学会适应艰苦、紧张而又有节奏的基层生活。你缺少基层生活经历，可能不习惯一些制度、做法，这时，你千万不要用你的习惯去改变环境，而是要学会入乡随俗，适应新的环境。好高骛远、自命不凡，只能毁掉你的前程。要学习企业中那些卓越人才必备的八大基本素质：创新能力、学习能力、自信自立、自律、积极乐观、执着追求、责任感、合作开放。

三、从单纯的处理问题方式向复杂的人际关系转换

新到一个公司，崭新的生活方式、陌生的社会环境、复杂的人际关系，都让他们感到不习惯。没有耐心去思考一些细节上的问题，因此，难以适应，四处碰壁。

在做人方面，首先要揭掉自我标签，低调做人。现代大学生的特点是张扬个性，彰显自我风格，追求与众不同。这种风气与氛围培养了不少“特别”的大学生。但工作岗位不是上演个人秀的舞台，因此，刚刚迈上工作岗位的大学生们一定要注意自我形象问题，做事一定要低调。少说多看，尽快熟悉人际关系，融入环境。锐气藏于胸，和气浮于脸，才气见于事，义气施于人。处事对上司先尊重后磨合、对同事多理解慎支持、对朋友善交际勤联络。

复杂的人际关系是社会构成的一部分，亲和力太小，摩擦力太大。一不小心，天时、地利、人和都离你而去。融入环境的手段之一是要学习基本的礼仪知识。职场有职场的规则，单纯地讲礼貌是不够的。身处其中，一言一行，一举一动都要符合职场规范。礼仪是构成形象的一个更广泛的概念，包括了语言、表情、行为、环境、习惯等，相信没有人愿意因为自己在社交场合上，因为失礼而成为众人关注的焦点，并因此给人们留下不良的印象。

对大学生来说，礼仪是一门必修课，免得在职场上碰了钉子才想去“补课”。

四、从系统的理论学习向多方位的实际应用转换

学校里学习，都是系统的理论，一科连接一科，科科有现成的教科书，有教授讲解，有助教辅导。到了工作岗位，实际动手能力靠培养、练习，而且，实际应用是多角度、全方位的。没有人告诉你哪个该学，怎么学习，知识积累全靠自己探索。从而导致做了事却没有实现目标，甚至偏离了目标，或者不知从哪里入手，学些什么。

在应届毕业生进入公司的时候，企业都会对职场新人进行新员工入职培训，要多学、多看，多虚心请教，才能积累工作经验。大学生缺乏实践经验就很难得到发展，公司的人都服有经验的人，没有经验，则只能打下手，心理又不平衡。这样就会越搞越糟，使自己境地尴尬，甚至不懂装懂，让人笑话。以谦逊的态度去向别人请教，这并不是什么难事，放下架子，虚心请教，你会发现别人身上值得你学习的地方有很多，你自己身上也有别人值得学习的优点。虚心求教，进步很快，又能建立良好人际的关系，让自己很快融入到集体中去，既受益匪浅，又让人喜欢。

五、从散漫的校园生活向紧张的工作模式转换

悠闲的校园生活方式被紧张的职场打拼所代替，使这些处于在家里备受呵护的“80一代”独苗进入“断乳期”，像是在奶奶、姥姥娇惯下自由淘气的孩子，一下被送到幼儿园，受到纪律、时间的约束，感到浑身不自在，迟到、请假成家常便饭，总想找个借口，编个理由请上一次假去外面玩一玩。

每当新生力量进入单位，都会带来新的气息，同时也会带来一些新的问题。对于大多数刚刚走上工作岗位的毕业生来说，除了工作能力之外，还要有实干精神、懂得人际沟通。不但要完成好属于自己的每一项工作，还要做自己不愿做的事情。能否做好那些自己不愿意做的事情是一个人是否成熟的标志，也是一个人能否取得人生成功的主要因素。做好自己不愿做的事，学会妥协，向职场、现实妥协。

六、从浮躁的心态向逐步理性化转换

转型需要时间，与企业的磨合需要时间，积累经验也需要时间，具备竞争力同样需要时间。要给他们融入职场的时间，他们需要过渡过程。哪怕时间很短，这个过渡过程也必须经过。企业会给实习生时间和机会，但自己不能以此为借口，要积极努力，从浮躁的心态中走出来，尽快进入符合企业要求的状态，这是理性化的成熟表现。

企业看重应届大学生，主要就是看到了隐藏在这些年轻人身上的“发展基因”。实习是一个大学生走向社会的阶梯，如果实习好了，机遇也就会随时光顾你，或者拿到实习单位的Offer，或者把实习经验作为跳板。不管什么样的用人单位，他们都需要一个谦虚谨慎、好学上进的员工；勤奋刻苦，把远大志向落到实处、树立责任感、执着追求事业的态度。对待实习兢兢业业的人，最后就有可能留在实习单位。在现实生活中，有些学生自以为不会留在实习单位，或者这山望着那山高，敷衍了事地对待实习工作，领导安排的工作不能完成，还总想搞点“猫腻”，偷偷出去应聘，结果，新的公司没聘上，实习的工作又丢掉，最后走向工作岗位，同届同学都成了老手，自己仍然是个锻炼的新兵。

七、从家长的呵护向自己保护自己转换

许多大学生在进入就业大军时，往往对就业的相关期限、实习权益，一知半解。原来依赖家长，现在需要自立。需要自己判断、自己选择。如果选择去一个根本不了解的公司，这是一种冒险，不要轻易决定第一份工作，一般来说，新人第一次对职场的体验是刻骨铭心的，它会使新人对职场产生一种固定印象，形成固定心理状态，从而影响到今后的职业心态和职业规划。因此，走好职场的第一步，能够使大学生更好地为企业及社会服务，更大地发挥自己的潜力，若是为了在毕业前找到一份工作，或者迫于其他同学签约带来的压力而草率接受一份自己并不满意的工作，都是不可行的。

第四节 职业人的必备职业素质

什么叫素质？《辞海》中解释“素就是本色，质就是本质”；一个人的素质好就是一个人的内在很好。现在教育应重在素质教育。其实我们全体国民都存在着素质教育问题。“入世”以后一个人，一个企业，一个城市要想得到发展，提高素质水平就成了重中之重的大事。联合国对素质问题也很关注，过去对文盲的定义是不能识文断字者，现在对文盲的定义是：一是不能识文断字者。二是不能识别现代社会符号者。例如：“去机场不知从哪儿登机；去银行取不出钱来。”三是不能运用计算机交流、学习、管理的人。这些都是素质教育的基本要求。

一、职业素质的含义

职业素质，简单来说，就是指一个人在职业活动中所体现的职业技能、职业道德、职业精神等。对任何企业和个人来说，职业素质的意义都十分重要。一个人，要是缺乏良好的职业素质，那么他就不可能取得什么突出的工作业绩；而一个企业，要是没有一支职业素质过硬的员工队伍，就不可能在激烈的市场竞争中占有一席之地，一个国家，要是全体国民的职业素质跟不上世界平均水平，那么这个国家的经济就停滞不前，处处被动。因此，刚刚进入职场的大学毕业生，必须培养良好的职业素质，才能尽快转换成为一个受企业欢迎的职业人。

下面通过侯树人在德国经历的一件令他终生难忘的小事，看看德国人的职业素质。

案例导读

德国人的职业素质

侯树人先生说：那时我在德国汉堡租了一套公寓。一个星期六，我发现洗手间的屋顶有点滴水珠，小水珠从顶上慢慢地滴落。由于周末，租房公司没人上班，我只好打电话到值班室，想请他们星期一上班尽早派人来修理。但值班人员认真得可爱，赶紧找了周末应该发双倍工资的修房公司来现场检查。检查结果可能是楼上住户的浴缸破漏，有水渗过地板。不巧的是周末楼上的人家外出，无法开门检查，修理工只好临时决定请开锁公司来开锁。而专门为人开锁的公司有条规定，打开他人住房必须有警察在场，所以这位修理工先报警，再找到开锁公司。没料到警察为了慎重起见，还另外请调了消防队的一辆消防车，以免开锁公司若耽误过长时间仍不能开门时，消防队员便可以登梯越窗而入。

看他们如此兴师动众，我有些于心不忍，问道：“难道不可以关一关自来水的闸门。”他说，那不行的，那要影响与你共用一根管子的另外两位住户洗手间的用水，绝对是不允许的。说话间，警车飞驰而到，消防车紧随其后，上面的警员全副装备，如临大敌。租房公司、修理公司、开锁公司的人员协调行动，一阵忙乎，水珠很快消失了……

事后据保守估计，租房公司为这几滴水珠付出的直接费用近千马克，大约相当于我付给该公司的一个月的房租。

这个故事说明，德国人职业素质可见一斑。

每一个人职业素质的形成与其职业意识、职业道德和职业形象紧密相关。

二、职业意识

职业意识是职业道德、职业操守、职业行为等职业要素的总和。职业意识是约定俗成、师承父传的。职业意识是用法律、法规、行业自律、规章制度、企业条文来体现的。职业意识有社会共性的，也有行业或企业相通的。它是每一个人从事其所工作岗位的最基本的，也是必须牢记和自我约束的标准。

1. 职业意识的根本是敬业精神

宋朝朱熹说，“敬业”就是“专心致志以事其业”。即用一种恭敬严肃的态度对待自己的工作，认真负责，一心一意，任劳任怨，精益求精。敬业是心甘情愿地做出必要的自我牺牲。敬业精神是个体以明确的目标选择、朴素的价值观、忘我投入的志趣、认真负责的态度从事自己的主导活动时表现出的个人品质。敬业精神是做好本职工作的重要前提和可靠保障。

GE、CEO 杰克韦尔奇说：“如果有那一种品质是成功者共有的，那就是他们比其他人更在乎。”在意别人对自己的看法，在乎自己被别人尊重和认可，都是每一个健康平凡人做好工作的最好动机。

2. 职业意识可分为五个意识

（1）诚信意识。

古人曰：“人无信不立，人而无信，不知其向。”市场经济是信用经济，一个企业、一个职业人的市场信誉是可以用价值（金钱）来度量的。所谓名牌、品牌可以作为无形资产、产权交易就是这个道理。

（2）顾客意识。

大家都明白一句话，顾客是上帝，心术不正者往往把上帝作为宰上一刀的对象。顾客是商品的接受者、选择者、购买的决定者，顾客是商家的衣食父母，对待顾客的态度，实质上就是对待自己“饭碗”的态度。市场的回报是公平又残酷的。

（3）团队意识。

团队与社会、整体是统一的，但有时又是矛盾的、对立的，所以要正确处理与社会、整体之间的关系，我们研究的是在遵守法律、法规，服从社会利益和整体利益的前提下应该具备的。

一个企业就是一个独立的社会经营团队是由我们所有员工所组成的一个利益共同体，它既由我们大家来维护、创造，又给每个人带来了生活的经济利益与精神生活。维护团队的声誉和利益，不说诋毁团队的话，不做损害团队的事。保守团队的商业秘密，积极主动地做好团队中自己的工作，及时提出有利于企业发展的合理化建议。尊重和服从领导，关心与爱护同事，建立团队内部的协作，开展有效、健康的部门、同事之间的合作竞争，互为平台、互通商机、共同进步。

（4）自律意识。

分清职业与业余的不同，从而在扮演职业角色时，能够克制自己的偏好，克服自己的弱点，约束自己的行为。

（5）学习意识。

时代进步、社会发展突飞猛进，新的知识不断出现。只有具备良好的学习心态、意识，不断充电、吸氧、与时俱进才能保证自己跟上时代步伐，才有可能实现人生价值，职业生涯的成功。还要善于学习，提高学习的兴趣与学习的技巧能力、速度、效率、培养优秀的学习敏感性和直觉意识。在知识爆炸的当今社会，准确、及时、快速地吸取职业发展所需的知识，是每一位追求成功者的基本功。

学习有以下几种方法：一是注重职业知识的宽泛和专业性；二是随时积累有用的资料、工作日记、个人笔记；三是经常回顾总结自己某一项工作的结果，寻找其中最得意或最成功的规律和奥妙；四是注意观察和模仿同事、同行学习的方法；五是善于与人讨论甚至辩论工作中的问题、提纲要领；六是学而时习之、敏而好学、不耻下问等。

三、职业道德

1. 职业道德的含义

职业道德是指从事一定职业的人，在工作和劳动过程中，所应遵循的与其职业活动紧密联系的道德原则和规范的总和。职业道德是整个社会道德体系中的重要组成部分，是社会主义道德准则在职业生活中的具体体现。

随着人类社会的进步与发展，社会分工越来越细，各种职业日益繁多，人与人的职业关系也越来越密切，同时也产生了不同行业的职业道德规范，调节着人们的利益关系。为什么各行各业都必须有自己的职业道德规范呢？这是因为各行各业的职业活动都有自己的客观规律，为维护不同行业的正常运行，维护行业的生存和发展，就必须有体现不同行业内的职业道德规范。如教师的“为人师表”，医生的“救死扶伤”，公务员的“公正廉洁”，商人的“货真价实”“公平交易”等职业道德。

2. 各行业职业道德要求

（1）国家公务员的职业道德。

现在，国家公务员的职业道德建设正在走向规范化，从传统上讲，它依然属于党政干部职业道德范畴之内，但某些方面已经具有自己的特色：

①国家公务人员直接从事国家某项公务活动，其行为代表国家的法律条例，因而公务员的职业道德首先就是强烈的责任感和法律意识。

②必须具备与其承担的公务活动相适应的知识和素质，才能保证良好地处理和解决公务活动中遇到的问题，保持高效率。

③要有严格的党性意识和政策水平，不徇私舞弊，把国家赋予的权力与为人民服务的宗旨统一起来。

（2）会计人员的职业道德。

会计职业道德，就是会计人员在会计事务中正确处理人与人之间经济关系的行为规范总和，即会计人员从事会计工作应遵循的道德标准。“不做假账”是会计从业人员基本的职业道德和行为准则。也就是说，会计行业它本身的性质决定了所有会计人员必须以诚信为本，操守为重，遵循准则，不做假账，保证会计信息的真实、可靠。正因为会计行业有它诚信、真实、可靠的职业本质，才获得社会的信赖与赞誉。

（3）新闻记者的职业道德。

新闻记者是一种神圣的职业，忠诚于党的新闻事业，敬业奉献，树立良好的公众形象，忠诚于党，取信于民。树立正确的人生观、世界观、价值观，牢记新闻工作为人民服务、为社会主义服务、为经济建设中心工作服务的宗旨，爱岗敬业，诚实公正，不能说假话，不能搞假新闻。与法官一样公正，说真话，反映现实，清正廉洁，求实创新，把全部的精力都用到工作上，多出作品，多出好作品，满足人民群众对新闻信息的需求。

（4）秘书的职业道德。

秘书的工作内容是上传下达，撰写公文、领导发言稿等文章，为领导或单位办事。因此，秘书的职业道德也可以从他的言德、书德和行德中得到充分的体现。秘书的言德、书德、行德应该概括为以下几点：

①言德。能直陈己见，实话实说，而且言之有物，言之有据，言之有理，言而有信；不搞言之无物，言过其实和阿谀奉承。

②书德。能秉笔直书，实事求是，有喜报喜，有忧报忧。不做表面文章，不搞文字游戏，不矫揉造作，不粉饰太平。

③行德。能令行禁止，有行必果，办事扎实，待人诚实，为人朴实，谦虚恭谨，礼让客气，自尊、自爱、自重，甘当配角，甘作绿叶，勇于奉献，淡泊名利。

简言之，秘书的职业道德就是：勇于奉献，淡泊名利，直陈己见，实事求是。

（5）教师的职业道德。

良好的职业道德是一个教师做好教育教学工作的先决条件，也是教师本人不断进取，赢得成功的力量所在。

①热爱事业是师德的核心。热爱教育事业，有高度的责任感和强烈的事业心，自觉地摒弃旧的教育思想和落后的教学方法，树立正确的教育观念，甘于平凡，乐于在艰苦的岗位上，无私地奉献自己的聪明才智和毕生精力。

②尊重学生是师德的灵魂。我国著名教育家陶行知先生有句名言：“你的教鞭下有瓦特，你的冷眼里有牛顿，你的讥讽中有爱迪生。”苏联教育家马卡连柯也说过：“我的基本原则永远是尽量多地要求一个人，也要尽可能地尊重一个人。”对学生有教无类，没有亲疏远近，不偏爱，更不歧视。

③为人师表是师德的基础。作为理想道德和知识的传播者，教师必须有正确的信仰、高尚的品德和丰富的知识。处处规范自己的言行，事事做学生的榜样。以大方的仪表、端庄的举止、亲切的态度、文明的语言和良好的审美素养等，形成一种无声无形的教育动力，去感召学生、启迪学生，最终达到为人师表、教书育人的目的。

④不断进取是师德的生命。树立起“终身学习”“永远探索”的思想，在教育实践中，潜心学习理论，运用理论，还要像人民教育家陶行知先生说的那样，争做“创新之神”，为教育事业不停攀登，终生奋斗。

（6）律师的职业道德。

律师应当忠于宪法和法律，坚持以事实为根据，以法律为准绳，严格依法执业。律师应当忠于职守，坚持原则，维护国家法律与社会正义。诚实守信，勤勉尽责，尽职地维护委托人的合法利益。敬业勤业，努力钻研业务，模范遵守社会公德，严守国家机密，保守委托人的商业秘密及委托人的隐私。尊重同行，同业互助，公平竞争，共同提高执业水平。自觉履行法律援助义务，为受援人提供法律帮助。依法取证，不伪造证据。

（7）医务人员的职业道德。

①热爱本职工作，关系病人的疾苦，将救死扶伤、维护人民的生命、增进人民的健康、同疾病作斗争作为自己的崇高职责。

②专业医务技术，对技术精益求精，勇于攻克疑难病症，积极惊醒革新创造，不断拓宽医学新领域。

③对工作极端负责任，对病人极端热情，一视同仁，时刻关心病人的痛苦和安危，养成严谨细致的医疗作风，平等待人。

④服务细致，谨慎周到，一丝不苟，诊断准确无误，勇敢果断，敢于负责。

⑤保守病人病情“秘密”，举止文雅，端庄可亲，不利用工作之便，侵犯病人权利。加强医德修养，更好地为人民的健康服务。

四、职业形象

大学毕业生带着各自的理想和抱负走上工作岗位，成为职业人，在纷繁的社会，开始建功立业，走向成功。但要真正如愿以偿，却有很多需要注意的环节，特别要注意你的职业形象。

1. 职业形象的含义

职业形象是社会公众对职业人的感受和评价，职业人从事职业活动时的形象就是职业形象。一个职业人的职业形象是公众对他的着装、气质、言谈、举止、敬业精神、乐观自信等外在形象和内在涵养的综合印象。良好的职业形象不仅能够提升个人品牌价值，而且还能提高自己的职业自信心。

在人们心目中，特定的职业和岗位也已经被贴上了标签，就是特定的职业和岗位的从业人员应当是一个怎样的形象，大家已经有一个基本的共识。军人的职业，特种兵的岗位；教师的职业，幼儿园的岗位；会计职业，出纳的岗位；美术职业，平面设计岗位……所有的人都有一个形象的概念，并且十分相似。人们也经常反向思维，根据特定个人的形象，推测他的职业和岗位。

2. 职业形象的设计

正确的形象设计策略就是适应人们的通常认识。您如果选择美术职业，留一头披肩长发就很好，再随便一些，不要过分修边幅，或许人们就会认为您是一名高手；如果选择教师职业，即使是美术教师，以美术工作人员的形象出现就很不好，应当文雅、得体，得像一个人类灵魂工程师的样子。如果您希望在合资企业中谋得营销经理一职，应聘时穿的过于休闲就不合适。而如果您是一个网球教练，西装笔挺，会让人以为您名不副实。

即使是同样的职业，不同的岗位也有一定的形象差异。办公室的女性白领，女秘书的形象应当强调专业，不能太花哨，否则就会有不好的嫌疑；女性经理，则应当弱化女性特征，突出一定的权威。

个人的形象设计其实也很简单，首先是确定自己的基本风格。基本风格应当与职业、所在企业的文化与环境、目前的专业和职务、同事的情形等因素相吻合，尤其是职业和专业特征一定要准确。

3. 发型设计

根据职业确定一个基本的发型。要知道，对个人形象影响最大的因素就是发型，板寸发型和披肩发基本上代表了不同的风格。通常情况下，您应根据自身的特点确定一个发型，重点与个人五官相配合。如果您的职业和职务相对固定，建议您不要轻易改变基本的发型。

4. 服饰设计

服饰有多种风格，您应当局限在特定的风格中，是长期西装革履，还是休闲装，您应当明确。服饰的基本色调也很重要，一般情况下，中性色肯定没有错。您应当为自己的形象进行必要的投资，也就是准备几套“看家”的服装，耐穿、好看、搭配方便，没有明显的流行特征。在服饰上的投资，应当是你工作之后的第一项投资项目。

①服饰设计最重要的是您个人的气质应当与外在的形象一致。如果忽略了个人的气质，那就与沐猴而冠差不多，只会给大家提供笑料。这方面没有什么具体的建议，一个通用的原则您应当牢记：如果您仪表堂堂，天生的衣服架子，穿什么都无所谓；如果身体条件一般，建议您准备几套用料讲究、做工精细的套装，穿着得体也可以增加自信心。

②个人职业形象设计一定要注意细节。细节就是各种小的服饰，如袜子；小的饰品，如戒指。恰当地设计职业形象有助你迈向成功。

5. 电话的基本礼仪

随着科学技术的发展，电话的普及率越来越高，工作更离不开电话，每天要接、打大量的电话。看起来打电话很容易，对着话筒同对方交谈，觉得和当面交谈一样简单，其实不然，打电话大有讲究，可以说是一门学问、一门艺术。

（1）重要的“第一声”。

当我们打电话给某单位，若一接通，就能听到对方亲切、优美的招呼声，心里一定会很愉快，使双方对话能顺利展开，对该单位有了较好的印象。在电话中只要稍微注意一下自己的行为就会给对方留下完全不同的印象。同样说：“你好，这里是××公司。”但声音清晰、悦耳、吐字清脆，给对方留下好的印象，对方对其所在单位也会有好印象。因此要记住，接电话时，应有“我代表单位形象”的意识。

（2）要有喜悦的心情。

打电话时我们要保持良好的心情，这样即使对方看不见你，但是从欢快的语调中也会被你感染，给对方留下极佳的印象，由于面部表情会影响声音的变化，所以即使在电话中，也要抱着“对方看着我”的心态去应对。

（3）清晰明朗的声音。

打电话过程中绝对不能吸烟、喝茶、吃零食，即使是懒散的姿势对方也能够“听”得出来。如果你打电话的时候，弯着腰躺在椅子上，对方听你的声音就是懒散的，无精打采的，若坐姿端正，所发出的声音也会亲切悦耳，充满活力。因此打电话时，即使看不见对方，也要当作对方就在眼前，尽可能注意自己的姿势。

（4）迅速准确的接听。

现代工作人员业务繁忙，桌上往往会有两三部电话，听到电话铃声，应准确迅速地拿起听筒，最好在三声之内接听。电话铃声响一声大约3秒钟，若长时间无人接电话，或让对方久等是很不礼貌的，对方在等待时心里会十分急躁，你的单位会给他留下不好的印象。即便电话离自己很远，听到电话铃声后，附近没有其他人，我们应该用最快的速度拿起听筒，这样的态度是每个人都应该拥有的，这样的习惯是每个办公室工作人员都应该养成的。如果电话铃响了五声才拿起话筒，应该先向对方道歉，若电话响了许久，接起电话只是“喂”了一声，对方会十分不满，会给对方留下恶劣的印象。

（5）认真清楚的记录。

随时牢记“5W1H”技巧，所谓“5W1H”是指：When 何时；Who 何人；Where 何地；What 何事；Why 为什么；HOW 如何进行。在工作中这些资料都是十分重要的。对打电话，接电话具有相同的重要性。电话记录既要简洁又要完备，有赖于“5W1H”技巧。

（6）了解来电话的目的。

上班时间打来的电话几乎都与工作有关，公司的每个电话都十分重要，不可敷衍，即使对方要找的人不在，切忌只说“不在”就把电话挂了。接电话时也要尽可能问清事由，避免误事。我们首先应了解对方来电的目的，如自己无法处理，也应认真记录下来，委婉地探求对方来电目的，就可不误事而且赢得对方的好感。

（7）挂电话前的礼貌。

要结束电话交谈时，一般应当由打电话的一方提出，然后彼此客气地道别，说一声“再见”，再挂电话，不可只管自己讲完就挂断电话。

（8）使工作顺利的电话术。

①迟到、请假由自己打电话。

②外出办事，随时与单位联系。

③外出办事应告知去处及电话。

④延误拜访时间应事先与对方联络。

⑤用传真机传送文件后，以电话联络。

⑥同事家中电话不要轻易告诉别人。

⑦借用别家单位电话应注意：一般借用别家单位电话，一般不要超过十分钟。遇特殊情况，非得长时间接打电话时，应先征求对方的同意和谅解。

6. 使用名片的礼仪

外出公干，在外接待客户都要使用名片。名片，是当代社会私人交往和公务交往中一种最为经济实用的介绍性媒介。由于它印制规范、文字简洁、使用方便、便于携带、易于保存，而且不讲尊卑、不分职业、不论男女老幼均可使用，因此使它用途广泛。

（1）交换名片的时机。

希望认识对方；表示自己重视对方；被介绍给对方；对方想要自己的名片；提议交换名

片；初次登门拜访对方；通知对方自己的变更情况；打算获得对方的名片。

（2）碰上以下几种情况，则不必将自己的名片递给对方，或与对方交换名片。对方是陌生人；不想认识对方；不愿与对方深交；对方对自己并无兴趣；经常与对方见面；双方之间地位、身份、年龄差别悬殊。

（3）递名片给他人时，应郑重其事。最好是起身站立，走上前去，使用双手或者右手，将名片正面面对对方，交予对方。切勿以左手递交名片，不要将名片背面面对对方或是颠倒着面对对方，不要将名片举得高于胸部，不要以手指夹着名片给人。若对方是少数民族或外宾，则最好将名片上印有对方认得的文字的那一面面对对方。将名片递给他人时，口头应有所表示。可以说："请多指教""多多关照""今后保持联系""我们认识一下吧"，或是先作一下自我介绍。

（4）与多人交换名片，应讲究先后次序，或由近而远，或由尊而卑，一定要依次进行。切勿挑三拣四，采用"跳跃式"。当然，当他人表示要递名片给自己或交换名片时，应立即停止手上所做的一切事情，起身站立，面含微笑，目视对方。接受名片时宜双手捧接，或以右手接过，切勿单用左手接过，"接过名片，首先要看"，这一点至为重要。具体而言，就是换过名片后，当即要用半分钟左右的时间，从头至尾将其认真默读一遍，若接过他人名片后看也不看，或手头把玩，或弃之桌上，或装入衣袋，或交予他人，都算失礼。

（5）接受他人名片时，应口头道谢，或重复对方所使用的谦词敬语，如"请您多关照"，"请您多指教"，不可一言不发。若需要当场将自己名片递过去，最好在收好对方名片后再给，不要左右开弓，一来一往同时进行。

五、职业化人才必备的素质

已经进入职场的大学毕业生，尽快转换成职业化人才是当务之急。大学毕业生的职业化程度的高低决定了他未来的发展，是否具备职业化的意识和职业化的技能、知识，直接决定了发展的潜力和成功的可能。

大学毕业生走上工作岗位，要成为一个现代化的人才，必须紧跟时代步伐，用最新的理念和技能武装自己，以在激烈的人才竞争中获得一席之地，并能很快脱颖而出，获得更多的发展机会和更大的发展前途。

香港光华管理学院、著名国际战略管理专家林正大先生认为，一个职业化的人才必须具备五项素质，分别是动机、知识、行动、技能和良好的习惯，这五项技能的英文首字母的组合为 MKASH，即所谓的职业化人才的 MKASH 原则。

他将这五项必备素质比喻为一个车轮，象征车轮带动人才滚滚向前之意。

阅读材料

MKASH 原则

M，即 Motivation（动机），动机就像车轮的轴心，处于核心地位，动机的大小和强弱决定了车轮的运转速度和运行状况，积极心态影响下的动机会加速车轮的运转，同样可以加速人才的成长与成功，反之，消极心态影响下的动机则对人才的成长不利，不但不利于人才的成长，反而起到了很大的破坏作用。所以我们必须正确认识动机对我们成功的激励性作用，积极调整自己的心态，以积极的心态面对工作和挑战，不断激励与超越自我，实现我们的目标和远景。

其余的 4 项素质就像车轮的 4 根撑条，支持车轮的运转。

K，即 Knowledge（知识），做任何一项工作，首先要具备的就是应对那份工作的专业知识，要做得好还得具备与其相关的其他知识，以形成自己的知识体系，支持工作的开展。我们说职业化的人才必须具备专业化知识，做管理的懂管理知识，做财务的懂财务知识，做营销的懂营销知识，没有专业化的知识，无论如何也无法做到职业化，也就无法在激烈的竞争中得到认可，更谈不上发展进取。所以专业化的知识很重要。

A，即 Action（行动），具备了良好的动机，专业化的知识，熟练的技能水平是不是就可以了呢？不是。接下来一个重要的素质就是行动的能力。有的人方方面面都比较优秀，知识水平很高，能力很强，可就是做不出出色的工作业绩。原因就在于行动能力上欠缺。汤姆彼得斯说过：快速制订计划并采取行动应该成为一种修养。我们非常同意他的观点。要想成为一个职业化的人才，就必须改掉犹豫不决，瞻前顾后，拖拖拉拉的办事作风，在自己认准的事情上认认真真地采取行动，用行动来证明一切，而不是自己惯性的假想。

S，即 Skill（技能），技能是支持人才开展工作必要手段，只有知识，没有技能，也是寸步难行，试想，一个管理人员不具备沟通的技能，怎么与人沟通，怎么开展工作，没有人际交往技能，怎么与同事合作，怎么管理下属？这些都是我们必须掌握的基本技能，当然还有许多更高层次的技能需要掌握，要看我们做什么工作。技能的锻炼应该提高到与知识同等的高度，并高度重视，才可能将知识转化为力量，转化为效益。

H，即 Habit（良好的习惯），习惯决定命运，这句话一点都不夸张。职业化的人才必须具备良好的习惯，无论是生活还是工作，都要时刻注意自己的习惯，改掉曾经不好的习惯，慢慢养成职业化的行为习惯。良好的习惯给人美的印象和感觉，能在一定程度上帮助你成功。

具备以上五项素质的大学毕业生就像是加满了油的汽车，有使不完的劲，朝着成功的方向前进！

思考题

1. 如何树立良好的第一印象？
2. 如何顺利实现从学生角色向职业角色转换？
3. 什么是职业素质与职业意识？
4. 简述不同行业的职业道德要求。

第九章 自主创业 自谋前程

心灵咖啡

大学生创业，在理想与现实之间

1. 低起步高增长，稳扎稳打

山东济南燕山街道27岁的自主创业大学生张猛最近正在申请小额担保贷款。有了这笔流动资金后，他打算为其名下的3家“吉快客”西式快餐连锁店换上统一的店面和招牌，为店员换上标准的工作服，此外还想印刷一批宣传彩页进行市场推广。

功夫来自创业之外，大学毕业前张猛在肯德基打了5年工。平时就暗暗留心学习的他在肯德基的经营管理模式中受到了深深的启发。2006年他开了第一家店，就经营汉堡、薯条这些驾轻就熟的食品。他一直抱着“趁年轻有精力尽快把市场做大”的理念，手头有了积蓄就扩张店面，现在已经拥有了3家连锁店。至此，他考虑暂时中断量的积累，转而促成质的提升，从树立品牌到规范服务，并辅以新产品开发，形成一条成熟的发展路径。燕山街道劳动保障中心对张猛的扶持贯穿一路。2007年10月燕山保障中心为他办理了失业登记，将燕山小商品市场一间18平方米的门面安排给他，减免房租2.4万元，一并减免3年的工商管理费和地税。分店开业后，因资金、人手不足，保障中心又为他申请5万元的小额贷款，介绍2名社区失业人员和4名大学生到店里工作，解决了张猛的燃眉之急。

2. 新概念新思路，勇于尝试

相比之下，从小就喜欢音乐剧并打算以此为事业的李千姿可谓走了一条“摸着石头过河”的路。李千姿去年从山东艺术学校毕业，与几位有着相同爱好的朋友合伙成立了一家广告公司，眼下他们正集中精力排练音乐剧《歌剧魅影》，并计划于××××年×月份推出一场公益演出。《歌剧魅影》是一场全英文的音乐剧。李千姿剧组为改写剧本、分配角色、背诵台词已经准备了一年多。

李千姿在介绍她的创业思路时运用了文化产业这一概念，在众多大学生创业者中很惊艳。而当记者问到英语舞台剧的受众市场以及盈利模式时，她却没有明确的规划。“也许往英语教育方向发展，也可能走公益演出的路子，我会勇敢地尝试。”她希望借助英语舞台剧开创一条英语教学的新路，然而这取决于教育大环境的改善。为了弥补社会经验不足的缺陷，李千资的公司请了一位引路人，约定期限3年，这期间由后者主持经营大局。这位引路人对记者说，他看中的是这帮学生的激情和艺术修养，希望能从中发掘到好的合伙人。

3. 创业之前做好铺垫

“创业绝对不是头脑发热，猛地一下做起来。”在济南经营数据外包业务的范晓玉道不尽她的感触。她在软件外包行业“拼命三郎”似的干了十多年，创业前期，她和做财务工作的先生搜集了大量的行业信息，并做了细致的市场调研和投资测算，几乎作了全部的铺垫。按照她的话说，有客户的情况下知道怎么接活儿和报价，没有客户的时候知道去哪个城市寻找资源。即便如此，刚起步时的艰辛仍然不堪回首。“必须先找到切入点再去创业，最好的办法是先找一个地方待着，接触行业，明白运作，建立概念。”范晓玉给出中肯的意见。

第一节 自主创业概述

大学生自主创业是近年来兴起的一种大学生就业模式，是大学生毕业后不通过传统的就业渠道谋取职业发展，而是利用自己所学的知识和专业技能创办公司、开办企业等的就业行为。

一、自主创业的意义和时代背景

大学生自主创业的具体含义：大学生创业就是利用自己的知识、才能和技术以自筹资金、技术入股、寻求合作等方式创立新的就业岗位，毕业生不做现有就业岗位的竞争者，而是为自己、为社会、为更多的人创造就业机会。

1. 自主创业的意义

（1）大学毕业生通过自主创业，可以把兴趣与职业紧密结合，实现人生价值。

大学毕业生自主创业与社会供职不同，他可以做自己最感兴趣、最愿意做和自己认为最值得做的事情。在多彩缤纷的社会大舞台中“海阔凭鱼跃，天高任鸟飞”，最大限度地发挥才能，实现自己的人生价值。

（2）有利于大学生自力更生，培养自立自强意识、风险意识、拼搏精神和艰苦奋斗的作风。

大学毕业生在创业过程中，遭遇困难和挫折，甚至失败都在所难免，这就要求自主创业的大学毕业生具备顽强的意志和良好的品格，勇于承担风险，独立自强，艰苦拼搏。

（3）有助于为国家造就一批年轻的企业管理人才。

大学生创业的艰苦过程，不仅磨炼了创业者的意志品质，还培养了创业者的市场观念，训练了他们的决策管理能力，锻炼和提高了自身素质，有助于为国家造就一批年轻的优秀企业管理人才。

（4）有利于缓解国家就业压力，为更多的大学毕业生提供新的就业机会。

大学生自主创业不仅解决了大学生自身的就业问题，而且为社会创造了就业岗位，解决了他人的就业。大学生创业无论对个人还是对社会，都具有重要意义。目前世界各国都很重视大学毕业生的创业问题。

2. 创业的时代背景

当今时代是经济和高科技迅猛发展的时代，是变革的时代，也是世界经济全球化发展的时代。这样的时代为大学生创业发展提供了良好的时代背景。

经过二十多年的改革开放和社会经济的发展，目前，我国已经具备了大学生自主创业的社会经济条件。

（1）经济发展提供了创业大舞台。

随着我国经济的发展和改革的逐步深入，以及经济结构战略性调整的不断推进，产业结构的调整也加快了步伐。这意味着行业中原有的投资主体退出，个别行业将要萎缩或消退，而新的投资者会出现，新兴行业将迅速崛起。新兴行业的出现和投资主体的多元化将推动一大批创业者的产生与成长。比如，第三产业的发展使得各种中介服务、社区服务、文化服务、科技服务、家政服务等一大批新的职业需求发展，而这些都是非常适合大学生创业者的。

（2）知识经济时代提供了创业机遇。

知识经济时代社会财富被新的知识创新阶层所控制。一些新的就业方式和财富增长方式也将出现，知识就业者、信息就业者、网络就业者、数字化就业者将大量涌现。大学生作为我国高素质群体，知识经济时代将为其提供更多的创业机会。在知识经济时代，大学生通过科技创新在某一方面取得的突破性成果或毕业后先进入某一行业就业，进而独立或与他人合作创办公司，在为自己创造就业机会的同时，也为社会、为他人创造更多的就业机会。

（3）融资环境不断改善。

对于创业者来说，要实现自己的创业梦想，融资是相当关键的一步。大学毕业生自身经济实力薄弱，因而通过一般的商业贷款获得资金是相当困难的。但是，我国银行已普遍开展创业贷款业务，大学生创办的企业规模普遍较小，可以通过这种贷款获得数万元的资金，实现自己的创业梦。同时，近年来，风险投资在我国如雨后春笋般迅速兴起。由于风险投资能够解决中小企业发展的融资问题，因而成为推动当前创业的关键因素之一。

（4）良好的政策法规环境。

创业者能够顺利创业，离不开良好的政策法律环境，特别是允许个人创办、经营企业的相关政策法规。改革开放以来，我国逐步建立起以公有制为主体，多种经济成分共同发展的经济体制。非公有制经过二十余年的发展，在就业结构中已经占有非常重要的地位。在全面建设小康社会的新阶段，国家为自主创业、开办私营企业提供了一个良好的政策法规环境。目前，我国《中华人民共和国公司法》《中华人民共和国个人独资企业法》《中华人民共和国合伙企业法》等法律和一系列相关的政策已经出台并生效，公司、个人独资企业和合伙企业等三种最常见的企业形式的地位已经得到确立，社会个体创办企业的门槛已经大大降低。这为大学生创业提供了最基本的法律保障，营造了宽松的政策环境。近年来，为了鼓励大学生自主创业，国家和各地方政府还出台了一系列相关政策措施，如《国家工商行政管理总局关于2003年普通高等学校毕业生从事个体经营有关收费优惠政策的通知》《财政部、国家发展和改革委员会关于切实落实2003年普通高等学校毕业生从事个体经营有关收费优惠政策的通知》等。

大学生创业者中一部分是带有科技创新成果的。对于这些科技创新成果，我国也制定了一系列的相关制度。《关于促进科技成果转化的若干规定》中规定，“高新技术成果的作价金额可达到公司或企业注册资本的35%，另有约定的除外”，“对科技成果转化执行税收优惠政策”。北京市关于《促进科技成果转化若干规定实施办法》规定，“鼓励在校研究生创办民营科技企业”，“创办的高新技术公司，注册资本金可以在一年内分步到位；注册资本不足时，可向风险投资或担保机构申请注册资本金担保；以高新技术成果出资入股，高新技术成果的作价金额依据当事人商议确定，当成果部分占总注册资本金的比例超过20%时，应经市科委认定后办理注册登记，当成果作价金额在500万元人民币以上，并且超过注册资本35%的，由科技部审查认定。”

另外，我国各地相继建立了大学生创业园或创业孵化园，大学生创办的企业在其中享受一系列的优惠和创业指导，“政府搭台，大学生唱戏”，为大学生创业提供了舞台。

（5）良好的社会心理条件。

社会的文化心理状况同样影响创业行为。在美国，超过90%的人认为创业是一项令人尊重的工作，成功的创业者会得到相当高的评价，这种有利于创业的社会文化心理氛围，给予创业者莫大的精神支持。近年来，随着我国经济发展和社会进步，人们的创新意识和能力得到了彰显。大学生作为新时代的弄潮儿，成长在改革开放的时代，受传统的束缚观念影响小，在当前支持、鼓励创业的大好社会心理条件下，更应当开拓创新，争取取得更辉煌的成就。

二、创业道路的选择

1. 结合专业慎重选择创业方向

专业技术能力是一种最基本的创业能力。如果决定以专业知识进行创业活动，大学生创业者要结合专业慎重选择创业方向。著名的美国硅谷、北京中关村的成功者，大都是以其坚实的理工科专业知识为基础。有些专业的学生或许更适合创业活动，如美术、装潢、广告等专业的学生。由于专业的特殊性，他们的工作本身就是一种创作行为，要走上自主创业之路，不需要太多的创业背景和承担过多的创业风险。文科学生中也不乏创业的例子，如自由撰稿人、策划人、职业作家等。文科学生的自主创业更倾向于自由职业一类，从这个角度说，文科学生创业所需要的资金、经验、市场等条件要求不会太苛刻，学生更容易在市场中立足。

2. 从小事做起，忌好高骛远

一位成功创业者曾说：“创业公司尤其忌讳把话说得太大，踏踏实实找一个领域，解决一个问题，由于解决这个问题而得到认可和欢迎，再去图谋更大的发展，这是正途。再伟大的事也都是从很小的事做起来，一点一滴做大的。从 TOM 到 QQ，到网易、新浪、盛大……哪个公司不是踏踏实实做起来的？”“不要被成功企业所编写的创业故事迷惑，因为那里讲的都是企业成长过程中过五关斩六将的最精彩的部分。要用自己的头脑思考、学习，怀着谦虚的态度，多跟成功或者失败过的人交流。”大学生自主创业容易产生好高骛远的心理，这会给创业带来巨大的风险和压力。在社会主义市场经济的大潮中，大学生创业一般宜从创办小企业做起，选择一些低成本、低风险的小项目，放下架子去创业。

三、影响大学生创业的因素

影响大学生创业的因素，大致包括以下四个方面：

1. 个人能力与素质

创业是一种具有强烈个性色彩的社会活动，因为它十分强调创业者本身的个人素质和能力。大学毕业生要在激烈的社会竞争中站稳脚跟，靠的是个人实力。没有实力，创业只能成为美丽的空想，永远不可能成为现实。而当大学毕业生的创业实力达到一定程度时，他会排除其他因素的影响，坚定地走自己的创业之路。因此可以说，个人能力与素质作为内因，在大学生创业选择中起着决定作用，其他因素都是外因，起着辅助或从属的作用。

2. 家庭因素

家庭对大学生创业的影响一般有两方面：一方面，父母的价值观会对大学生创业产生影响。如果父母从小鼓励孩子独立、大胆尝试、不怕失败，大学生在创业选择中会持更积极、乐观的态度。如果父母担心孩子吃苦受累，希望孩子找一个稳定的工作，逐步发展，那么，大学毕业生在创业选择上就会更加谨慎。另一方面，如果大学毕业生所在家庭有创业历史或经商背景，也往往会对大学毕业生的创业选择形成积极影响。

3. 社会因素

影响大学生创业选择的社会因素有两方面：一方面是社会为大学生创业提供的软、硬件环境；另一方面是大学生创业的社会舆论。社会的软件环境是指与大学生创业相关的政策法规环境；社会的硬件环境则是指风险投资机构对大学生创业的扶持等经济环境。

4. 学校因素

学校对大学生创业的影响分为直接和间接两个方面。直接的影响来自于学校针对大学生创业推出的相关政策规定和大学生创业指导等各种教学和训练活动。间接的影响指学校的所有教育活动，尤其是以创业为主题的教育教学改革对大学生潜移默化的影响。

以上四个方面的因素相互作用，对大学毕业生的创业产生综合影响。当前，大学毕业生自主创业的各方面条件和环境还在逐步完善中。随着时间的推移，越来越多的大学毕业生将会走上自主创业之路，创业也将成为植根于大学生心中的一种成才模式和理念。

案例导读

“掉渣儿”烧饼为何好景不长

2005 年 3 月，来自恩施土家族的女大学生晏琳，在武汉大学附近开了首家烧饼店，将相传为土家族将士的战场食粮——土家烧饼，引入大都市，从而拉开了“掉渣儿”烧饼风靡一时、席卷全国的序幕，引发了万众瞩目、沸沸扬扬的“烧饼现象”。

同年7月，鉴于烧饼生意火爆、供不应求，被誉为“烧饼皇后”的晏琳，注册成立了武汉“掉渣儿”食品管理有限公司，旗下共有两家直营店，注册资本30万元。晏琳同时开始推广加盟连锁经营模式，短短数月，加盟店拓展到30多家，并迅速向北京、上海、杭州、重庆等地辐射。一时间，烧饼店前排成长龙等待烧饼出炉，市民拎着纸袋装的烧饼边走边吃，成为许多城市街头的时尚景观。

但是，加盟店很快发现，他们被跟风者包围，几乎一夜之间，武汉街头冒出了令人目不暇接的烧饼店，名字严重同质化，加盟店效益也因此迅猛下滑。2006年春节后，不少加盟商找公司退回保证金，加盟店严重缩水。2006年5月，有加盟商以欺诈为由将晏琳告上了法庭，掉渣儿公司总部搬家，称公司亏损严重，开始退还保证金，收回加盟合同，并以5 000元低价甩卖“秘方”。

“掉渣儿”烧饼一炮而红，加盟商一哄而上，可没过多久就一塌糊涂，最后竟一哄而散。有识之士纷纷对此分析评点，试图找到其中的症结。综合各方专家学者的意见，最终应归咎于品牌企业关键负责人的素质和能力有欠缺。

一个刚刚毕业的女大学生，显然缺乏经营管理的经验，更无法驾驭加盟连锁的社会化运作。因此，公司缺乏品牌连锁经营的能力和管理水平。由于缺乏经验和相关的能力，再加上头脑发热、盲目冲动，不顾产品品种单调、替代性强等因素，“掉渣儿”烧饼从成长到成熟再到衰败也很正常。另外，其品牌管理存在重大失误，企业在未获得商标专用权的情况下，盲目推广加盟，扩张太快，导致权益不能得到法律的保护，最终被跟风店拖垮。

这个案例警示我们，大学生创业看上去很美，但不论是从学校教育还是从创业者自身的创业意识来看，大学生创业者在商业管理和实践能力上依然有些幼稚，类似“掉渣儿”烧饼由盛转衰急剧坠落的“经济悲剧”，正击中了大学生创业的“软肋”。

第二节 自主创业准备和程序

自主创业并非易事，应做好充分的准备。对于那些想自主创业，谋划自己“创业生涯”的大学生而言，应当做好哪些方面的准备呢？

一、解读“科学发展”

1. 自主创业的心理准备

并不是每一个大学毕业生都适合创业，也并非每一个创业者都能成功。商场如战场，有赚就有赔，要想创业成功，首先，要做好创业前的心理准备。既要有吃苦的心理准备，还得有承担失败的心理准备。

（1）要有吃苦的心理准备。

自主创业并非像一些未涉商海的人所想象的或像文学影视作品中描绘的那样潇洒有趣。

实际上，对一个创业者来说，创业的艰辛不是一两句话能说清的，经常遇到诸如资金、人事、市场等方面的各种困境，在创业过程中可能会有数不清的障碍和困难。一个问题没解决，一个障碍迈不过去，就可能前功尽弃。

香港超人李嘉诚从茶楼跑堂和推销员干起，历尽艰辛，在他自立门户创立长江塑胶厂之初，曾遇到客户退货、产品积压、工厂面临倒闭的危险，他硬是凭着顽强的毅力坚持下来，历经创业坎坷而成为今天香港的巨富。无数个成功者从失败走向成功的经验告诉我们，谋生与创业的艰难，充满各种危机和困难，如果没有坚强的意志，良好的心理素质，只能在困难面前束手无策，接受失败，还有可能从此消沉下去。

（2）要有不畏艰险的心理准备。

自主创业会比做一般的职员要承受更大的压力。对于工薪阶层的职员来说，公司若垮了，可以另谋职位；而对于创业者来说，稍有不慎，整个事业就有可能毁于一旦。人生旅途不可能一帆风顺，会遇到各种困难和挫折，有的挫折是由于自己的不慎造成的，而有的则是不可避免或意想不到的。有的人在失败和挫折中沉沦下去，而有的人在失败和挫折中振作起来，其中缘由就在于个人意志力的差别。创业也是如此，几乎所有创业者都尝过失败的滋味。

（3）要有失败的心理准备。

一项决策的失误或计划不周密，而导致经营失败，这也是常有的事。人在得意时，往往呼风唤雨事事顺手，当处于困境时则事事为难。银行不愿贷款，卖主不敢批货，买主不愿购货，雇员离心离德，各有打算，更有那些落井下石的人趁火打劫。身处逆境中，要么咬紧牙关，勇往直前，要么一路退败，前功尽弃。怕失败是人性之弱点，失败之后的挫折感，能彻底摧毁一个人的自信心，有些人会因此一蹶不振。但人生没有永远的失败，也没有战胜不了的困难。一个人只要有信心，有勇气和不屈不挠的精神，以积极的态度去迎接挑战，就能渡过难关，并最终取得成功。

2. 自主创业项目的准备

在分析自身条件和了解创业机会的基础上，创业者可以对创业项目做初步的选择，即选择创业的切入点。是办修理厂，还是办加工厂；是开美容美发中心，还是进行软件开发；是开商场，还是经营酒店；是个人独立经营，还是与他人合作经营等。选择的正确与否直接关系到创业的兴衰、成败。因此，创业者首先要对现阶段国家政策进行认真的学习，深刻地领会，明确哪些行业是鼓励发展的，哪些行业是加以限制的。

首先，选择的创业项目一定要有发展前景，决不能因利益驱动的短期行为而贻误远大前程。

其次，应选择自己熟悉的社会经济热点。

再次，必须对所选的项目进行深入、细致、认真的市场调查。因为对创业项目的初步选择多半是凭自己的经验、兴趣、阅历和对社会的感性认识而做出的，要全面了解其可行性、发展前景及风险的大小，还需要进行周密的市场调查。通过市场调查可以了解相关店铺或工厂、公司的营业范围、场地租金、员工薪酬、月营业额、利润、所需设备及设备价格等方面的信息，例如，选择生产、加工类创业项目的地址时一般要考虑到：满足生产、加工需要，种植要有土地，养殖要靠水，建材加工要有场地；交通便利；租金可以承受；员工的生活便利、安全。而进行商业店铺、餐馆、各种服务部的选址时要考虑：人口密度大而且流动性大，在闹市区或繁华地段，交通便利且易停车；在特定的场所（如学校、车站、医院等）附近；同行业密集地；了解可能的顾客（客户）群体，了解他们可能的数量、分布、文化层次、消费水平及消费需求；了解自己的竞争对手，创业者应该清楚，在自己未来的经营范围内，有多少家同类型的小店、小厂、小公司，它们占据的市场份额有多大，它们的经营方式有什么特点，在哪些方面还未能满足顾客的需求等。在此基础上，从技术和经济角度对所选项目进行评估、测算，最后确定切实可行的创业项目。

3. 创业资金的准备

无论是做大生意还是做小买卖，都需要一定的启动资金，没有资金是无法进行创业的。拥有的资金越多，可选择的余地就越大，成功的机会也就越多。资金的来源可以通过各种渠道筹划，如自有资金、集资、贷款以及与别人合伙等。自己的动产或不动产变现是创业资金主要的、最可靠的来源，可以通过亲戚朋友集资，也可以动员其他人来投资。但你要说服别人，必须有一整套详细的实施计划和可行性论证。要承诺并实现风险共担，利益均沾，认真谨慎地使用别人的钱，自己宁可吃亏，也要保证按约定兑现给别人的投资回报，切记“好借好还，再借不难”的常规，做人要有信用。

另外，还可以从银行贷款。通常贷款要三个方面的条件：一是有不动产做抵押；二是项目要有吸引力；三是与银行要保持良好的关系。如果你有不动产如房子、汽车等做抵押，贷款就会容易得多，不过即使没有不动产做抵押，也不是绝对贷不到款，项目的投资前景和效益是影响贷款决策的首要因素。银行要对贷款项目进行技术、经济等方面的可行性论证。初次向银行贷款，数额不宜过大，否则，很难成功。从小笔贷款入手，每次到期按时还贷，逐渐取得银行的信任，才能获得较大数额的贷款。

特别要注意资金的使用风险，不可将所用的资金都投入到一个项目去，也不可超过盈利能力大额举债，要想办法分散投资风险。建议将筹集到的资金分三块使用：一块用来投资项目；一块用作项目备用金；另一块用于风险较低的储蓄、债券和股票投资。在保证投资收益的同时，尽可能降低投资风险。

4. 经营知识的准备

创业者必须具备一定的经营之道，如何进货，如何打开销路、消费者定位等方面的知识，创业者都必须掌握。可以向有经验的人学习取经，也可以购买订阅一些营销类报刊，从中借鉴别人的经验。

二、把握创业机遇

创业，是一个发现和捕获机会，由此创造出新颖的产品或服务，进而实现其潜在价值的过程。著名作家柳青在他的小说《创业史》中说：“人生的道路虽然漫长，但紧要处却只有几步。”这紧要的几步说的就是机遇。由于创业是一项创造人生、改变命运的活动，所以机遇对于创业者来说，具有更为重要的意义。

1. 机遇的作用

机遇如同催化剂，没有机遇的催化作用，事情多半难以成功。换句话说，离开机遇的作用，任何创业的成功只能在“希望的彼岸”。人们常说，“万事俱备，只欠东风”。当创业的基本条件已经具备时，机遇便成为不可或缺的“东风”。只有及时、准确地把握住机遇，才能赢得成功。从一定角度讲，机遇是创业的动力，它把创业者推上社会舞台；机遇是创业的路标，它为创业者指明方向；机遇是创业的关键，它使创业者走向成功。

2. 机遇的把握

首先是发现和认识机遇。法国著名艺术家罗丹说：“生活中不是缺乏美，而是缺乏发现美的眼睛。”套用这句话我们可以说，在现实生活中，我们往往缺乏发现机遇的“慧眼”。文学大师巴尔扎克说：“机遇女神总披着神秘的面纱，难以让人看到她的真面目。”机遇的特征决定了机遇不会主动直接地呈现在人们面前，而是需要人们掌握机遇的特征，注重知识的积累，用心观察细微事物，机遇往往就在我们身边。

其次是善于寻找机遇。我们说机遇无时不在，无处不在，是针对人类创业活动的整体而言，也是针对创业者的主动寻求而言的。古今中外许许多多的事实表明，能等来的机遇远远少于人们主动寻求到的机遇，这是由机遇的存在特征决定的。在现今这样一个充满机遇的时代，人们对于机遇的认识和把握各不相同：愚者抛弃机遇，弱者错过机遇，强者抓住机遇，勇者抢占机遇，智者创造机遇。由此，我们可以说，机遇总是留给有准备的人。

三、分析创业环境

环境是创业活动的时代背景，是创业者的舞台。任何创业活动都必须面对一定的创业环境，都要争取在有利的环境中进行。认识环境，分析环境，合理利用环境，巧妙适应环境，是大学生创业者必不可少的创业准备条件。

1. 宏观环境分析

宏观环境分析，即对社会文化环境、经济环境、政治环境、法律环境、技术环境和自然环境等因素进行分析。

社会文化环境因素，是指社会的宏观环境（如我国的宏观经济状况及指导政策等）和社会的文化风貌（如社会对于创业和大学生创业的主流价值观念等）的总括。目前，我国的社会文化环境总体上是有利于大学毕业生进行自主创业活动的。

经济环境因素，是指国家或地区经济发展的总体水平、经济结构和产业结构、社会成员收入状况和生活水平、生产原料和能源供应状况、人才及融资情况等。大学生创业者通过对经济环境的分析研究，可以预测经济环境将来的发展趋势，及时调整创业发展计划。

政治环境因素，主要指国家政治制度、管理体制以及政局的稳定、社会的安定状况。政治环境对创业活动有重大影响，稳定的政局、安定的社会局面，有利于大学生的创业活动。反之，则会影响大学生创业活动。

法律环境因素，是指国家有关经济等方面的法律保障因素。国家通过制定法律、法规、政策给创业者提供更多的机会和法律保障。但是有些法律法规，也给创业者带来风险和约束。社会主义市场经济是法制经济，大学生创业活动应纳入法制轨道。

技术环境因素，是指技术的发展状态、国家的技术投资重点和技术倾斜政策、专利保护、技术转移及商品化速度、技术创新以及由此带来的经济效益等因素。对于技术型创业者尤其要重视相关技术的环境因素。

自然环境因素，是指创业单位所在地区或与该企业相关联地区（如创业企业原料产地等）的地理位置、自然气候、资源状况、自然灾害等因素。该因素对创业者的影响也不可小视。

2. 微观环境分析

微观环境分析，即对企业竞争环境、市场需求环境和产品生命周期等状况进行分析。

“知己知彼，百战不殆”，在激烈的市场竞争中，大学生创立企业要认真分析企业将会面临的竞争环境和市场需求环境。企业竞争环境分析包括企业竞争对手的实力、企业规模、技术水平和市场占有率等状况的分析。进行企业竞争环境分析，以便发现自己的创业机会，为今后在激烈的市场竞争中站稳脚跟打下基础。市场需求环境分析包括全国或某一地区的总体市场和创立企业所生产的消费品及提供服务的各细分市场、市场需求现状及变化趋势、市场创新等状况分析。进行企业竞争环境分析，为企业适应市场需要，调整企业的发展计划提供分析依据。

此外，任何产品都有其生产、发展到消亡的过程，这个过程是产品的生命周期。忽视对产品的生命周期的分析，有可能对企业带来致命的打击。

四、一般创业程序

1. 调查研究

对于欲创业的大学生而言，必须搞好调查研究。比如，进行市场调查研究，了解消费者对你提供的产品或服务的需求程度、各种不同类型的消费者消费的可能性、消费者对同类产品或服务的认知渠道和消费依据等。在调研方法上，由于受大学生创业者资金状况的限制，一般以间接资料（第二手资料）为主、直接资料（第一手资料）为辅。对一些特别重要的市场信息，可以通过观察或访谈等方法获得第一手资料。

2. 选择创业项目

准备从事自主创业活动的大学毕业生，应根据自己的专业特长和所在地区的社会需求状况，选择当地群众急需而又紧缺的行业。大学生创业的形式多为个体经营活动，具有较强的灵活性和适应能力，形式多样，主动性强，能够根据市场变化及时调整生产经营品种、规模和经营项目，以适应市场的需要。

3. 组建创业团队

企业的创办者不是万事皆通的全才，他可能是某种技术方面的天才，但对管理、财务和销售可能是外行；他也可能是管理方面的专家，但对技术却一窍不通。因此，要想把好的创意转变成现实的创业行动，转变成现实的产品或服务，就必须组建一个具备管理、技术、营销等方面知识和有经验的人士参加的创业团队。一般而言，风险投资者很看重创业计划中是否有优秀的创业团队。为了建立一个能够精诚合作、具有奉献精神的创业团队，创业者必须在其他人中间树立起相当的威信。

4. 筹措资金

大学生创业者要想投入足够的资本来创办一个新企业，他们必须寻求外部的资本支持。

除了大学生创业者的个人资金外，家庭和朋友的资金也是大学生创业者最常见的资金来源之一。对于大学生创业者来说，正确衡量家庭和朋友提供资金的利弊得失，最好能够从一些志同道合的朋友处获得一定的资金，大家合伙投资，共同创业。

金融机构也是大学生创业者获得资金的一个渠道。大学生创业者可以利用家庭的动产和不动产，或者由亲属等提供担保获得贷款。风险投资，英文名称为“Venture capital”，是大学生创业者创办的企业，特别是高新技术企业获得资金支持的最为重要的渠道。此外，大学生创业者还可以通过诸如政府资助、私募、信托投资、民间贷款等方式获得创业所需要的资金。

5. 登记注册开户

大学生创业无论是成立公司，还是成立个人独资企业或者合伙企业，都必须进行工商登记，开立银行账户，办理税务登记，从事特殊行业的，还须事先取得相关主管部门的批准文件。只有在这些法定的手续全部办理完毕后，大学生创业者创办的企业才能正式宣告成立，投入运营。创业者还需要了解《企业登记管理条例》《公司登记管理条例》等工商管理法规。设立特定行业的企业，创业者还有必要了解有关开发区、高科技园区等方面的法律规章和有关地方规定，这样有助于选择创业地点，以享受税收等优惠政策。

我国实行法定注册资本制，如果创业者不是以货币资金出资，而是以实物、知识产权等无形资产或股权、债权等出资，还需要了解有关出资、资产评估等法规规定。

企业设立后，需要税务登记，需要会计人员处理财务，这其中会涉及税法和财务制度，需要了解企业必须缴纳哪些税。企业要聘用员工，这其中会涉及劳动法和社会保险问题，需要了解劳动合同、试用期、服务期、商业秘密、竞业禁止、工伤、养老金、住房公积金、医疗保险、失业保险等诸多规定。还需要处理知识产权问题，既不能侵犯别人的知识产权，又要建立自己的知识产权保护体系，需要了解著作权、商标、域名、商号、专利、技术秘密等各自的保护方法。

五、大学生创业应具备的素质

事实上，大学生自主创业不是一件简单的事情，在大学生创业过程中，困难、挫折甚至失败均是在所难免的，创业者需要具有一定的创业素质和创业能力。

1. 创业意识

在现代经济社会中，不是每一个大学毕业生都需要走自主创业之路，但每一个大学生都应当树立创业意识。这种创业意识要求大学生注重长远利益、个人创意、个性发展、团队精神、动手能力等。

创业意识，即在创业实践活动中对人起动力作用的个体倾向，包括需要、动机、兴趣、思想、信念、人生观、价值观和世界观等心理成分。在创业意识支配下，人的创业动机（指推动创业者从事创业实践活动的内部动因）、创业兴趣（指创业者对从事创业实践活动的情绪和态度的认识指向性）、创业理想（指创业者对从事创业实践活动的未来奋斗目标有较为稳定和持久的向往和追求的心理品质）可以转化为一种精神。大学毕业生要相信自己有能力开创未来的事业，认识到自己具有独立的人格，善于进行独立的选择，采取独立的行动，不受传统和世俗偏见的束缚及舆论、环境的影响，在自己的努力奋斗和实践中增强自己的能力，奠定事业基础。这种创业意识、创业精神是创业者应具备的素质。

2. 创业者品格

大学生创业过程中充满困难、挫折甚至失败，这就要求自主创业的大学生要具备顽强的意志和良好的品格。

（1）优秀的人品。

成功的创业者都具有优秀的人品。优秀的人品包括以下几个方面：一是豁达，心胸开阔坦荡，有远见卓识，不为眼前的蝇头小利所动；二是诚信，创业者诚实、守信，做人做事讲信誉，遵纪守法；三是公平，做事公平公正，值得信赖。

（2）坚强的意志。

创业有风险，创业者过硬的心理素质和过人的胆识有助于化险为夷。创业者要有探险家的胆识，具备承担风险的精神和能力，具有高度的责任感，从战略角度沉着稳健地应对创业过程中的各种风险。在面对挫折和困难时，除了具备坚强的意志品质外，还应具备自我激励和自我调节能力。以最旺盛、最活跃的精神状态去克服困难，以足够的勇气迎接挑战，以坚韧的耐力应对挫折，以谦虚和谨慎的态度面对成功，胜不骄、败不馁。

（3）健康的身心。

俗话说，“身体是革命的本钱”。创业，本身就意味着超负荷、高强度、快节奏的工作，意味着每天十几个小时甚至更长时间的苦干，意味着付出常人难以想象的艰辛和汗水，没有强健的体魄，是难以承受如此强度的工作的。良好的心理素质是创业成功的基础。健康的心理，不但可以让创业者正确面对创业，而且可以在一定程度上弥补体魄上的不足。

然而，并非所有的人都具有创业的素质。美国学者约翰·勃劳恩说：“创业的技巧虽然是学来的，但是具有某些素质的人占了先天的优势。”心理社会学家认为，以下十类人不具备创业的素质：

①缺少职业意识的人。

②优越感过强的人。

③唯上是从，只会说“是”的人。

④偷懒的人。

⑤片面和骄傲的人。

⑥僵化和死板的人。

⑦感情用事的人。

⑧“多嘴多舌”与“固执己见”的人。

⑨胆小怕事、毫无主见的人。

⑩患得患失、容易自满的人。

（4）团队精神。

一个企业的成功，必须依靠团队的力量。因此，团队精神是创业者必备的素质。创业者必须通过合作使创业团队更加具有凝聚力和战斗力，使团队的每一个成员都对创业负有责任感，有效协调个人目标与团队目标之间的关系，相互尊重，相互信任。

（5）创业者的知识与能力。

①创业者的知识。“知识就是力量”。创业者的知识掌握的程度如何，从某种意义上来说将直接影响自主创业的成败。大学生创业者具备一定的基础知识，但这是远远不够的。成功的创业者首先要具备扎实深厚的专业知识和全面广博的综合知识，应当是具备相当专业水准的通才。其次，创业者应具备相关的市场和商业知识、具备一定的管理知识和相关的政策及法律知识。成功的创业者应该是掌握多学科知识的复合型人才。

②创业者能力。创业能力是一种能够顺利实现创业目标的特殊能力，是在创业实践中体现出来的影响创业实践活动效率、促使创业活动顺利进行的主体心理条件，具有较强的综合性和创造性。创业能力是一种以智力为核心的具有较高综合性的能力。创业能力结构的核心是智力，包括观察力、注意力、记忆力、想象力、思维力、创造力等诸种能力。

一般来讲，在创业实践活动中，直接发挥效力的有三种不同层次的创业能力。它们是专业技术能力、经营管理能力和综合能力。

a. 专业技术能力。它是人们从事某一特定社会职业所必须具备的专业技术和技能。一个具有丰富经验和较高水平的创业者，如果不熟悉、不了解某一个专业或职业的特殊性，就不能对症下药，解决问题，也就无法施展和发挥其经营管理或综合能力。从这个意义上讲，专业技术能力是一种最基本的创业能力。

b. 经营管理能力。这是一种较高层次的能力，它从控制、调节创业活动，发现和使用人才，资金的运筹三个方面作用于创业实践活动。

c. 综合能力。综合能力是由多种特殊能力和经营管理能力综合而成，是一种最高层次的能力，具有较强的综合特征。这些特殊能力主要包括：把握、创造机会的能力，处理、利用信息的能力，决策能力，交往、公关能力等。它是创业者在创业实践中学会学习、学会做人、学会生存与发展、学会创造的综合性能力的概括。

阅读材料

大学生创业失败的五大原因

1. 创业项目选择失误

这是造成大学生创业失败的重要原因，不论是采取自主挑选项目进行创业，还是选择连锁加盟、转让合作的项目创业，深入了解项目相关市场、理性认识分析自身条件、制定切实可行创业计划，这些都是必不可少的创业基本步骤，同时还要注意发现及规避市场中的很多虚假或带有欺骗性质的创业项目。

2. 创业项目资金不足

这是影响大学生自主经营创业成功的另一个重要因素。很多创业者在项目选择和经营管理方面都没有问题，并且经过努力市场也在逐步打开，但是由于资金周转的匮乏与严重不足，轻则造成创业项目运作周期拉长前景难料，重则迫使项目停滞不前中途下马。因此，量力而行的选择创业项目和制订严谨周密的资金使用计划，对于任何性质的创业者都是应该遵守的基本原则。

3. 合作伙伴内部矛盾

这也会影响创业项目的运作并导致计划流产，与其他人合作共同创业是很多创业者经常采取的方式，很多大学生在创业时也会寻找自己的创业合作伙伴，尤其是与志同道合的同学一起创业就更显得顺理成章，互助形式的合作创业有很多优势，同时也存在很多不可避免的问题，各自投入资金的多少、是否明确的分工、能否健全的合作机制、团结一致的创业精神等，这些都有可能使合作伙伴之间关系产生裂痕，发生的矛盾如没有得到及时的协调处理会逐步激化并不可收拾，创业伙伴的分道扬镳也就难以避免并使创业项目搁浅。

4. 不良创业项目侵害

由于很多大学生并没有真正的接触过社会，对于市场中的很多创业项目缺乏认识和了解，那些虚假或带有欺骗性质的创业项目就利用了大学生的天真与创业激情，不切实际的项目介绍、夸大其词的市场空间、虚拟的经济效益分析、简单省事的经营模式，都有可能诱惑着刚刚走出大学校门的学生去全身心投入其中，等到发现所运作的创业项目并不可行时，造成的直接、间接损失却难以挽回。

5. 缺乏持之以恒精神

经营创业项目是需要创业者具有持之以恒创业精神的，创业中如果遇到一点困难与挫折就退让躲避也是难以到达成功的彼岸，因此在创业选项、经营管理没有原则上失误的情况下，能否走过“黎明之前的黑暗”就很关键，轻言放弃会使创业者全部的努力付之东流，大学生自主经营创业是不可能一帆风顺的。

第三节　有关大学生创业的政策法规

一、我国创办企业的法律规定

在全面建设小康社会，开创具有中国特色社会主义事业新局面的新时期，国家为大学生自主创业、开办各种企业提供了一个良好的环境。

1. 按照法律规定选择企业形式

大学生创业可选择独资企业、合伙企业和有限责任公司（企业法人）三种企业的法律形式。独资企业是指由一个自然人投资，财产为投资人个人所有，投资人以其个人财产对企业债务承担无限责任的经营实体。这种企业在法律上为自然人企业，是当今社会最简单的企业形式。合伙企业是由各合伙人订立合伙协议，共同出资、合伙经营、共享收益、共担风险，并对合伙企业债务承担无限连带责任的营利性组织。有限责任公司，是指由两个以上股东共同出资，股东以其认缴的出资额对公司承担有限责任，公司以其全部资产对其债务承担有限责任。独资企业和合伙企业要发展成大的企业，必须采取有限责任公司的形式。

2. 遵守法律法规

常用法律一览：

（1）基本法律。

《中华人民共和国民法通则》，《中华人民共和国合同法》，《中华人民共和国担保法》，《中华人民共和国票据法》。

（2）公司企业法律。

《中华人民共和国公司法》，《中华人民共和国合伙企业法》，《中华人民共和国个人独资企业法》，《中华人民共和国企业登记管理条例》等。

（3）劳动法律法规。

《中华人民共和国劳动法》，《中华人民共和国劳动合同条例》。

（4）知识产权法律。

《中华人民共和国著作权法》，《中华人民共和国商标法》，《中华人民共和国专利法》。

（5）公司企业税法。

《中华人民共和国企业所得税暂行条例》，《中华人民共和国增值税暂行条例》，《中华人民共和国营业税暂行条例》，《中华人民共和国税收征收管理法》。

以上只是简单列举创业者常用的法律，在企业实际运作中可能还会遇到大量法律问题。当然创业者可以对这些问题有一些基本的了解，专业问题可以交由律师等专业人士去处理。

二、国家关于大学毕业生自主创业的优惠政策

1.《国家工商行政管理总局关于2003年普通高等学校毕业生从事个体经营有关收费优惠政策的通知》

（1）凡高校毕业生（含大学专科、大学本科、研究生）从事个体经营的，除国家限制的行业（包括建筑业、娱乐业以及广告业、桑拿、按摩、网吧、氧吧等）外，自工商行政管理机关批准其经营之日起，一年内免交个体工商户登记注册费（包括开业登记、变更登记、补换营业执照及营业执照副本）、个体工商户管理费、集贸市场管理费、经济合同签证费、经济合同示范文本工本费。

（2）高校毕业生申请个体工商户设立登记时，应当向登记机关出具普通高等学校颁发的毕业证书、个人身份证，以及省级高校毕业生就业工作主管部门签发的《全国普通高等学校本专科毕业生就业报到证》或者《全国毕业研究生就业报到证》（以下简称报到证）；登记机关核实无误后，依法办理登记注册手续，并在报到证上注册登记注册时间、加盖登记机关印章后退回本人，在《个体工商户营业执照》经营者姓名后注明："高校毕业生"；高校毕业生凭《个体工商户营业执照》免交上述规定的有关费用。

（3）对高校毕业生从事个体经营实行有关收费优惠政策，是党中央、国务院鼓励高校毕业生灵活就业、自主创业的重要举措。地方各级工商行政管理局机关要通过各种形式，积极宣传高校毕业生从事个体经营有关收费优惠政策，并不折不扣地落实有关收费优惠政策，大力支持、促进高校毕业生自谋职业、自主创业。

2.《财政部、国家发展和改革委员会关于切实落实2003年普通高等学校毕业生从事个体经营有关收费优惠政策的通知》

（1）凡2003年应届高校毕业生从事个体经营的，除国家限制的行业（包括建筑业、娱乐业以及广告业、桑拿、按摩、网吧、氧吧等）外，自工商部门批准其经营之日起1年内免交登记类和管理类的各项行政事业性收费（以下简称“收费”）。

（2）从事个体经营的高校毕业生免交的具体收费项目主要包括：

①法律、行政法规规定的收费项目，国务院以及财政部、国家发展改革委（含原国家计委、原国家物价局，下同）批准的收费项目。

a. 工商部门收取的个体工商户注册登记费（包括开业登记、变更登记、补换营业执照及营业执照副本）、个体工商户管理费、集贸市场管理费、经济合同签证费、经济合同示范文本工本费。

b. 税务部门收取的税务登记证工本费。

c. 卫生部门收取的民办医疗机构管理费、卫生监测费、卫生质量检验费、预防性体检费、预防接种劳务费、卫生许可证工本费。

d. 民政部门收取的民办非企业单位登记费（含证书费）。

e. 劳动保障部门收取的劳动合同签证费、职业资格证书费。

f. 公安部门收取的特种行业许可证工本费。

g. 烟草部门收取的烟草专卖零售许可证费（含临时的零售许可证费）。

h. 国务院以及财政部、国家发展改革委批准的涉及个体经营的其他登记类和管理类收费项目。

②各省、自治区、直辖市人民政府及其财政、价格主管部门批准的涉及个体经营的登记类和管理类收费项目。

（3）从事个体经营的高校毕业生，应当向工商、税务、卫生、民政、劳动保障、公安、烟草等部门的相关收费单位出具本人身份证、高校毕业证以及工商部门批准从事个体经营的有效证件，经收费单位核实无误后按规定免交有关收费。

（4）对从事个体经营的高校毕业生免收上述有关收费而减少的收入，主要由有关部门和单位调减支出项目自行消化，各级财政原则上不予补助。

（5）各省、自治区、直辖市财政、价格主管部门应当通过广播、电视、报刊等新闻媒体，在本行政区域内公布免收的各项具体收费项目，使高校毕业生及时了解和掌握有关收费优惠政策。工商、税务、卫生、民政、劳动保障、公安、烟草等部门应当督促本系统内的有关收费单位不折不扣地落实各项收费优惠政策。

（6）各省、自治区、直辖市财政、价格主管部门要在各自的职责范围内加强对从事个体经营的高校毕业生收费优惠政策落实情况的监督检查，凡不按规定落实收费优惠政策的，要依据法律、法规规定予以严肃处理，确保有关收费优惠政策的贯彻落实。

3. 国务院和地方政府鼓励大学生创业的规章制度

地方政府为贯彻党中央和国务院促进大学生就业的方针政策也相继制订了一些鼓励大学

生创业的规章制度。

部分省市为鼓励和扶持大学毕业生自主创业，深化大学毕业生就业制度改革，创新就业机制，拓宽就业渠道，制定了实现普通高等学校毕业生充分就业的规定，大学毕业生自主创业可享受的地方税收优惠政策其中包括以下几个方面：

（1）普通高等学校毕业生在国务院批准的高新开发区内新办企业，经有关部门认定为高新技术企业的，自投产年度起免征企业所得税两年，免税期满后按15%的税率征收企业所得税。

（2）新办劳动就业服务企业，当年安置待业人员（包括普通高等学校毕业生）超过企业总人数60%的，经主管部门税务机关批准，可免征企业所得税三年，免税期满后当年新安置待业人员占企业原从业人员总数30%以上的，可减半征收企业所得税二年。

（3）普通高等学校毕业生创办的企业，从事技术转让、技术开发业务和与之相关的技术咨询、技术服务业取得的收入，免征营业税。

（4）普通高等学校毕业生创办的企业，年净收入在30万元以下的暂免征收企业所得税；超过30万元的部分，依法缴纳企业所得税。

阅读材料

1. 始于创业计划书的成功行动

小杨是某大学的在校生，她与几个同学成立了望远眼镜有限公司。除了眼镜批发，配送外，公司还在大学的新校区开了第一家零售店，经营状况很好。

成立眼镜公司最早的想法只是为了参加“挑战杯”创业大赛。但经过市场调研、反复论证，他们被自己的创业计划书打动了：做眼镜中间商是完全可以实现的创业设想。于是2004年年初他们成立了公司。

眼镜行业市场巨大，且正处于高速成长期。目前，中国有3亿多人戴眼镜，眼镜年需求量在1亿副以上；2003年，中国眼镜工业产值为145亿元；5年后，其产值预计将突破300亿元。

创业团队在调研中还发现，就是这么一个非常普及的小产品，到目前还没有公认的品牌。他们在同学中做了一个小调查，发现大家只知道近视眼镜的店面品牌，却几乎没有人说出产品本身的品牌。这个问卷结果坚定了他们的想法：创造自己的眼镜品牌。

他们决定先从中间商做起。虽然眼镜的零售竞争激烈，但在中间商阶段还不是非常充分。不过他们随后发现，要建立自己的品牌，还需要直接的市场反馈，于是他们调整计划实现“前向一体化”，即使做中间商也不做零售商，这是目前眼镜行业还没有的营销模式。

2004年9月，他们的第一个眼镜零售店在科技大学新校区开张纳客。开店一个多月后，学校的同学们不仅认可这个眼镜店，而且没有一个同学因为配得不好而找上门来。公司开展的配送中间业务也逐步打开了市场。而先前甘肃、陕西、江苏、安徽都已经有“平远”的产品，连一向挑剔的零售商竟然都说：“你们的产品质量真好。”小杨说这是严把进货关得来的。

说起创业的酸甜苦辣，小杨说经常会有许多意想不到的事情发生。

做一个产品要有品牌，当然要有商标，他们几个人设计了几百种组合方案，然后筛选出30多种，又请周围的同学挑或是拿着方案随机要同学们选，从中选出了4种视觉冲击力最强的。但当他们把这4种方案拿到一个商标注册咨询公司去注册时，没想到被同学最看好的“2.0”商标竟然首先被淘汰，因为眼镜商标不能有数字。

经过几轮挑选，最后他们的商标确定为“INOUS”，字面含义是“一诺”。这个标志是字母“O”中有一个斜着的椭圆形，像一只眼睛在看着世界。目前这只“小眼睛”已经刻在了“平远”销售的每一副眼镜的镜腿上。

小杨觉得在创业中最难的是把同学的热情变成现实，因为实际经验太少。刚开始时，大家经常各持己见，争论得翻天覆地。比如，在确定什么是同学更换眼镜的原因时，有的人坚持认为是时尚因素。可是后来经过调查，损坏率高、度数变化快才是同学们重新购买眼镜的两个主要原因，而时尚是次要因素。

他们有一套吸引风险投资的设想：现有运营资金50万元，据测算，若注入风险资金200万元，则计划投资回收期为10个月，第二年预计盈利512万元，第5年预计盈利1 434万元，风险投资者在第5年撤出风险投资的前提下将获得1 450万元的投资回报。

目前，他们已经看好南京、天津等地新建的大学城，准备从中选址开设第二家零售分店。

2. 要善于捕捉市场信息

农大园艺系毕业的小钱在一家专业不对口的公司里干得很不开心，所以他想辞职开一家自己的花店。开花店最大的投资就是店面房租，大约需要两万元。但是，工作还不到一年的小钱哪来这两万元呢？2000年10月，他在报纸上看到南京一家花鸟市场的招商广告，广告上承诺第一批进场设摊者均可享受免收半年租金的优惠。这真是天大的喜讯！小钱毫不犹豫地申请了一个摊位，像模像样地办起了一家观赏植物批零兼营店。由于他的不少同学在花卉生产单位工作，所以货源充足，质量上乘，生意十分红火。

3. 小池与他的洪恩软件

小池是北京一所著名大学化学系的毕业生，天性就爱走常人不敢走的路。大三时，他就开始做实业报国的梦，体验过卖报纸、办化工厂的甘苦。毕业后到合资企业——广州浪奇保洁公司就职，还受到美方老板的重用，被当作经理助理重点培养。但不甘平庸的他还是辞职了，决定自己办企业。辞职后的小池在深圳创办了洪恩公司，自己租柜台卖兼容机，一度成为深圳最大的兼容机供应商。但目光长远的他意识到光做硬件代理销售没有多大出路，科技含量低，离自己的目标会越来越远。于是，1996年他回到北京，在清华东门外、东升乡政府旁的一间小平房里创建了洪恩公司，从事电脑软件的开发和应用。

洪恩公司的开山之作是1996年年底面世、至今仍畅销不衰的多媒体学习软件“开天辟地”。它是由十多位像小池这样来自同一所学校、非计算机专业的“攒机”高手、PC用户花了200多个日日夜夜开发出来的。该软件可让一个未接触过计算机的人几天之内就能掌握使用方法。此举一炮打响，连获9项全国大奖，销售量达到50万套，轰动了中关村。

初战告捷后，雄心万丈的他们再接再厉，连续开发“开天辟地”的姊妹篇“万事无忧”“畅通无阻”。前者将计算机使用中的各种“疑难杂症”的“疗法”清楚地告诉用户，后者旨在使一个“门外汉”几天成为网民。为了适应改革开放的形势，他们还开发了“随心所欲”“听力超人”等英语学习类软件，取得了一个又一个辉煌的成绩。

思考题

1. 什么叫自主创业？如何选择创业道路？

2. 创业基本程序有哪些？

3. 创业能力具体表现在哪几个方面？

4. 财政部、国家发展和改革委员会、国家工商总局关于普通高校毕业生从事个体经营有关收费优惠政策有哪些？

附录一

高校毕业生就业创业政策百问（2017版）

一、鼓励引导高校毕业生面向城乡基层、中西部地区以及民族地区、贫困地区和艰苦边远地区就业

1. 什么是基层就业？

基层就业就是到城乡基层工作。国家近几年出台了一系列优惠政策鼓励高校毕业生积极参加社会主义新农村建设、城市社区建设和应征入伍。一般来讲，“基层”既包括广大农村，也包括城市街道社区；既涵盖县级以下党政机关、企事业单位，也包括社会团体、非公有制组织和中小企业；既包含单位就业，也包括自主创业、自谋职业。

2. 国家鼓励毕业生到基层就业的主要优惠政策包括哪些？

按照《国务院关于做好当前和今后一段时期就业创业工作的意见》（国发〔2017〕28号）、《中共中央办公厅　国务院办公厅印发〈关于进一步引导和鼓励高校毕业生到基层工作的意见〉的通知》（中办发〔2016〕79号）、按照《国务院关于进一步做好新形势下就业创业工作的意见》（国发〔2015〕23号）、《国务院办公厅关于做好2014年全国普通高等学校毕业生就业创业工作的通知》（国发〔2014〕22号）、《国务院办公厅关于做好2013年全国普通高等学校毕业生就业工作的通知》（国办发〔2013〕35号）和《国务院关于进一步做好普通高等学校毕业生就业工作的通知》（国发〔2011〕16号）等文件规定：

（1）完善工资待遇进一步向基层倾斜的办法，健全高校毕业生到基层工作的服务保障机制，鼓励毕业生到乡镇特别是困难乡镇机关事业单位工作。

（2）对高校毕业生到中西部地区、艰苦边远地区和老工业基地县以下基层单位就业、履行一定服务期限的，按规定给予学费补偿和国家助学贷款代偿（本专科学生每人每年最高不超过8 000元、研究生每人每年最高不超过12 000元）。

（3）结合政府购买服务工作的推进，在基层特别是街道（乡镇）、社区（村）购买一

批公共管理和社会服务岗位，优先用于吸纳高校毕业生就业。

（4）落实完善见习补贴政策，对见习期满留用率达到 50% 以上的见习单位，适当提高见习补贴标准，允许就业见习补贴用于见习单位为见习人员办理人身意外伤害保险以及对见习人员的指导管理费用。

（5）将求职补贴调整为求职创业补贴，对象范围扩展到已获得国家助学贷款的毕业年度高校毕业生，以及贫困残疾人家庭、建档立卡贫困家庭高校毕业生和特困人员中的高校毕业生。

（6）艰苦边远地区基层机关招录高校毕业生可适当放宽学历、专业等条件，降低开考比例，可设置一定数量的职位面向具有本市、县户籍或在本市、县长期生活的高校毕业生。

各地区要结合城镇化进程和公共服务均等化要求，充分挖掘教育、劳动就业、社会保障、医疗卫生、住房保障、社会工作、文化体育及残疾人服务、农技推广等基层公共管理和服务领域的就业潜力，吸纳高校毕业生就业。要结合推进农业科技创新、健全农业社会化服务体系等，引导更多高校毕业生投身现代农业。

3. 国家对在基层工作的高校毕业生职业发展有哪些鼓励政策措施？

按照《国务院关于做好当前和今后一段时期就业创业工作的意见》（国发〔2017〕28 号）、《中共中央办公厅　国务院办公厅印发〈关于进一步引导和鼓励高校毕业生到基层工作的意见〉的通知》（中办发〔2016〕79 号）、《国务院关于进一步做好新形势下就业创业工作的意见》（国发〔2015〕23 号）、《国务院办公厅关于做好 2014 年全国普通高等学校毕业生就业创业工作的通知》（国发〔2014〕22 号）、《国务院办公厅关于做好 2013 年全国普通高等学校毕业生就业工作的通知》（国办发〔2013〕35 号）和《国务院关于进一步做好普通高等学校毕业生就业工作的通知》（国发〔2011〕16 号）等文件规定：

（1）在干部人才选拔任用机制上，进一步强化基层工作经历的政策导向，向在基层工作的优秀高校毕业生倾斜。

（2）自 2012 年起，省级以上机关录用公务员，除特殊职位外，按照有关规定一律从具有 2 年以上基层工作经历的人员中考录。

（3）市地级以上机关应拿出一定数量职位面向具有基层工作经历的公务员进行公开遴选。

（4）省、市级所属事业单位面向社会公开招聘时，应拿出一定数量岗位公开招聘有基层事业单位工作经历的人员。有条件的地区，可明确具体公开遴选或招聘的比例。

（5）鼓励国有大中型企业建立健全人力资源管理激励机制，将在基层生产和管理一线表现优秀的高校毕业生纳入后备人才队伍，加大从基层一线选拔任用中层干部的力度。

（6）对具有基层工作经历的高校毕业生，在研究生招录和事业单位选聘时实行优先。

（7）高校毕业生在中西部地区和艰苦边远地区县以下基层单位从事专业技术工作，申报相应职称时，可不参加职称外语考试或放宽外语成绩要求。充分挖掘社会组织吸纳高校毕业生就业潜力，对到省会及省会以下城市的社会团体、基金会、民办非企业单位就业的高校毕业生，所在地的公共就业人才服务机构要协助办理落户手续，在专业技术职称评定方面享受与国有企事业单位同类人员同等待遇，对于吸纳高校毕业生就业的社会组织，符合条件的可同等享受企业吸纳就业扶持政策。

（8）对到农村基层和城市社区从事社会管理和公共服务工作的高校毕业生，符合公益性岗位就业条件并在公益性岗位就业的，按照国家现行促进就业政策的规定，给予社会保险补贴和公益性岗位补贴。

4. 什么是基层社会管理和公共服务岗位？

所谓基层社会管理和公共服务岗位，包括大学生村官、支教、支农、支医、乡村扶贫，以及城市社区的法律援助、就业援助、社会保障协理、文化科技服务、养老服务、残疾人居家服务、廉租房配套服务等岗位。

2009年4月，人力资源社会保障部下发《关于公布第一批基层社会管理和公共服务岗位目录的通知》（人社部函〔2009〕135号），向社会公布第一批基层社会管理和公共服务岗位目录，以指导各地做好鼓励和引导高校毕业生到基层就业的工作。这批发布的岗位目录共分为基层人力资源和社会保障管理、基层农业服务、基层医疗卫生服务、基层文化科技服务、基层法律服务、基层民政、托老托幼、助残服务、基层市政管理、基层公共环境与设施管理维护以及其他等9大类领域，包括在街道（乡镇）、社区（村）等基层单位从事公共就业服务、社会保障、劳动关系协调、劳动监察、农业、扶贫开发、医疗、卫生、保健、防疫、文化、科技、体育、普法宣传、民事调解、托老、养老、托幼、助残、公共设施设备管理养护等相关事务管理服务工作的50种岗位。

5. 什么是其他基层社会管理和公共服务岗位？

在街道社区、乡镇等基层开发或设立的相应的社会管理和公共服务岗位。部分由政府出资，或由相关组织和单位出资。所安排使用的人员按规定享受相关补贴。

6. 什么是公益性岗位？

由政府开发、以满足社区及居民公共利益为目的的管理和服务岗位。对符合条件在公益性岗位安置就业的就业困难人员，按规定给予社会保险补贴和岗位补贴。符合公益性岗位安置条件的就业困难高校毕业生，可按规定享受公益性岗位就业援助政策。

7. 什么是公益性岗位社会保险补贴？

按照《财政部、人力资源社会保障部关于进一步加强就业专项资金管理有关问题的通知》（财社〔2011〕64号）规定，对就业困难人员的社会保险补贴实行“先缴后补”的办法。在公益性岗位安排就业困难人员，并缴纳社会保险费的，按其为就业困难人员实际缴纳的基本养老保险费、基本医疗保险费和失业保险费给予补贴，不包括就业困难人员个人应缴纳的基本养老保险费、基本医疗保险费和失业保险费，以及企业（单位）和个人应缴纳的其他社会保险费。社会保险补贴期限，一般最长不超过3年。

8. 什么是公益性岗位补贴？

对在公益性岗位安排就业困难人员就业的单位，按其实际安排就业困难人员人数给予岗位补贴。公益性岗位补贴期限，一般最长不超过3年。

在公益性岗位安排就业困难人员就业的单位，可按季向当地人力资源社会保障部门申请公益性岗位补贴。公益性岗位补贴申请材料应附：符合享受公益性岗位补贴条件的人员名单及《身份证》复印件、《就业创业证》复印件、发放工资明细账（单）、单位在银行开立的基本账户等凭证材料，经人力资源社会保障部门审核后，财政部门将补贴资金支付到单位在银行开立的基本账户。

9. 为鼓励高校毕业生面向基层就业，实施学费补偿和助学贷款代偿政策的主要内容是什么？

按照《国务院关于进一步做好新形势下就业创业工作的意见》（国发〔2015〕23 号）、《关于调整完善国家助学贷款相关政策措施的通知》（财教〔2014〕180 号）、《财政部、教育部关于印发〈高等学校毕业生学费和国家助学贷款代偿暂行办法〉的通知》（财教〔2009〕15 号）等文件规定，高校毕业生（全日制本专科、高职生、研究生、第二学士学位毕业生）到中西部地区、艰苦边远地区和老工业基地县以下基层单位就业、履行一定服务期限的，按规定给予学费补偿和国家助学贷款代偿。在校学习期间获得国家助学贷款（含高校国家助学贷款和生源地信用助学贷款，下同）的，补偿的学费优先用于偿还国家助学贷款本金及其全部偿还之前产生的利息。定向、委培以及在校期间已享受免除全部学费政策的学生除外。

目前，国家助学贷款资助标准已经调整为，全日制普通本专科学生（含第二学士学位、高职学生，下同）每人每年申请贷款额度不超过 8 000 元；年度学费和住宿费标准总和低于 8 000 元的，贷款额度可按照学费和住宿费标准总和确定。全日制研究生每人每年申请贷款额度不超过 12 000 元；年度学费和住宿费标准总和低于 12 000 元的，贷款额度可按照学费和住宿费标准总和确定。

国家助学贷款资助标准调整后，《财政部 教育部 总参谋部关于印发〈高等学校学生应征入伍服义务兵役国家资助办法〉的通知》（财教〔2013〕236 号）、《财政部 教育部 民政部 总参谋部总政治部关于实施退役士兵教育资助政策的意见》（财教〔2011〕538 号）和《财政部 教育部关于印发〈高等学校毕业生学费和国家助学贷款代偿暂行办法〉的通知》（财教〔2009〕15 号）中有关学费补偿、国家助学贷款代偿和学费资助的标准，相应调整为本专科学生每人每年最高不超过 8 000 元、研究生每人每年最高不超过 12 000 元。学费补偿、国家助学贷款代偿和学费资助的其他事项，仍按原规定执行。

10. 国家实施补偿学费和代偿助学贷款的就业地域范围包括哪些？

国家对到中西部地区和艰苦边远地区基层单位就业、并履行一定服务期限的中央部门所属高校毕业生，按规定实施相应的学费补偿和助学贷款代偿。这里涉及的地域范围主要包括：

（1）西部地区：西藏、内蒙古、广西、重庆、四川、贵州、云南、陕西、甘肃、青海、宁夏、新疆等 12 个省（自治区、直辖市）；

（2）中部地区：河北、山西、吉林、黑龙江、安徽、江西、河南、湖北、湖南、海南等 10 个省；

（3）艰苦边远地区：由国务院确定的经济水平、条件较差的一些州、县和少数民族地区。（详情可登录中国政府网查询：http：//www. gov. cn）

（4）基层单位：

①中西部地区和艰苦边远地区县以下机关、企事业单位，包括乡（镇）政府机关、农

村中小学、国有农（牧、林）场、农业技术推广站、畜牧兽医站、乡镇卫生院、计划生育服务站、乡镇文化站、乡镇劳动就业服务站等；

②工作现场地处以上地区县以下的气象、地震、地质、水电施工、煤炭、石油、航海、核工业等中央单位艰苦行业生产第一线。

11. 学费补偿和助学贷款代偿的标准和年限是多少？

学费补偿、国家助学贷款代偿及学费减免标准，本专科生每人每年最高不超过 8 000 元，研究生每人每年最高不超过 12 000 元。

本科、专科（高职）、研究生和第二学士学位毕业生补偿学费或代偿国家助学贷款的年限，分别按照国家规定的相应学制计算。在校学习的时间低于相应学制规定年限的，按照实际学习时间计算补偿学费或代偿助学贷款年限。在校学习时间高于相应学制年限的，按照学制规定年限计算。

每年代偿学费或国家助学贷款总额的三分之一，三年代偿完毕。

12. 中央部门所属高校毕业生如何申请学费补偿和助学贷款代偿？

（1）在办理离校手续时向学校递交《学费和国家助学贷款代偿申请表》和毕业生本人、就业单位与学校三方签署的到中西部地区、艰苦边远地区和老工业基地县以下基层单位服务 3 年以上的就业协议；

（2）在校学习期间获得国家助学贷款的，在与国家助学贷款经办银行签订毕业后还款计划时，注明已申请国家助学贷款代偿，如获得国家助学贷款代偿资格，不需自行向银行还款；

（3）高校负责审查申请资格并上报全国学生资助管理中心。

13. 地方所属高校毕业生到基层就业如何获得学费补偿和助学贷款代偿？

按照《财政部、教育部关于印发〈高等学校毕业生学费和国家助学贷款代偿暂行办法〉的通知》（财教〔2009〕15 号）要求，各地要抓紧研究制订本地所属高校毕业生面向本辖区艰苦边远地区基层单位就业的学费补偿和助学贷款代偿办法。地方所属高校毕业生到基层就业是否可以获得学费补偿或国家助学贷款代偿，以及如何申请办理补偿或代偿等，请向学校所在地政府有关部门查询。

14. 到基层就业如何办理户口、档案、党团关系等手续？

对到中西部地区、艰苦边远地区和老工业基地县以下基层单位就业的高校毕业生，实行来去自由的政策，户口可留在原籍或根据本人意愿迁往就业地区；人事档案原则上统一转至就业单位所在地的县级政府人力资源社会保障部门，由公共就业和人才服务机构提。

15. 中央有关部门实施了哪些基层就业项目？

近年来，中央各有关部门主要组织实施了 5 个引导高校毕业生到基层就业的专门项目，包括：团中央、教育部、财政部、人力资源社会保障部等四部门从 2003 年起组织实施的“大学生志愿服务西部计划”；中组部、人力资源社会保障部、教育部等八部门从 2006 年开始组织实施的“三支一扶”（支教、支农、支医和扶贫）计划；教育部、财政部、人力资源社会保障部、中央编办等四部门从 2006 年开始组织实施的“农村义务教育阶段学校教师特设岗位计划”；中组部、教育部、财政部、人力资源社会保障部等部门从 2008 年起组织实施的“选聘高校毕业生到村任职工作”；农业部、人社部、教育部等部门从 2103 年起组织实施的“农业技术推广服务特设岗位计划”。

16. 什么是农村义务教育阶段学校教师特设岗位计划

2006 年，教育部、财政部、原人事部、中央编办下发《关于实施农村义务教育阶段学校教师特设岗位计划的通知》（教师〔2006〕2 号），联合启动实施“特岗计划”，公开招聘高校毕业生到“两基”攻坚县农村义务教育阶段学校任教。特岗教师聘期 3 年。

17. 农村教师特岗计划实施的地区范围包括哪些？

2006—2008 年“特岗计划”的实施范围以国家西部地区“两基”攻坚县为主（含新疆生产建设兵团的部分团场），包括纳入国家西部开发计划的部分中部省份的少数民族自治州，适当兼顾西部地区一些有特殊困难的边境县、少数民族自治县和少小民族县。2009 年，实施范围扩大到中西部地区国家扶贫开发工作重点县。2015—2016 年中央特岗计划实施范围具体为：《中国农村扶贫开发纲要（2011—2020 年）》确定的 11 个集中连片特殊困难地区和四省藏区县，中西部地区国家扶贫开发工作重点县，省级扶贫开发工作重点县，西部地区原“两基”攻坚县（含新疆生产建设兵团的部分团场），纳入国家西部开发计划的部分中部省份的少数民族自治州以及西部地区一些有特殊困难的边境县，少数民族自治县和少小民族县。特岗计划设岗县（市），必须是教师总体缺编、结构性矛盾突出的县（市）。

18. 农村教师特岗计划招聘对象和条件是什么？

（1）以高等师范院校和其他全日制普通高校应届本科毕业生为主，可招少量应届师范类专业专科毕业生。

（2）取得教师资格，具有一定教育教学实践经验，年龄在 30 岁以下的全日制普通高校往届本科毕业生。

（3）参加过“大学生志愿服务西部计划”、有从教经历的志愿者和参加过半年以上实习支教的师范院校毕业生同等条件下优先。

（4）报名者应同时符合教师资格条件要求和招聘岗位要求。

19. 农村教师特岗计划的招聘程序有哪些？

特岗教师实行公开招聘，合同管理。合同规定用人单位和应聘人员双方的权利和义务。

招聘工作由省级教育、人力资源社会保障、财政、编办等相关部门共同负责，遵循“公开、公平、自愿、择优”和“三定”（定县、定校、定岗）原则，按下列程序进行：①公布需求，②自愿报名，③资格审查，④考试考核，⑤集中培训，⑥资格认定，⑦签订合同，⑧上岗任教。

20. 什么是选聘高校毕业生到村任职？

2008 年，中组部、教育部、财政部、人力资源和社会保障部出台了《关于印发〈关于选聘高校毕业生到村任职工作的意见（试行）〉的通知》（组通字〔2008〕18 号），计划用五年时间选聘 10 万名高校毕业生到农村担任村党支部书记助理、村委会主任助理或团支部书记、副书记等职务。从 2010 年开始，扩大选聘规模，逐步实现“一村一名大学生村官”计划的目标。选聘的高校毕业生在村工作期限一般为 2～3 年。

21. 选聘到村任职的对象是什么？要满足哪些条件？选聘程序是什么？

选聘对象为30岁以下应届和往届毕业的全日制普通高校专科以上学历的毕业生，重点是应届毕业和毕业1至2年的本科生、研究生，原则上为中共党员（含预备党员），非中共党员的优秀团干部、优秀学生干部也可以选聘。

基本条件是：①思想政治素质好，作风踏实，吃苦耐劳，组织纪律观念强。②学习成绩良好，具备一定的组织协调能力。③自愿到农村基层工作。④身体健康。此外，参加人力资源社会保障部、团中央等部门组织的到农村基层服务的“三支一扶”、“志愿服务西部计划”等活动期满的高校毕业生，本人自愿且具备选聘条件的，经组织推荐可作为选聘对象。

选聘工作一般通过个人报名、资格审查、组织考察、体检、公示、决定聘用、培训上岗等程序进行。

22. 什么是“三支一扶”计划？

三支一扶是支教、支医、支农、扶贫的简称。2006年，中组部、原人事部等八部门下发《关于组织开展高校毕业生到农村基层从事支教、支农、支医和扶贫工作的通知》（国人部发〔2006〕16号），以公开招募、自愿报名、组织选拔、统一派遣的方式，从2006年开始连续5年，每年招募2万名高校毕业生，主要安排到乡镇从事支教、支农、支医和扶贫工作。服务期限一般为2～3年。招募对象主要为全国普通高校应届毕业生。

2011年4月，人力资源社会保障部下发《关于继续做好高校毕业生三支一扶计划实施工作的通知》（人社部发〔2011〕27号），决定继续组织开展高校毕业生“三支一扶”计划，从2011年起，每年选拔2万名，五年内选拔10万名高校毕业生到基层从事“三支一扶”服务。

23. 什么是大学生志愿服务西部计划？

大学生志愿服务西部计划由共青团中央牵头，教育部、财政部、人力资源社会保障部共同组织实施。从2003年开始，每年招募1.8万名普通高等学校应届毕业生，到西部贫困县的乡镇从事为期1～3年的教育、卫生、农技、扶贫以及青年中心建设和管理等方面的志愿服务工作。

24. 什么是农业技术推广服务特设岗位计划？

农业技术推广服务特设岗位计划由农业部牵头，人力资源社会保障部、教育部和科技部共同组织实施。从2013年开始，每年招募一批普通高等学校应届毕业生，到乡镇或区域性农业技术推广机构从事为期2～3年的农业技术推广、动植物疫病防控、农产品质量安全服务等工作。

25. 参加中央部门组织实施的基层就业项目，服务期满后享受哪些优惠政策？

根据中组部、人力资源社会保障部、教育部、财政部、共青团中央《关于统筹实施引导高校毕业生到农村基层服务项目工作的通知》（人社部发〔2009〕42号）等政策规定，参加中央部门组织实施的基层就业项目、服务期满的毕业生，享受以下优惠政策：

（1）公务员招录优惠：每年拿出公务员考录计划的一定比例，专门用于定向招录服务期满且考核称职（合格）的服务基层项目人员。服务基层项目人员也可报考其他职位。

（2）事业单位招聘优惠：鼓励在项目结束后留在当地就业，参加各基层就业项目相对应的自然减员空岗，全部聘用服务期满的高校毕业生。从 2009 年起，到乡镇事业单位服务的高校毕业生服务满 1 年后，在现岗位空缺情况下，经考核合格，即可与所在单位签订不少于 3 年的聘用合同。同时，各省（区、市）县及县以上相关的事业单位公开招聘工作人员，应拿出不低于 40% 的比例，聘用各专门项目服务期满考核合格的高校毕业生。

（3）考学升学优惠：服务期满后三年内报考硕士研究生初试总分加 10 分；同等条件下优先录取；高职（高专）学生可免试入读成人本科。

（4）国家补偿学费和代偿助学贷款政策：参加各基层就业项目的毕业生，符合规定条件的，可享受相应的学费补偿和助学贷款代偿政策。

（5）服务期满自主创业的，可享受税收优惠、行政事业性收费减免、小额贷款担保和贴息等有关政策。

（6）其他：各基层就业项目服务年限计算工龄。服务期满到企业就业的，按照规定转接社会保险关系。

26. 高校毕业生到艰苦边远地区或国家扶贫开发工作重点县就业有什么优惠政策？

按照《中共中央办公厅 国务院办公厅印发〈关于进一步引导和鼓励高校毕业生到基层工作的意见〉的通知》（中办发〔2016〕79 号）文件规定：

（1）对到中西部地区、东北地区或艰苦边远地区、国家扶贫开发工作重点县县以下机关事业单位工作的高校毕业生，新录用为公务员的，试用期工资可直接按试用期满后工资确定，试用期满考核合格后的级别工资，在未列入艰苦边远地区或国家扶贫开发工作重点县的中西部地区和东北地区的高定一档，在三类及以下艰苦边远地区或国家扶贫开发工作重点县的高定两档，在四类及以上艰苦边远地区的高定三档。

（2）招聘为事业单位正式工作人员的，可提前转正定级，转正定级时的薪级工资，在未列入艰苦边远地区或国家扶贫开发工作重点县的中西部地区和东北地区的高定一级，在三类及以下艰苦边远地区或国家扶贫开发工作重点县的高定两级，在四类及以上艰苦边远地区的高定三级。

（3）落实对乡镇机关事业单位工作人员实行的工作补贴政策，当前补贴水平不低于月人均 200 元，并向条件艰苦的偏远乡镇和长期在乡镇工作的人员倾斜。落实艰苦边远地区津贴增长机制。

二、鼓励企业特别是中小企业吸纳高校毕业生就业

27. 国家对鼓励中小企业吸纳高校毕业生有哪些政策措施？

按照《国务院关于进一步做好新形势下就业创业工作的意见》（国发〔2015〕23 号）、《国务院办公厅关于做好 2014 年全国普通高等学校毕业生就业创业工作的通知》（国发〔2014〕22 号）、《国务院办公厅关于做好 2013 年全国普通高等学校毕业生就业工作的通知》（国办发〔2013〕35 号）、《国务院关于进一步支持小型微型企业健康发展的意见》（国发〔2012〕14 号）和《国务院关于进一步做好普通高等学校毕业生就业工作的通知》（国发〔2011〕16 号）等文件规定：

（1）对招收高校毕业生达到一定数量的中小企业，地方财政应优先考虑安排扶持中小企业发展资金，并优先提供技术改造贷款贴息。

（2）对劳动密集型小企业当年新招收登记失业高校毕业生，达到企业现有在职职工总数30%（超过100人的企业达15%）以上，并与其签订1年以上劳动合同的劳动密集型小企业，可按规定申请最高不超过200万元的小额担保贷款并享受50%的财政贴息。

（3）高校毕业生到中小企业就业的，在专业技术职称评定、科研项目经费申请、科研成果或荣誉称号申报等方面，享受与国有企事业单位同类人员同等待遇。

（4）对小微企业新招用毕业年度高校毕业生，签订1年以上劳动合同并缴纳社会保险费的，给予1年社会保险补贴。

28. 国家对引导国有企业吸纳高校毕业生就业有哪些政策措施？

按照《国务院关于进一步做好新形势下就业创业工作的意见》（国发〔2015〕23号）、《国务院办公厅关于做好2014年全国普通高等学校毕业生就业创业工作的通知》（国发〔2014〕22号）、《国务院办公厅关于做好2013年全国普通高等学校毕业生就业工作的通知》（国办发〔2013〕35号）和《关于做好2013—2014年国有企业招收高校毕业生工作有关事项的通知》（国资厅发分配〔2013〕37号）等文件规定：

（1）承担对口支援西藏、青海、新疆任务的中央企业要结合援助项目建设，积极吸纳当地高校毕业生就业。

（2）建立国有企事业单位公开招聘制度，推动实现招聘信息公开、过程公开和结果公开。

（3）国有企业招聘应届高校毕业生，除涉密等特殊岗位外，要实行公开招聘，招聘应届高校毕业生信息要在政府网站公开发布，报名时间不少于7天；对拟聘人员应进行公示，明确监督渠道，公示期不少于7天。

29. 企业招收就业困难高校毕业生享受什么优惠政策？

按照《财政部、人力资源社会保障部关于进一步加强就业专项资金管理有关问题的通知》（财社〔2011〕64号）规定，对各类企业（单位）招用符合条件的就业困难高校毕业生，与之签订劳动合同并缴纳社会保险费的，按其为就业困难高校毕业生实际缴纳的基本养老保险费、基本医疗保险费和失业保险费给予补贴，不包括企业（单位）和个人应缴纳的其他社会保险费。

根据《就业促进法》有关规定，就业困难人员是指因身体状况、技能水平、家庭因素、失去土地等原因难以实现就业，以及连续失业一定时间仍未能实现就业的人员。就业困难人员的具体范围，由省、自治区、直辖市人民政府根据本行政区域的实际情况规定。

企业（单位）按季将符合享受社会保险补贴条件人员的缴费情况单独列出，向当地人力资源社会保障部门申请补贴。社会保险补贴申请材料应附：符合享受社会保险补贴条件的人员名单及《身份证》复印件、《就业创业证》复印件、劳动合同等就业证明材料复印件、社会保险征缴机构出具的社会保险费明细账（单）、企业（单位）在银行开立的基本账户等凭证材料，经人力资源社会保障部门审核后，财政部门将补贴资金支付到企业（单位）在银行开立的基本账户。

30. 企业为高校毕业生开展岗前培训享受什么优惠政策？

按照《国务院关于进一步做好新形势下就业创业工作的意见》（国发〔2015〕23号）、

《国务院办公厅关于做好2014年全国普通高等学校毕业生就业创业工作的通知》（国发〔2014〕22号）、《财政部、人力资源社会保障部关于进一步加强就业专项资金管理有关问题的通知》（财社〔2011〕64号）等文件规定，企业新录用毕业年度高校毕业生与其签订6个月以上期限劳动合同，在劳动合同签订之日起6个月内由企业依托所属培训机构或政府认定的培训机构开展岗前就业技能培训的，根据培训后继续履行劳动合同情况，按照当地确定的职业培训补贴标准的一定比例，对企业给予定额职业培训补贴。

企业开展岗前培训前，需将培训计划大纲、培训人员花名册及《身份证》复印件、劳动合同复印件等材料报当地人力资源社会保障部门备案，培训后根据劳动者继续履行劳动合同情况，向人力资源社会保障部门申请职业培训补贴。申请材料经人力资源社会保障部门审核后，财政部门按规定将补贴资金直接拨入企业在银行开立的基本账户。企业申请职业培训补贴应附：培训人员花名册、培训人员《身份证》复印件、《就业创业证》复印件、劳动合同复印件、职业培训合格证书等凭证材料。

对小型微型企业新招用高校毕业生按规定开展岗前培训的，各地要根据当地物价水平，适当提高培训费补贴标准。

31. 高校毕业生从企业到机关事业单位就业后工龄如何计算？

按照《国务院关于进一步做好普通高等学校毕业生就业工作的通知》（国发〔2011〕16号）等文件规定，高校毕业生从企业、社会团体到机关事业单位就业的，其按规定参加企业职工基本养老保险的缴费年限合并为连续工龄。

32. 高校毕业生到企业特别是中小企业就业可否在当地落户？

按照《国务院办公厅关于做好2014年全国普通高等学校毕业生就业创业工作的通知》（国发〔2014〕22号）、《国务院办公厅关于做好2013年全国普通高等学校毕业生就业工作的通知》（国办发〔2013〕35号）文件规定，要简化高校毕业生就业程序，消除其在不同地区、不同类型单位之间流动就业的制度性障碍。切实落实允许包括专科生在内的高校毕业生在就（创）业地办理落户手续的政策（直辖市按有关规定执行）。

省会及以下城市要放开对吸收高校毕业生落户的限制，简化有关手续，应届毕业生凭《普通高等学校毕业证书》、《全国普通高等学校毕业生就业报到证》、与用人单位签订的《就业协议书》或劳动（聘用）合同办理落户手续；非应届毕业生凭与用人单位签订的劳动（聘用）合同和《普通高等学校毕业证书》办理落户手续。高校毕业生到小型微型企业就业、自主创业的，其档案可由当地市、县一级的公共就业人才服务机构免费保管。办理高校毕业生档案转递手续，转正定级表、调整改派手续不再作为接收审核档案的必备材料。

33. 流动人员人事档案如何保管？

按照《关于进一步加强流动人员人事档案管理服务工作的通知》（人社部发〔2014〕90号）、《流动人员人事档案管理暂行规定》规定，流动人员档案具体包括：非公有制企业和社会组织聘用人员的档案；辞职辞退、取消录（聘）用或被开除的机关事业单位工作人员档案；与企事业单位解除或终止劳动（聘用）关系人员的档案；未就业的高校毕业生及中专毕业生的档案；自费出国留学及其他因私出国（境）人员的档案；外国企业常驻代表机构的中方雇员的档案；自由职业或灵活就业人员的档案；其他实行社会管理人员的档案。

流动人员人事档案管理实行集中统一、归口管理的管理体制，主管部门为政府人力资源社会保障部门，接受同级党委组织部门的监督和指导。流动人员人事档案具体由县级以上（含县级）公共就业和人才服务机构以及经人力资源社会保障部门授权的单位管理，其他单位未经授权不得管理流动人员人事档案。严禁个人保管本人或他人的档案。跨地区流动人员的人事档案，可由其户籍所在地或现工作单位所在地的公共就业和人才服务机构管理。

高校毕业生到具有档案管理权限的机关、事业单位、国有企业就业的，由单位直接接收、管理档案。到无档案管理权限的单位（私营企业、外资企业等）就业的，可由各地公共就业和人才服务机构负责提供档案管理等人事代理服务。高校毕业生离校时没有就业的，档案可由学校统一发回原户籍所在地公共就业和人才服务机构保管。档案不允许个人保存。

2015 年 1 月 1 日起，取消收取人事关系及档案保管费、查阅费、证明费、档案转递费等名目的费用。各级公共就业和人才服务机构应提供免费的流动人员人事档案基本公共服务。

34. 什么是人事代理？高校毕业生怎样办理人事代理？

公共就业和人才服务机构可在规定业务范围内接受用人单位和个人委托，从事下列人事代理服务：（1）流动人员人事档案管理；（2）因私出国政审；（3）在规定的范围内申报或组织评审专业技术职务任职资格；（4）转正定级和工龄核定；（5）大中专毕业生接收手续；（6）其他人事代理事项。

按照《人才市场管理规定》有关规定，人事代理方式可由单位集体委托代理，也可由个人委托代理；可多项委托代理，也可单项委托代理；可单位全员委托代理，也可部分人员委托代理。

单位办理委托人事代理，须向代理机构提交有效证件以及委托书，确定委托代理项目。经代理机构审定后，由代理机构与委托单位签订人事代理合同书，明确双方的权利和义务，确立人事代理关系。

35. 高校毕业生如何与用人单位订立劳动合同？

劳动合同法第七条规定，用人单位自用工之日起即与劳动者建立劳动关系。第十条规定，建立劳动关系，应当订立书面劳动合同。已建立劳动关系，未同时订立书面劳动合同的，应当自用工之日起一个月内订立书面劳动合同。用人单位与劳动者在用工前订立劳动合同的，劳动关系自用工之日起建立。

第八条规定，用人单位（企业、个体经济组织、民办非企业单位等组织）招用劳动者时，应当如实告知劳动者工作内容、工作条件、工作地点、职业危害、安全生产状况、劳动报酬，以及劳动者要求了解的其他情况；用人单位有权了解劳动者与劳动合同直接相关的基本情况，劳动者应当如实说明。

第九条规定，用人单位招用劳动者，不得扣押劳动者的居民身份证和其他证件，不得要求劳动者提供担保或者以其他名义向劳动者收取财物。

36. 什么是社会保险？我国建立了哪些社会保险制度？

社会保险是指国家通过立法，按照权利与义务相对应原则，多渠道筹集资金，对参保者在遭遇年老、疾病、工伤、失业、生育等风险情况下提供物质帮助（包括现金补贴和服务），使其享有基本生活保障、免除或减少经济损失的制度安排。

社会保险法第二条规定，我国建立基本养老保险、基本医疗保险、工伤保险、失业保险、生育保险等社会保险制度，保障公民在年老、疾病、工伤、失业、生育等情况下依法从国家和社会获得物质帮助的权利。其中，基本养老保险制度包括职工基本养老保险制度、新型农村社会保险制度和城镇居民社会养老保险制度；基本医疗保险制度包括职工基本医疗保险制度、新型农村合作医疗制度和城镇居民医疗保险制度。

37. 用人单位应该履行哪些社会保险义务？享有哪些社会保险权利？

（1）社会保险义务：一是申请办理社会保险登记的义务；二是申报和缴纳社会保险费的义务；三是代扣代缴职工社会保险的义务；四是向职工告知缴纳社会保险费明细的义务。

（2）社会保险权利：一是有权免费查询、核对其缴费记录；二是有权要求社会保险经办机构提供社会保险咨询等相关服务；三是可以参加社会保险监督委员会，对社会保险工作提出咨询意见和建议，实施社会监督；四是对侵害自身权益和不依法办理社会保险事务的行为，有权依法申请行政复议或者提起行政诉讼。此外，还有权对违反社会保险法律、法规的行为进行举报、投诉。

38. 参加社会保险的个人享有哪些权利？

高校毕业生依法缴纳社会保险费后，享有以下权利：

（1）有权依法享受社会保险待遇；

（2）有权监督本单位为其缴费情况；

（3）有权免费向社会保险经办机构查询、核对其缴费和享受社会保险待遇权益记录；

（4）有权要求社会保险经办机构提供社会保险咨询等相关服务；

（5）对侵害自身权益和不依法办理社会保险事务的行为，有权依法申请行政复议或者提起行政诉讼。

此外，还有权对违反社会保险法律、法规的行为进行举报、投诉。

39. 目前国家对用人单位及其职工和参保个人缴纳社会保险费的费率是如何规定的？

（1）用人单位及其职工缴纳社会保险费的费率。根据《国务院关于完善企业职工基本养老保险制度的决定》（国发〔2005〕38 号）、《国务院关于建立城镇职工基本医疗保险制度的决定》（国发〔1998〕44 号）、《失业保险条例》（国务院令第 258 号）规定，用人单位缴纳基本养老保险、基本医疗保险和失业保险的费率，分别是原则上为本单位工资总额的 20%、6% 左右和 2%；用人单位缴纳工伤保险费按照《工伤保险条例》（国务院令第 586 号）规定实行行业差别费率和浮动费率，有关费率确定按照国家相应规定执行；用人单位缴纳生育保险费的费率按照《企业职工生育保险试行办法》（劳部发〔1994〕504 号）规定执行，由统筹地区政府根据实际情况自行确定，但不得超过用人单位工资总额的 1%。职工本人缴纳基本养老保险、基本医疗保险和失业保险的费率，分别为本人工资的 8%、2% 和 1%。

（2）参保个人缴纳社会保险费的费率。根据《国务院关于完善企业职工基本养老保险制度的决定》（国发〔2005〕38 号）规定，无雇工的个体工商户和灵活就业人员参加职工基本养老保险的缴费费率为 20%，其中 8% 计入个人账户；无雇工的个体工商户和灵活就业人员参加职工基本医疗保险的缴费费率，按国家有关规定，统筹地区可以参照当地基本医疗保险建立统筹基金的缴费水平确定。

(3) 城镇居民参加居民医疗保险和农村居民参加新型农村社会养老保险及新型农村合作医疗，主要采取定额方式缴纳社会保险费。

40. 高校毕业生如何处理劳动人事纠纷?

发生劳动人事争议，可以通过协商解决。当事人不愿协商或协商不成的，可以向调解组织申请调解；不愿调解、调解不成或者达成调解协议后不履行的，可以向劳动人事争议仲裁委员会申请仲裁；对仲裁裁决不服的，除法律另有规定的外，可以向人民法院提起诉讼。

对用人单位违反劳动保障法律、法规和规章的情况，高校毕业生可向人力资源社会保障部门举报、投诉。劳动保障监察机构将依法受理，纠正和查处有关违法行为。

41. 什么是服务外包和服务外包企业?

服务外包是指企业将其非核心的业务外包出去，利用外部最优秀的专业化团队来承接该业务，从而使其专注核心业务，达到降低成本、提高效率、增强企业核心竞争力和对环境应变能力的一种管理模式。

服务外包企业是指其与服务外包发包商签订中长期服务合同，承接服务外包业务的企业。

42. 目前服务外包产业主要涉及哪些领域及地区?

服务外包分为信息技术外包服务（ITO）、技术性业务流程外包服务（BPO）和技术性知识流程外包（KPO）等。ITO 包括软件研发及外包、信息技术研发服务外包、信息系统运营维护外包等领域。BPO 包括企业业务流程设计服务、企业内容管理数据库服务、企业运营数据库服务、企业供应链管理数据库服务等领域。KPO 包括知识产权研究、医药和生物技术研发和测试、产品技术研发、工业设计、分析学和数据挖掘、动漫及网游设计研发、教育课件研发、工程设计等领域。

我国目前有服务外包示范城市 21 个，分别是北京、天津、上海、重庆、大连、深圳、广州、武汉、哈尔滨、成都、南京、西安、济南、杭州、合肥、南昌、长沙、大庆、苏州、无锡、厦门。

43. 服务外包企业吸纳高校毕业生有哪些财政支持?

按照《国务院办公厅关于鼓励服务外包产业加快发展的复函》（国办函〔2010〕69 号）、《人力资源社会保障部、商务部关于加快服务外包产业发展促进高校毕业生就业的若干意见》（人社部发〔2009〕123 号）等文件规定，对符合条件的服务外包企业，每新录用 1 名大学以上学历员工从事服务外包工作并签订 1 年期以上劳动合同的，给予企业不超过每人 4500 元的培训支持；对符合条件的培训机构培训的从事服务外包业务人才（大学以上学历），通过服务外包业务专业知识和技能培训考核，并与服务外包企业签订 1 年期以上劳动合同的，给予培训机构每人不超过 500 元的培训支持。

服务外包企业吸纳高校毕业生参加就业见习的，享受相关财政补助政策。服务外包企业吸纳就业困难高校毕业生就业，享受社会保险补贴等扶持政策。就业困难高校毕业生参加服务外包培训可按规定享受职业培训补贴和职业技能鉴定补贴。

三、鼓励大学生应征入伍，报效祖国

44. 国家鼓励大学生应征入伍服义务兵役，这里的“大学生”如何界定？

指根据国家有关规定批准设立、实施高等学历教育的全日制公办普通高等学校、民办普通高等学校和独立学院，按照国家招生规定录取的全日制普通本科、专科（含高职）、研究生、第二学士学位的应（往）届毕业生、在校生和已被普通高校录取但未报到入学的学生。

征集的大学生以男性为主，女性大学生征集根据军队需要确定。

45. 公民应征入伍需要满足哪些政治条件和基本身体条件？

征集服现役的公民必须热爱中国共产党，热爱社会主义祖国，热爱人民军队，遵纪守法，品德优良，决心为抵抗侵略、保卫祖国、保卫人民的和平劳动而英勇奋斗。征兵政治审查的内容包括：应征公民的年龄、户籍、职业、政治面貌、宗教信仰、文化程度、现实表现以及家庭主要成员和主要社会关系成员的政治情况等。

公民应征入伍要符合国防部颁布的《应征公民体格检查标准》和有关规定。其中，有几项基本条件：

身高：男性 160 cm 以上，女性 158 cm 以上。

体重：男性：不超过标准体重的 30%，不低于标准体重的 15%。

女性：不超过标准体重的 20%，不低于标准体重的 15%。

标准体重 =（身高 −110）kg。

视力：大学生右眼裸眼视力不低于 4.6，左眼裸眼视力不低于 4.5。屈光不正，准分子激光手术后半年以上，无并发症，视力达到相应标准的，合格。

内科：乙型肝炎表面抗原呈阴性，等等。

46. 应征入伍服义务兵役大学生的年龄是如何规定的？

男性普通高等学校在校生为年满 18 至 22 周岁，高职（专科）毕业生可放宽到 23 周岁，本科及以上学历毕业生可放宽到 24 周岁。

女性普通高等学校在校生为年满 18 到 20 周岁，应届毕业生放宽到 22 周岁。

47. 高校毕业生应征入伍服义务兵役要经过哪些程序？

（1）网上报名预征：有应征意向的高校毕业生可在夏秋季征兵开始之前登录“大学生应征入伍网上报名平台”（网址为 http://zbbm.chsi.com.cn 或 http://zbbm.chsi.cn，下同）进行报名，填写、打印《应届毕业生预征对象登记表》和《高校毕业生应征入伍学费补偿国家助学贷款代偿申请表》（以下分别简称《登记表》、《申请表》），交所在高校征兵工作管理部门。

（2）初审、初检：毕业生离校前，在高校参加身体初检、政治初审，符合条件者确定为预征对象，高校协助兵役机关将《登记表》和《申请表》审核盖章发给毕业生本人，并完成网上信息确认。初审、初检工作最晚在 7 月 15 日前完成。

（3）实地应征：高校应届毕业生可在学校所在地应征入伍，也可在入学前户籍所在地应征入伍。

（4）组织高校应届毕业生在学校所在地征集的，结合初审、初检工作同步进行体格检查和政治审查，在毕业生离校前完成预定兵，9 月初学校所在地县（市、区）人民政府征兵办公室为其办理批准入伍手续。政治审查以本人现实表现为主，由其就读学校所在地的县（市、区）公安部门负责，学校分管部门具体承办，原则上不再对其入学前和就读返乡期间的现实表现情况进行调查。

（5）在入学前户籍所在地应征入伍的，高校应届毕业生7月30日前将户籍迁回入学前户籍地，持《登记表》和《申请表》到当地县级兵役机关参加实地应征，经体格检查、政治审查合格的，9月初由当地县（市、区）人民政府征兵办公室办理批准入伍手续。

48. 大学生征集工作由哪个部门牵头负责？

高校所在地兵役机关会同有关部门进入高校开展征集工作，高校由学生管理部门或学校武装部门牵头负责，有意向参军入伍的大学生可向所在学校学工部（处）、就业中心、资助中心或武装部咨询有关政策。

49. 高校毕业生应征入伍服义务兵役享受哪些优惠政策？

高校毕业生应征入伍服义务兵役，除享有优先报名应征、优先体检政审、优先审批定兵、优先安排使用"四个优先"政策，家庭按规定享受军属待遇外，还享受优先选拔使用、学费补偿和国家助学贷款代偿、退役后考学升学优惠、就业服务等政策。

50. 高校毕业生应征入伍"四个优先"政策是怎样规定的？

高校毕业生预征对象参军入伍享受"四优先"政策：

（1）优先报名应征。报名由县级兵役机关直接办理。夏秋季征兵开始前，县级兵役机关通知其报名时间、地点、注意事项等。确定为预征对象的高校毕业生，持《应届毕业生预征对象登记表》，可以直接到学校所在地或户籍所在地县级兵役机关报名应征。

（2）优先体检政考。体检由县级兵役机关直接办理。夏秋季征兵体检前，县级兵役机关通知其体检时间、地点、注意事项等。确定为预征对象的高校毕业生，未能在规定时间内在学校参加体检的，本人持《应届毕业生预征对象登记表》，可在征兵体检时间内报名直接参加体检。

（3）优先审批定兵。审批定兵时，应当优先批准体检政审合格的高校毕业生入伍。高职（专科）以上文化程度的合格青年未被批准入伍前，不得批准高中文化程度的青年入伍。

（4）优先安排使用。在安排兵员去向时，根据高校毕业生的学历、专业和个人特长，优先安排到军兵种或专业技术要求高的部队服役；部队对征集入伍的高校毕业生，优先安排到适合的岗位，充分发挥其专长。

51. 大学生应征入伍服义务兵役给予国家资助的内容是什么？

高等学校学生应征入伍服义务兵役国家资助，是指国家对应征入伍服义务兵役的高校学生，在入伍时对其在校期间缴纳的学费实行一次性补偿或获得的国家助学贷款（国家助学贷款包括校园地国家助学贷款和生源地信用助学贷款，下同）实行代偿；应征入伍服义务兵役前正在高等学校就读的学生（含按国家招生规定录取的高等学校新生），服役期间按国家有关规定保留学籍或入学资格、退役后自愿复学或入学的，国家实行学费减免。

52. 高校学生应征入伍享受学费补偿、国家助学贷款代偿及学费减免的标准是多少？

按照《关于调整完善国家助学贷款相关政策措施的通知》（财教〔2014〕180号）、《财政部、教育部、总参谋部关于印发〈高等学校学生应征入伍服义务兵役国家资助办法〉的通知》（财教〔2013〕236 号）、《关于对直接招收为士官的高等学校学生施行国家资助的通知》（财教〔2015〕462 号）文件规定：

（1）学费补偿、国家助学贷款代偿及学费减免标准，本专科生每人每年最高不超过 8 000元，研究生每人每年最高不超过 12 000 元。

（2）学费补偿或国家助学贷款代偿金额，按学生实际缴纳的学费或获得的国家助学贷款（国家助学贷款包括本金及其全部偿还之前产生的利息，下同）两者金额较高者执行，据实补偿或者代偿。退役复学后学费减免金额，按学校实际收取学费金额执行。超出标准部分不予补偿、代偿或减免。

（3）获学费补偿学生在校期间获得国家助学贷款的，补偿资金必须首先用于偿还国家助学贷款。如补偿金额高于国家助学贷款金额，高出部分退还学生。

（4）从 2015 年起，国家对直接招收为士官的高等学校学生施行国家资助，入伍时对其在校期间缴纳的学费实行一次性补偿或获得的国家助学贷款（包括校园地国家助学贷款和生源地信用助学贷款）实行代偿。

53. 高校学生应征入伍服义务兵役都可以享受国家资助政策吗？

在校期间已免除全部学费的学生，定向生、委培生和国防生，其他不属于服义务兵役到部队参军的学生，均不享受学费补偿和国家助学贷款代偿政策。

54. 高校学生应征入伍服义务兵役享受学费补偿、国家助学贷款代偿和学费减免的年限如何计算？

学费补偿、国家助学贷款代偿和学费减免的年限，按照国家对本科、专科（高职）、研究生和第二学士学位规定的相应修业年限据实计算。以入伍时间为准，入伍前已达到的修业规定年限，即为学费补偿或国家助学贷款代偿的年限；退役复学后应完成的国家规定的修业年限的剩余期限，即为学费减免的年限；复学后攻读更高层次学历不在减免学费范围之内。

专升本、本硕连读、中职高职连读、第二学士学位毕业生补偿学费或代偿国家助学贷款的年限，分别按照完成本科、硕士、高职和第二学士学位阶段学习任务规定的学习时间计算。

专升本、本硕连读学制在校生，在专科或本科学习阶段应征入伍的，以实际学习时间实行学费补偿或国家助学贷款代偿；在本科或硕士学习阶段应征入伍的，以本科已学习时间或硕士已学习时间计算，实行学费补偿或国家助学贷款代偿，其以前专科学习时间或本科学习时间不计入学费补偿或国家助学贷款代偿。中职高职连读学生学费补偿或国家助学贷款代偿的年限，按照高职阶段实际学习时间计算。

55. 高校学生申请应征入伍服义务兵役国家资助的程序是什么？

（1）应征报名的高校学生登录大学生征兵报名系统，按要求在线填写、打印《高校学生应征入伍学费补偿国家助学贷款代偿申请表》（一式两份，以下简称《申请表》）并提交学校学生资助管理部门。在校期间获得国家助学贷款的学生，需同时提供《国家助学贷款借款合同》复印件和本人签字的一次性偿还贷款计划书。

（2）学校相关部门对《申请表》中学生的资助资格、标准、金额（如有生源地信用助学贷款，学校应联系贷款经办银行或贷款经办地县级学生资助管理机构确认贷款金额）等相关信息审核无误后，对《申请表》加盖公章，一份留存，一份返还学生。

(3) 学生在征兵报名时将《申请表》交至入伍所在地县级人民政府征兵办公室（以下简称“县级征兵办”）。学生通过征兵体检被批准入伍后，县级征兵办对《申请表》加盖公章并返还学生。

(4) 学生将《申请表》原件和入伍通知书复印件，寄送至原就读高校学生资助管理部门。

56. 因个人原因被部队退回，高校学生已获国家资助的经费要被收回吗？

因本人思想原因、故意隐瞒病史或弄虚作假、违法犯罪等行为造成退兵的学生，学校取消其受助资格，并不得申请学费减免。各省（区、市）人民政府征兵办公室应在接收退兵后及时将被退回学生的姓名、就读高校、退兵原因等情况逐级上报至国防部征兵办公室，并按照学生原就读高校的隶属关系，通报同级教育行政部门。

被部队退回并被取消资助资格的学生，如学生返回其原户籍所在地，已补偿的学费或代偿的国家助学贷款资金由学生户籍所在地县级教育行政部门会同同级人民政府征兵办公室收回；如学生返回其原就读高校，已补偿的学费或代偿的国家助学贷款由学生原就读高校会同退役安置地县级人民政府征兵办公室收回。各县级教育行政部门和各高校应在收回资金后十日内，逐级汇总上缴全国学生资助管理中心。收回资金按规定作为下一年度学费补偿或国家助学贷款代偿经费。

57. 高校毕业生入伍服义务兵役年限是多少？

我国现行的义务兵役制度服役年限是两年。

58. 大学生士兵退役后享受哪些就学优惠政策？

(1) 高职（专科）学生入伍经历可作为毕业实习经历。

(2) 退役大学生士兵入学或复学后免修军事技能训练，直接获得学分。

(3) 设立“退役大学生士兵”专项硕士研究生招生计划。根据实际需求，每年安排一定数量专项计划，专门面向退役大学生士兵招生。在全国研究生招生总规模内单列下达，不得挪用。

(4) 将高校在校生（含高校新生）服兵役情况纳入推免生遴选指标体系。鼓励开展推荐优秀应届本科毕业生免试攻读研究生工作的高校在制定本校推免生遴选办法时，结合本校具体情况，将在校期间服兵役情况纳入推免生遴选指标体系。在部队荣立二等功及以上的退役人员，符合研究生报名条件的可免试（指初试）攻读硕士研究生。

(5) 将考研加分范围扩大至高校在校生（含高校新生）。退役人员在继续实行普通高校应届毕业生退役后按规定享受加分政策的基础上，允许普通高校在校生（含高校新生）应征入伍服义务兵役退役，在完成本科学业后 3 年内参加全国硕士研究生招生考试，初试总分加 10 分，同等条件下优先录取。

(6) 退役大学生士兵专升本实行招生计划单列。高职（专科）学生应征入伍服义务兵役退役，在完成高职学业后参加普通本科专升本考试，实行计划单列，录取比例在现行 30% 的基础上适度扩大，具体比例由各省份根据本地实际和报名情况确定。

(7) 高校新生录取通知书中附寄应征入伍优惠政策。高校向新生寄送《录取通知书》

时，附寄应征入伍宣传单，宣传单主要内容包括优惠政策概要、报名流程指南、学籍注册要求等。

（8）放宽退役大学生士兵复学转专业限制。大学生士兵退役后复学，经学校同意并履行相关程序后，可转入本校其他专业学习。

（9）具有高职（高专）学历的，退役后免试入读成人本科，或经过一定考核入读普通本科；荣立三等功以上奖励的，在完成高职（专科）学业后，免试入读普通本科；

（10）应征入伍的高校毕业生退役后报考政法干警招录培养体制改革试点招生时，教育考试笔试成绩总分加 10 分。

59. 什么是政法干警招录培养体制改革试点考试？

国家为培养政治业务素质高，实战能力强的应用型、复合型政法人才，加强政法机关公务员队伍建设，2008 年开始重点从部队退役士兵和普通高校毕业生中选拔优秀人才，为基层政法机关特别是中西部和其他经济欠发达地区的县（市）级以下基层政法机关提供人才保障和智力支持。

60. 应征入伍的高校应届毕业生离校后户口档案存放在哪里，如何迁转？

被确定为预征对象的高校应届毕业生，回入学前户籍所在地应征的，将户口迁回入学前户籍所在地，档案转到入学前户籍所在地人才交流中心存放。在学校所在地应征的，可将户籍和档案暂时保留在学校。

高校应届毕业生批准入伍后，其户口档案予以注销，档案放入新兵档案。

61. 高校应届毕业生退役后户档迁移有何优惠政策？

高校应届毕业生入伍服义务兵役退出现役后一年内，可视同当年的高校应届毕业生，凭用人单位录（聘）用手续，向原就读高校再次申请办理就业报到手续，户档随迁（直辖市按照有关规定执行）。

62. 没有参加网上报名预征的大学生生是否还可以应征入伍并享受有关优惠政策？

未参加网上报名预征的大学生，在征兵期间需要补办网上预征手续，没有经过网上报名预征的大学生不享受有关优惠政策。

63. 什么是士官？与义务兵有什么区别？

我军现役士兵按兵役性质分为义务兵役制士兵和志愿兵役制士兵。义务兵役制士兵称为义务兵，志愿兵役制士兵称为士官。士官属于士兵军衔序列，但不同于义务兵役制士兵，是士兵中的骨干。义务兵实行供给制，发给津贴，士官实行工资制和定期增资制度。

64. 国家资助直接招收为士官的高等学校学生如何界定？

是指直接从非军事部门招收为部队士官的全日制普通本专科（含高职）、研究生、第二学士学位的应（往）届毕业生，以及成人高校的普通本专科（高职）应（往）届毕业生；纳入全国高等学校招生统一考试、直接招录或选拔补充为部队士官的定向生。

四、积极拓宽重点领域就业渠道

65. 国家鼓励和引导高校毕业生去哪些重要领域就业创业？

“一带一路”“长江经济带”“京津冀协同发展”等国家重大战略提供了大量的岗位需求。高校毕业生要主动对接人才需求，积极到重点地区、重大工程、重大项目、重要领域去就业。要抓住实施“中国制造2025”“互联网+”行动计划等契机，到先进制造业、现代服务业和现代农业等领域就业创业。

66. 什么是“一带一路”战略？

“一带一路”是“丝绸之路经济带”和“21世纪海上丝绸之路”的简称，是国家级顶层战略。它将充分依靠中国与有关国家既有的双多边机制，借助既有的、行之有效的区域合作平台，一带一路旨在借用古代丝绸之路的历史符号，高举和平发展的旗帜，积极发展与沿线国家的经济合作伙伴关系，共同打造政治互信、经济融合、文化包容的利益共同体、命运共同体和责任共同体。

67. “一带一路”战略将给大学生就业带来哪些机遇？

“一带一路”的互联互通项目将推动沿线各国发展战略的对接与耦合，发掘区域内市场的潜力，促进投资和消费，创造需求和就业。2015年3月，国家发展改革委、外交部、商务部联合发布了《推动共建丝绸之路经济带和21世纪海上丝绸之路的愿景与行动》。“一带一路”经济区开放后，承包工程项目突破3 000个。2015年，我国企业共对“一带一路”相关的49个国家进行了直接投资，投资额同比增长18.2%。2015年，我国承接“一带一路”相关国家服务外包合同金额178.3亿美元，执行金额121.5亿美元，同比分别增长42.6%和23.45%。2016年6月底，中欧班列累计开行1 881列，其中回程502列，实现进出口贸易总额170亿美元。

68. 国家和地方重大科研项目包括哪些？哪些高校毕业生可以被吸纳为研究助理或辅助人员？签订的服务协议应包含哪些内容？

按照《科技部、教育部、财政部、人力资源社会保障部、国家自然科学基金委员会关于鼓励科研项目单位吸纳和稳定高校毕业生就业的若干意见》（国科发财〔2009〕97号）规定，由高校、科研机构和企业所承担的民口科技重大专项、973计划、863计划、科技支撑计划项目以及国家自然科学基金会的重大重点项目等，可以聘用高校毕业生作为研究助理或辅助人员参与研究工作。此外的其他项目，承担研究的单位也可聘用高校毕业生。

吸纳对象主要以优秀的应届毕业生为主，包括高校以及有学位授予权的科研机构培养的博士研究生、硕士研究生和本科生。

被吸纳高校毕业生需与项目承担单位签订服务协议，明确双方的权利、责任和义务，但不是项目承担单位的正式在编职工。

签订的服务协议应包含：

（1）项目承担单位的名称和地址；

（2）研究助理的姓名、居民身份证号码和住址；

（3）服务协议期限；

（4）工作内容；

（5）劳务性费用数额及支付方式；

（6）社会保险；

（7）双方协商约定的其他内容。

服务协议不得约定由毕业生承担违约金。

69. 科研项目服务协议的期限如何约定？履行期间是否可以解除协议？

根据《人力资源社会保障部办公厅关于重大科研项目单位吸纳高校毕业生参与研究工作签订服务协议有关问题的通知》（人社厅发〔2009〕47 号）等文件规定，服务协议期限最多可签订三年，三年以下的服务协议期限已满而项目执行期未满的，根据工作需要可以协商续签至三年。

服务协议履行期间，毕业生可以提出解除服务协议，但应提前 15 天书面通知项目承担单位。

项目承担单位提出解除服务协议的，应当提前 30 日书面通知毕业生本人。研究助理被解除服务协议或协议期满终止后，符合条件的毕业生可按规定享受失业保险待遇。

70. 科研项目承担单位是否给被吸纳的高校毕业生上保险？被吸纳的高校毕业生户档如何迁转？服务协议期满后如何就业？

项目承担单位应当为毕业生办理社会保险，具体包括基本养老保险、基本医疗保险、失业保险、工伤保险、生育保险，并按时足额缴费，根据《国务院关于做好当前和今后一段时期就业创业工作的意见》（国发〔2017〕28 号）等文件规定，将社会保险补助纳入劳务费列支，劳务费不设比例限制。参保、缴费、待遇支付等具体办法参照各项社会保险有关规定执行。

毕业生参与项目研究期间，根据当地情况，其户口、档案可存放在项目承担单位所在地或入学前家庭所在地公共就业和人才服务机构。项目承担单位所在地或入学前家庭所在地公共就业和人才服务机构应当免费为其提供户口、档案托管服务。

协议期满，如果项目承担单位无意续聘，则毕业生到其他岗位就业。同时，国家鼓励项目承担单位正式聘用（招用）人员时，优先聘用担任过研究助理的人员。项目承担单位或其他用人单位正式聘用（招用）担任过研究助理的人员，应当分别依据《劳动合同法》、《国务院办公厅转发人事部关于在事业单位试行人员聘用制度意见的通知》（国办发〔2002〕35 号）等规定执行。

71. 毕业生服务科研项目协议期满被用人单位正式录（聘）用后，如何办理落户手续？工龄如何接续？

担任过研究助理的人员被正式聘用（招用）后，按照有关规定，凭用人单位录（聘）用手续、劳动合同和《普通高等学校毕业证书》办理落户手续；工龄与参与项目研究期间的工作时间合并计算，社会保险缴费年限合并计算。

五、支持高校毕业生到国际组织实习任职

72. 什么是国际组织？

国际组织是具有国际性行为特征的组织，是两个或两个以上国家（或其他国际法主体）为实现共同的政治经济目的，依据其缔结的条约或其他正式法律文件建立的有一定规章制度的常设性机构。

国际组织分为政府间组织和非政府间组织，也可分为区域性国际组织和全球性国际组织。政府间的国际组织有联合国、欧洲联盟、世界贸易组织等，非政府间的国际组织有国际奥委会、国际红十字会等。

73. 联合国的国际公务员有哪几种？哪些职位是面向高校毕业生的？

联合国的国际公务员主要分为三种：D 类、P 类和 G 类。D 代表的是 director，即高级管理人员；P 代表 Professional，即专业人员；而 G 则是 General，即一般事务。

D 类属于领导类职务，部分是在联合国内部一级一级晋升上来的，另外一部分则来自各国直接派遣，比如我国各部委派驻到联合国的工作人员。

G 类属于基础性岗位，大多是行政、秘书等辅助性雇员，一般从机构所在国当地招聘。

P 类是联合国的中坚力量，因此，对于想加入联合国的高校毕业生而言，最常规的方式，是参加联合国的 YPP 考试（即青年专业人员考试）。

74. 什么是联合国青年专业人员（YPP）考试？

联合国青年专业人员（YPP）考试是 2012 年联合国对原国家竞争考试（NCRE）改革后的考试项目，是联合国招聘工作人员的主要方式之一，由人力资源社会保障部协助联合国在华举办。

青年专业人员考试的对象为初级业务官员（P1/P2 级），由联合国秘书处每年根据各会员国占地域分配的理想员额幅度情况，邀请无代表性、代表性不足或即将变为代表性不足的会员国参加考试。会员国同意参加后，其国民可通过联合国网站报名参加本年考试。

联合国将对申请参加考试的人员进行初步网上筛选，确定最终参加考试人员名单。考试一般由笔试和面试两个阶段的测试组成。通过考试选拔的人员将进入联合国后备人员名单，当出现职位空缺时，由联合国从后备人员名单中选聘。

75. 国家对高校毕业生到国际组织实习任职提供哪些指导服务？

（1）提供“高校毕业生国际组织实习任职服务平台”（http：//gj. ncss. org. cn/），为毕业生到国际组织实习任职和参加志愿活动等，提供信息、咨询、培训等服务。

（2）鼓励有条件的高校结合国际组织人才需求，开展培养推送高校毕业生到国际组织实习任职工作，将国际组织基本情况、招聘要求、职业发展路径等内容，纳入大学生就业指导教材和课程。

（3）国家留学基金管理委员会从全国优秀应届毕业生中选派实习生，前往联合国教科文组织、国际民航组织及国际电信联盟进行实习，为期 3 ~ 12 个月，并可提供奖学金资助。详见教育部留学基金委网站（http：//www. csc. edu. cn/）

76. 高校毕业生到国际组织实习任职，需要哪些能力？如何在校做好准备？

（1）语言水平

联合国有六种官方工作语言，英语、法语、西班牙语、阿拉伯语、俄语和汉语。其中英语和法语最为重要，两者兼具的求职者进入国际组织有着天然的优势。联合国的很多机构在招聘时都要求应聘者能够使用两种或两种以上语言进行交流。除了要做到听说读写“四会”，更为重要的是运用这些语言进行沟通交流，比如能够进行协商谈判，做口头报告，在公众面前演讲，撰写相关报告或文件等。而且联合国要求员工必须能够与不同的对象进行交流，并做到有效、清晰、简洁、准确可信、能阐释复杂的问题，同时要有吸引力，便于对方理解。

在大学时期，要注重外语能力的培养，努力熟练掌握“听说读写”的基本技能，也要多锻炼使用外语进行口头和书面交流的实际运用能力。有条件的话也可以参加托福、雅思等在国际上被广泛承认的语言水平考试，取得的成绩有助于申请国际组织的实习、志愿、正式工作项目。

（2）综合素质

国际组织对所聘公务员的要求，不单纯是技术性、专业性的，更重要的是在任何职场都需要的沟通能力、管理能力，尤其强调国际组织、跨文化工作所需要的某些能力，例如伙伴关系（partnership）、团队精神（team spirit）、协同配合（synergy）、互动（interaction）、相互尊重与理解（mutual respect and understanding）等。在工作中，要有意识的培养有效行为的能力，避免无效行为。

世界卫生组织有一个全球能力模版（Global Competency Model），反映了对国际公务员各方面能力的总体要求，分为核心能力、管理能力、领导能力三大类，共13项内容，很具有参考价值。

六、鼓励支持高校毕业生自主创业，稳定灵活就业

77. 高校毕业生自主创业，可以享受哪些优惠政策？

按照《国务院关于进一步做好新形势下就业创业工作的意见》（国发〔2015〕23号）、《国务院办公厅关于深化高等学校创新创业教育改革的实施意见》（国办发〔2015〕36号）等文件规定，高校毕业生自主创业优惠政策主要包括：

（1）税收优惠：持人社部门核发《就业创业证》（注明“毕业年度内自主创业税收政策”）的高校毕业生在毕业年度内（指毕业所在自然年，即1月1日至12月31日）创办个体工商户、个人独资企业的，3年内按每户每年8 000元为限额依次扣减其当年实际应缴纳的营业税、城市维护建设税、教育费附加和个人所得税。对高校毕业生创办的小型微利企业，按国家规定享受相关税收支持政策。

（2）创业担保贷款和贴息支持：对符合条件的高校毕业生自主创业的，可在创业地按规定申请创业担保贷款，贷款额度为10万元。鼓励金融机构参照贷款基础利率，结合风险分担情况，合理确定贷款利率水平，对个人发放的创业担保贷款，在贷款基础利率基础上上浮3个百分点以内的，由财政给予贴息。

（3）免收有关行政事业性收费：毕业2年以内的普通高校毕业生从事个体经营（除国家限制的行业外）的，自其在工商部门首次注册登记之日起3年内，免收管理类、登记类和证照类等有关行政事业性收费。

（4）享受培训补贴：对高校毕业生在毕业学年（即从毕业前一年7月1日起的12个月）内参加创业培训的，根据其获得创业培训合格证书或就业、创业情况，按规定给予培训补贴。

（5）免费创业服务：有创业意愿的高校毕业生，可免费获得公共就业和人才服务机构提供的创业指导服务，包括政策咨询、信息服务、项目开发、风险评估、开业指导、融资服务、跟踪扶持等“一条龙”创业服务。各地在充分发挥各类创业孵化基地作用的基础上，因地制宜建设一批大学生创业孵化基地，并给予相关政策扶持。对基地内大学生创业企业要提供培训和指导服务，落实扶持政策，努力提高创业成功率，延长企业存活期。

（6）取消高校毕业生落户限制，允许高校毕业生在创业地办理落户手续（直辖市按有关规定执行）。

78. 大学生创业工商登记有什么要求？

深化商事制度改革，进一步落实注册资本登记制度改革，坚决推行工商营业执照、组织机构代码证、税务登记证“三证合一”，推进“三证合一”登记制度改革意见和统一社会信用代码方案，实现“一照一码”。放宽新注册企业场所登记条件限制，推动“一址多照”、集群注册等，降低大学生创业门槛。

79. 对大学生自主创业学籍管理有什么要求？

根据《教育部关于做好2016届全国普通高等学校毕业生就业创业工作的通知》（教学〔2015〕12号）文件规定，对有自主创业意愿的大学生，实施弹性学制，放宽学生修业年限，允许调整学业进程、保留学籍休学创新创业。

80. 高校对自主创业大学生可提供什么条件？

按照《普通高等学校学生管理规定》（中华人民共和国教育部令第41号）、《教育部关于做好2016届全国普通高等学校毕业生就业创业工作的通知》（教学〔2015〕12号）文件规定：

（1）学生参加创新创业、社会实践等活动以及发表论文、获得专利授权等与专业学习、学业要求相关的经历、成果，可以折算为学分，计入学业成绩。具体办法由学校规定。学校应当鼓励、支持和指导学生参加社会实践、创新创业活动，可以建立创新创业档案、设置创新创业学分。

（2）学校可以根据情况建立并实行灵活的学习制度。对休学创业的学生，可以单独规定最长学习年限，并简化休学批准程序。

（3）休学创业或退役后复学的学生，因自身情况需要转专业的，学校应当优先考虑。

（4）各地各高校建设一批大学生创业示范基地，继续推动大学科技园、创业园、创业孵化基地和实习实践基地建设，高校应开辟专门场地用于学生创新创业实践活动，教育部工程研究中心、各类实验室、教学仪器设备等原则上都要向学生开放。

（5）各高校要优化经费支出结构，多渠道统筹安排资金，支持创新创业教育教学，资助学生创新创业项目。

81. 高校毕业生怎样提升自主创业的能力？

各高校要根据人才培养定位和创新创业教育目标要求，促进专业教育与创新创业教育有机融合，调整专业课程设置，挖掘和充实各类专业课程的创新创业教育资源，在传授专业知识过程中加强创新创业教育。面向全体学生开发开设创新创业必修课和选修课，纳入学分管理。

各地人力资源社会保障部门已形成一些成熟的创业培训模式，如“GYB”（产生你的企业想法）、“SYB”（创办你的企业）、“IYB”（改善你的企业）；高校毕业生可选择参加创业培训和实训，并可按规定享受培训补贴，以提高创业能力。

82. 高校如何开展创新创业教育？

健全创新创业教育课程体系。高校要加快创新创业教育优质课程信息化建设，推出一批资源共享的慕课、视频公开课等在线开放课程。建立在线开放课程学习认证和学分认定制度。组织学科带头人、行业企业优秀人才，联合编写具有科学性、先进性、适用性的创新创业教育重点教材。

改革教学方法和考核方法。高校要广泛开展启发式、讨论式、参与式教学，扩大小班化教学覆盖面，推动教师把国际前沿学术发展、最新研究成果和实践经验融入课堂教学，注重培养学生的批判性和创造性思维，激发创新创业灵感。运用“大数据”技术，掌握不同学生学习需求和规律，为学生自主学习提供更加丰富多样的教育资源。改革考试考核内容和方式，注重考查学生运用知识分析、解决问题的能力，探索非标准答案考试，破除“高分低能”积弊。

强化创新创业实践。高校要加强专业实验室、虚拟仿真实验室、创业实验室和训练中心建设，促进实验教学平台共享。各地区、各高校科技创新资源原则上向全体在校学生开放，开放情况纳入各类研究基地、重点实验室、科技园评估标准。鼓励各地区、各高校充分利用各种资源建设大学科技园、大学生创业园、创业孵化基地和小微企业创业基地，作为创业教育实践平台，建好一批大学生校外实践教育基地、创业示范基地、科技创业实习基地和职业院校实训基地。完善国家、地方、高校三级创新创业实训教学体系，深入实施大学生创新创业训练计划，扩大覆盖面，促进项目落地转化。举办全国大学生创新创业大赛，办好全国职业院校技能大赛，支持举办各类科技创新、创意设计、创业计划等专题竞赛。支持高校学生成立创新创业协会、创业俱乐部等社团，举办创新创业讲座论坛，开展创新创业实践。

83. 如何向高校毕业生创设的小微企业优先转移科技成果？

国家鼓励利用财政性资金设立的科研机构、普通高校、职业院校，通过合作实施、转让、许可和投资等方式，向高校毕业生创设的小微企业优先转移科技成果。

84. 怎样申请创业担保贷款？在哪些银行可以申请创业担保贷款？

创业担保贷款按照自愿申请、社区推荐、人力资源社会保障部门审查、贷款担保机构审核并承诺担保、商业银行核贷的程序，办理贷款手续。

各国有商业银行、股份制商业银行、城市商业银行和城乡信用社都可以开办创业担保贷款业务，各地区根据实际情况确定具体经办银行。在指定的具体经办银行可以办理创业担保贷款。

85. 哪些项目属于微利项目？

微利项目由各省、自治区、直辖市人民政府结合当地实际情况确定，并报财政部、中国人民银行、人力资源和社会保障部备案。对于从事微利项目的，财政据实全额贴息，展期不贴息。

86. 离校后未就业高校毕业生如何参加就业见习？

人力资源社会保障部门通过媒体、公共就业和人才服务机构以及电视、网络、报纸等多种渠道，发布就业见习信息，公布见习单位名单、岗位数量、期限、人员要求等有关内容，或者组织开展见习单位和高校毕业生的双向选择活动，帮助离校未就业高校毕业生和见习单位对接。离校后未就业回到原籍的高校毕业生可与原籍所在地人力资源社会保障部门及当地团组织联系，主动申请参加就业见习。

87. 就业见习期限有多长？

高校毕业生就业见习期限一般为3～12个月。

高校毕业生就业见习活动结束后，见习单位对高校毕业生进行考核鉴定，出具见习证明，作为用人单位招聘和选用见习高校毕业生的依据之一。在见习期间，由见习单位正式录（聘）用的，在该单位的见习期可以作为工龄计算。

88. 离校未就业高校毕业生参加就业见习享受哪些政策和服务？

（1）获得基本生活补助（基本生活补助费用由见习单位和地方政府分担，各地要根据当地经济发展和物价水平，合理确定和及时调整基本生活补助标准）；

（2）免费办理人事代理；

（3）办理人身意外伤害保险；

（4）见习期满未被录用可继续享受就业指导与服务。

89. 见习单位能享受什么优惠政策？

对企业（单位）吸纳离校未就业高校毕业生参加就业见习的，由见习企业（单位）先行垫付见习人员见习期间基本生活补助，再按规定向当地人力资源社会保障部门申请就业见习补贴。

就业见习补贴申请材料应附：实际参加就业见习的人员名单、就业见习协议书、见习人员《身份证》、《登记证》复印件和大学毕业证复印件、企业（单位）发放基本生活补助明细账（单）、企业（单位）在银行开立的基本账户等凭证材料，经人力资源社会保障部门审核后，财政部门将资金支付到企业（单位）在银行开立的基本账户。

见习单位支出的见习补贴相关费用，不计入社会保险缴费基数，但符合税收法律法规规定的，可以在计算企业所得税应纳税所得额时扣除。

90. 高校毕业生如何申请参加职业培训？

职业培训由各地人力资源社会保障部门负责组织实施。高校毕业生可到当地人力资源社会保障部门咨询了解职业培训开展情况，选择适宜的培训项目参加。

职业培训工作主要由政府认定的培训机构、技工院校或企业所属培训机构承担。

91. 高校毕业生能否享受职业培训补贴政策？如何申请职业培训补贴？

高校毕业生毕业年度内参加就业技能培训或创业培训，可按规定向当地人力资源社会保障部门申请职业培训补贴。毕业后按规定进行了失业登记的高校毕业生参加就业技能培训或创业培训，也可向当地人力资源社会保障部门申请职业培训补贴。

按照《财政部、人力资源社会保障部关于进一步加强就业专项资金管理有关问题的通知》（财社〔2011〕64号）等文件规定，申请材料经人力资源社会保障部门审核后，财政部门按规定将补贴资金直接拨付给申请者本人。职业培训补贴申请材料应附：培训人员《身份证》复印件、《就业创业证》复印件、职业资格证书（专项职业能力证书或培训合格证书）复印件、就业或创业证明材料、职业培训机构开具的行政事业性收费票据（或税务发票）等凭证材料。

高校毕业生参加就业技能培训或创业培训后，培训合格并通过职业技能鉴定取得初级以上职业资格证书（未颁布国家职业技能标准的职业应取得专项职业能力证书或创业培训合格证书），6 个月内实现就业的，按职业培训补贴标准的 100% 给予补贴。6 个月内没有实现就业的，取得初级以上职业资格证书，按职业培训补贴标准的 80% 给予补贴；取得专项职业能力证书或创业培训合格证书，按职业培训补贴标准的 60% 给予补贴。

92. 高校毕业生如何获取职业资格证书？

高校毕业生个人可向职业技能鉴定所（站）自主申请职业技能鉴定。职业技能鉴定要参加理论知识考试和操作技能（专业能力）考核。经鉴定合格者，由人力资源社会保障部门核发相应的职业资格证书。

93. 高校毕业生能否享受职业技能鉴定补贴政策，如何申请技能鉴定补贴？

按照《财政部、人力资源社会保障部关于进一步加强就业专项资金管理有关问题的通知》（财社〔2011〕64 号）等文件规定，对高校毕业生在毕业年度内通过初次职业技能鉴定并取得职业资格证书或专项职业能力证书的，按规定给予一次性职业技能鉴定补贴。

通过初次职业技能鉴定并取得职业资格证书或专项职业能力证书的，可向职业技能鉴定所在地人力资源社会保障部门申请一次性职业技能鉴定补贴。职业技能鉴定补贴申请材料应附：申请人《身份证》复印件、《就业创业证》复印件、职业资格证书复印件、职业技能鉴定机构开具的行政事业性收费票据（或税务发票）等凭证材料，经人力资源社会保障部门审核后，财政部门按规定将补贴资金支付给申请者本人。

七、为高校毕业生提供就业指导、就业服务和就业援助

94. 主要有哪些机构为高校毕业生提供就业服务？

（1）公共就业和人才服务机构

由各级人力资源社会保障部门举办的公共就业和人才服务机构，为高校毕业生免费提供政策咨询、就业信息、职业指导、职业介绍、就业援助、就业与失业登记或求职登记等各项公共服务，按规定为登记失业高校毕业生免费提供人事档案管理等服务。此外，还定期开展面向高校毕业生的公共就业和人才服务专项活动，比如每年 5 月“民营企业招聘周”、每年 9 月“高校毕业生就业服务月”、每年 11 月“高校毕业生就业服务周”等，为高校毕业生和用人单位搭建供需对接平台。

（2）高校毕业生就业指导机构

目前，各省教育部门、各高校普遍建立了高校毕业生就业指导机构，为毕业生提供就业咨询、用人单位招聘及实习实训信息、求职技巧、职业生涯辅导、毕业生推荐、实习实践能力提升和就业手续办理等多项就业指导和服务。

（3）职业中介机构

主要包括从事人力资源服务的经营性机构，政府鼓励各类职业中介机构为高校毕业生提供就业服务，对为登记失业高校毕业生提供服务并符合条件的职业中介机构按规定给予职业介绍补贴。

95. 职业中介机构如何享受职业介绍补贴？

按照《财政部、人力资源社会保障部关于进一步加强就业专项资金管理有关问题的通知》（财社〔2011〕64 号）等文件规定，在工商行政部门登记注册的职业中介机构，可按经其就业服务后实际就业的登记失业人员人数向当地人力资源社会保障部门申请职业介绍

补贴。

职业介绍补贴申请材料应附：经职业中介机构就业服务后已实现就业的登记失业人员名单、接受就业服务的本人签名及《居民身份证》（以下简称《身份证》）复印件、《就业创业证》（以下简称《登记证》）复印件、劳动合同等就业证明材料复印件、职业中介机构在银行开立的基本账户等凭证材料。申请材料经人力资源社会保障部门审核后，财政部门按规定将补贴资金支付到职业中介机构在银行开立的基本账户。

96. 高校毕业生获取就业信息的主要渠道有哪些？

（1）浏览各类就业信息网站，包括中央有关部门主办的全国性就业信息网站、地方有关部门主办的就业信息网站、各高校就业信息网站及校内 bbs 求职版面、其他专业性就业网站等；

（2）参加各类招聘和双向选择活动，包括国家有关部门、各地、学校、用人单位等相关机构组织的各类现场或网络招聘活动；

（3）参与校企合作实习，包括社会实践、毕业实习等活动；

（4）查阅媒体广告，如报纸、刊物、电台、电视台、视频媒体等；

（5）他人推荐，如导师、校友、亲友等；

（6）主动到单位求职自荐等。

97. 在校期间高校毕业生可以通过哪些途径提升就业能力？

在学好专业知识技能的同时，根据学校要求或安排，毕业生可以通过选修或必修就业指导课程、参与学校组织的就业实习、技巧辅导、模拟招聘等活动，学习和了解相关职业的资料和信息，充分借助社会实践平台，全面提升就业能力。

高校毕业生还可通过学校实施的毕业证书与职业资格证书“双证书”制度、组织到企业顶岗实习、参加人力资源社会保障部门认定的定点机构开展的职业技能培训等，切实增强自身的岗位适应能力与就业竞争力，促进职业素养的养成。

98. 困难家庭高校毕业生包括哪些毕业生？享受哪些帮扶政策？

困难家庭高校毕业生是指：来自城镇低保家庭、低保边缘户家庭、农村贫困家庭和残疾人家庭的普通高校毕业生。

各级机关考录公务员、事业单位招聘工作人员时，免收困难家庭高校毕业生的报名费和体检费。

为帮助困难家庭的高校毕业生求职就业，高校一般都会安排经费作为困难家庭毕业生的求职补助，或对已成功就业的困难家庭毕业生给予奖励。困难家庭的毕业生可向所在院系书面申请。学校也应根据平时掌握的情况，对困难家庭的毕业生给予主动帮助。

从 2013 年起，对享受城乡居民最低生活保障家庭、获得国家助学贷款的毕业年度内高校毕业生，可给予一次性求职创业补贴，补贴标准由各省级财政、人力资源社会保障部门会同有关部门根据当地实际制定，所需资金按规定列入就业专项资金支出范围。

99. 高校毕业生如何办理就业登记和失业登记？离校后未就业如何获得相应的就业指导和服务？

在法定劳动年龄内、有劳动能力和就业要求、处于无业状态的城镇常住人员，可以到常住地的公共就业服务机构进行失业登记。各地公共就业服务机构要为登记失业的各类人员提供均等化的政策咨询、职业指导、职业介绍等公共就业服务和普惠性就业政策，并逐步使外来劳动者与当地户籍人口享有同等的就业扶持政策。将《就业失业登记证》调整为《就业创业证》，免费发放，作为劳动者享受公共就业服务及就业扶持政策的凭证。有条件的地方可积极推动社会保障卡在就业领域的应用。

100. 离校未就业高校毕业生享受哪些服务和政策？

按照《国务院办公厅关于做好 2013 年全国普通高等学校毕业生就业工作的通知》（国办发〔2013〕35 号）和《人力资源社会保障部关于实施离校未就业高校毕业生就业促进计划的通知》（人社部发〔2013〕41 号）要求，为做好离校未就业高校毕业生就业工作，从 2013 年起实施离校未就业高校毕业生就业促进计划：

（1）地方各级人社部门所属公共就业人才服务机构和基层公共就业服务平台要面向所有离校未就业高校毕业生（包括户籍不在本地的高校毕业生）开放，办理求职登记或失业登记手续，发放《就业创业证》，摸清就业服务需求。其中，直辖市为非本地户籍高校毕业生办理失业登记办法按现行规定执行；

（2）对实名登记的所有未就业高校毕业生提供更具针对性的职业指导；

（3）对有求职意愿的高校毕业生要及时提供就业信息；

（4）对有创业意愿的高校毕业生，各地要纳入当地创业服务体系，提供政策咨询、项目开发、创业培训、融资服务、跟踪扶持等"一条龙"创业服务。及时提供就业信息；

（5）要将零就业家庭、经济困难家庭、残疾等就业困难的未就业高校毕业生列为重点工作对象，提供"一对一"个性化就业帮扶，确保实现就业；

（6）对有就业见习意愿的高校毕业生，各地要及时纳入就业见习工作对象范围，确保能够随时参加；

（7）对有培训意愿的离校未就业高校毕业生，各地要结合其专业特点，组织参加职业培训和技能鉴定，按规定落实相关补贴政策；

（8）地方各级公共就业人才服务机构要为离校未就业高校毕业生免费提供档案托管、人事代理、社会保险办理和接续等一系列服务，简化服务流程，提高服务效率；有条件的地方可对到小微企业就业的离校未就业高校毕业生，提供免费的人事劳动保障代理服务；

（9）加大人力资源市场监管力度，严厉打击招聘过程中的欺诈行为，及时纠正性别歧视和其他各类就业歧视。加大劳动用工、缴纳社会保险费等方面的劳动保障监察力度，切实维护高校毕业生就业后的合法权益。

附录二

中华人民共和国劳动法

第一章　总　　则

第一条　为了保护劳动者的合法权益，调整劳动关系，建立和维护适应社会主义市场经济的劳动制度，促进经济发展和社会进步，根据宪法，制定本法。

第二条　在中华人民共和国境内的企业、个体经济组织（以下统称用人单位）和与之形成劳动关系的劳动者，适用本法。国家机关、事业组织、社会团体和与之建立劳动合同关系的劳动者，依照本法执行。

第三条　劳动者享有平等就业和选择职业的权利、取得劳动报酬的权利、休息休假的权利、获得劳动安全卫生保护的权利、接受职业技能培训的权利、享受社会保险和福利的权利、提请劳动争议处理的权利以及法律规定的其他劳动权利。劳动者应当完成劳动任务，提高职业技能，执行劳动安全卫生规程，遵守劳动纪律和职业道德。

第四条　用人单位应当依法建立和完善规章制度，保障劳动者享有劳动权利和履行劳动义务。

第五条　国家采取各种措施，促进劳动就业，发展职业教育，制定劳动标准，调节社会收入，完善社会保险，协调劳动关系，逐步提高劳动者的生活水平。

第六条　国家提倡劳动者参加社会义务劳动，开展劳动竞赛和合理化建议活动，鼓励和保护劳动者进行科学研究、技术革新和发明创造，表彰和奖励劳动模范和先进工作者。

第七条　劳动者有权依法参加和组织工会。工会代表和维护劳动者的合法权益，依法独立自主地开展活动。

第八条　劳动者依照法律规定，通过职工大会、职工代表大会或者其他形式，参与民主管理或者就保护劳动者合法权益与用人单位进行平等协商。

第九条　国务院劳动行政部门主管全国劳动工作。县级以上地方人民政府劳动行政部门主管本行政区域内的劳动工作。

第二章 促进就业

第十条 国家通过促进经济和社会发展，创造就业条件，扩大就业机会。国家鼓励企业、事业组织、社会团体在法律、行政法规规定的范围内兴办产业或者拓展经营，增加就业。国家支持劳动者自愿组织起来就业和从事个体经营实现就业。

第十一条 地方各级人民政府应当采取措施，发展多种类型的职业介绍机构，提供就业服务。

第十二条 劳动者就业，不因民族、种族、性别、宗教信仰不同而受歧视。

第十三条 妇女享有与男子平等的就业权利。在录用职工时，除国家规定的不适合妇女的工种或者岗位外，不得以性别为由拒绝录用妇女或者提高对妇女的录用标准。

第十四条 残疾人、少数民族人员、退出现役的军人的就业，法律、法规有特别规定的，从其规定。

第十五条 禁止用人单位招用未满十六周岁的未成年人。文艺、体育和特种工艺单位招用未满十六周岁的未成年人，必须依照国家有关规定，履行审批手续，并保障其接受义务教育的权利。

第三章 劳动合同和集体合同

第十六条 劳动合同是劳动者与用人单位确立劳动关系、明确双方权利和义务的协议。建立劳动关系应当订立劳动合同。

第十七条 订立和变更劳动合同，应当遵循平等自愿、协商一致的原则，不得违反法律、行政法规的规定。劳动合同依法订立即具有法律约束力，当事人必须履行劳动合同规定的义务。

第十八条 下列劳动合同无效：

（一）违反法律、行政法规的劳动合同；

（二）采取欺诈、威胁等手段订立的劳动合同。

无效的劳动合同，从订立的时候起，就没有法律约束力。确认劳动合同部分无效的，如果不影响其余部分的效力，其余部分仍然有效。劳动合同的无效，由劳动争议仲裁委员会或者人民法院确认。

第十九条 劳动合同应当以书面形式订立，并具备以下条款：

（一）劳动合同期限；

（二）工作内容；

（三）劳动保护和劳动条件；

（四）劳动报酬；

（五）劳动纪律；

（六）劳动合同终止的条件；

（七）违反劳动合同的责任。

劳动合同除前款规定的必备条款外，当事人可以协商约定其他内容。

第二十条 劳动合同的期限分为有固定期限、无固定期限和以完成一定的工作为期限。劳动者在同一用人单位连续工作满十年以上，当事人双方同意续延劳动合同的，如果劳动者提出订立无固定期限的劳动合同，应当订立无固定期限的劳动合同。

第二十一条 劳动合同可以约定试用期。试用期最长不得超过六个月。

第二十二条 劳动合同当事人可以在劳动合同中约定保守用人单位商业秘密的有关事项。

第二十三条 劳动合同期满或者当事人约定的劳动合同终止条件出现，劳动合同即行终止。

第二十四条 经劳动合同当事人协商一致，劳动合同可以解除。

第二十五条 劳动者有下列情形之一的，用人单位可以解除劳动合同：

（一）在试用期间被证明不符合录用条件的；

（二）严重违反劳动纪律或者用人单位规章制度的；

（三）严重失职，营私舞弊，对用人单位利益造成重大损害的；

（四）被依法追究刑事责任的。

第二十六条 有下列情形之一的，用人单位可以解除劳动合同，但是应当提前三十日以书面形式通知劳动者本人：

（一）劳动者患病或者非因工负伤，医疗期满后，不能从事原工作也不能从事由用人单位另行安排的工作的；

（二）劳动者不能胜任工作，经过培训或者调整工作岗位，仍不能胜任工作的；

（三）劳动合同订立时所依据的客观情况发生重大变化，致使原劳动合同无法履行，经当事人协商不能就变更劳动合同达成协议的。

第二十七条 用人单位濒临破产进行法定整顿期间或者生产经营状况发生严重困难，确需裁减人员的，应当提前三十日向工会或者全体职工说明情况，听取工会或者职工的意见，经向劳动行政部门报告后，可以裁减人员。用人单位依据本条规定裁减人员，在六个月内录用人员的，应当优先录用被裁减的人员。

第二十八条 用人单位依据本法第二十四条、第二十六条、第二十七条的规定解除劳动合同的，应当依照国家有关规定给予经济补偿。

第二十九条 劳动者有下列情形之一的，用人单位不得依据本法第二十六条、第二十七条的规定解除劳动合同：

（一）患职业病或者因工负伤并被确认丧失或者部分丧失劳动能力的；

（二）患病或者负伤，在规定的医疗期内的；

（三）女职工在孕期、产期、哺乳期内的；

（四）法律、行政法规规定的其他情形。

第三十条 用人单位解除劳动合同，工会认为不适当的，有权提出意见。如果用人单位违反法律、法规或者劳动合同，工会有权要求重新处理；劳动者申请仲裁或者提起诉讼的，工会应当依法给予支持和帮助。

第三十一条 劳动者解除劳动合同，应当提前三十日以书面形式通知用人单位。

第三十二条 有下列情形之一的，劳动者可以随时通知用人单位解除劳动合同：

（一）在试用期内的；

（二）用人单位以暴力、威胁或者非法限制人身自由的手段强迫劳动的；

（三）用人单位未按照劳动合同约定支付劳动报酬或者提供劳动条件的。

第三十三条 企业职工一方与企业可以就劳动报酬、工作时间、休息休假、劳动安全卫生、保险福利等事项，签订集体合同。集体合同草案应当提交职工代表大会或者全体职工讨论通过。

集体合同由工会代表职工与企业签订；没有建立工会的企业，由职工推举的代表与企业签订。

第三十四条 集体合同签订后应当报送劳动行政部门；劳动行政部门自收到集体合同文本之日起十五日内未提出异议的，集体合同即行生效。

第三十五条 依法签订的集体合同对企业和企业全体职工具有约束力。职工个人与企业订立的劳动合同中劳动条件和劳动报酬等标准不得低于集体合同的规定。

第四章 工作时间和休息休假

第三十六条 国家实行劳动者每日工作时间不超过八小时、平均每周工作时间不超过四十四小时的工时制度。

第三十七条 对实行计件工作的劳动者，用人单位应当根据本法第三十六条规定的工时制度合理确定其劳动定额和计件报酬标准。

第三十八条 用人单位应当保证劳动者每周至少休息一日。

第三十九条 企业因生产特点不能实行本法第三十六条、第三十八条规定的，经劳动行政部门批准，可以实行其他工作和休息办法。

第四十条 用人单位在下列节日期间应当依法安排劳动者休假：

（一）元旦；

（二）春节；

（三）国际劳动节；

（四）国庆节；

（五）法律、法规规定的其他休假节日。

第四十一条 用人单位由于生产经营需要，经与工会和劳动者协商后可以延长工作时间，一般每日不得超过一小时；因特殊原因需要延长工作时间的，在保障劳动者身体健康的条件下延长工作时间每日不得超过三小时，但是每月不得超过三十六小时。

第四十二条 有下列情形之一的，延长工作时间不受本法第四十一条的限制：

（一）发生自然灾害、事故或者因其他原因，威胁劳动者生命健康和财产安全，需要紧急处理的；

（二）生产设备、交通运输线路、公共设施发生故障，影响生产和公众利益，必须及时抢修的；

（三）法律、行政法规规定的其他情形。

第四十三条 用人单位不得违反本法规定延长劳动者的工作时间。

第四十四条 有下列情形之一的，用人单位应当按照下列标准支付高于劳动者正常工作时间工资的工资报酬：

(一) 安排劳动者延长工作时间的，支付不低于工资的百分之一百五十的工资报酬；

(二) 休息日安排劳动者工作又不能安排补休的，支付不低于工资的百分之二百的工资报酬；

(三) 法定休假日安排劳动者工作的，支付不低于工资的百分之三百的工资报酬。

第四十五条 国家实行带薪年休假制度。

劳动者连续工作一年以上的，享受带薪年休假。具体办法由国务院规定。

第五章　工　　资

第四十六条 工资分配应当遵循按劳分配原则，实行同工同酬。工资水平在经济发展的基础上逐步提高。国家对工资总量实行宏观调控。

第四十七条 用人单位根据本单位的生产经营特点和经济效益，依法自主确定本单位的工资分配方式和工资水平。

第四十八条 国家实行最低工资保障制度。最低工资的具体标准由省、自治区、直辖市人民政府规定，报国务院备案。用人单位支付劳动者的工资不得低于当地最低工资标准。

第四十九条 确定和调整最低工资标准应当综合参考下列因素：

(一) 劳动者本人及平均赡养人口的最低生活费用；

(二) 社会平均工资水平；

(三) 劳动生产率；

(四) 就业状况；

(五) 地区之间经济发展水平的差异。

第五十条 工资应当以货币形式按月支付给劳动者本人。不得克扣或者无故拖欠劳动者的工资。

第五十一条 劳动者在法定休假日和婚丧假期间以及依法参加社会活动期间，用人单位应当依法支付工资。

第六章　劳动安全卫生

第五十二条 用人单位必须建立、健全劳动安全卫生制度，严格执行国家劳动安全卫生规程和标准，对劳动者进行劳动安全卫生教育，防止劳动过程中的事故，减少职业危害。

第五十三条 劳动安全卫生设施必须符合国家规定的标准。

新建、改建、扩建工程的劳动安全卫生设施必须与主体工程同时设计、同时施工、同时投入生产和使用。

第五十四条 用人单位必须为劳动者提供符合国家规定的劳动安全卫生条件和必要的劳动防护用品，对从事有职业危害作业的劳动者应当定期进行健康检查。

第五十五条 从事特种作业的劳动者必须经过专门培训并取得特种作业资格。

第五十六条　劳动者在劳动过程中必须严格遵守安全操作规程。劳动者对用人单位管理人员违章指挥、强令冒险作业，有权拒绝执行；对危害生命安全和身体健康的行为，有权提出批评、检举和控告。

第五十七条　国家建立伤亡事故和职业病统计报告和处理制度。县级以上各级人民政府劳动行政部门、有关部门和用人单位应当依法对劳动者在劳动过程中发生的伤亡事故和劳动者的职业病状况，进行统计、报告和处理。

第七章　女职工和未成年工特殊保护

第五十八条　国家对女职工和未成年工实行特殊劳动保护。

未成年工是指年满十六周岁未满十八周岁的劳动者。

第五十九条　禁止安排女职工从事矿山井下、国家规定的第四级体力劳动强度的劳动和其他禁忌从事的劳动。

第六十条　不得安排女职工在经期从事高处、低温、冷水作业和国家规定的第三级体力劳动强度的劳动。

第六十一条　不得安排女职工在怀孕期间从事国家规定的第三级体力劳动强度的劳动和孕期禁忌从事的劳动。对怀孕七个月以上的女职工，不得安排其延长工作时间和夜班劳动。

第六十二条　女职工生育享受不少于九十天的产假。

第六十三条　不得安排女职工在哺乳未满一周岁的婴儿期间从事国家规定的第三级体力劳动强度的劳动和哺乳期禁忌从事的其他劳动，不得安排其延长工作时间和夜班劳动。

第六十四条　不得安排未成年工从事矿山井下、有毒有害、国家规定的第四级体力劳动强度的劳动和其他禁忌从事的劳动。

第六十五条　用人单位应当对未成年工定期进行健康检查。

第八章　职业培训

第六十六条　国家通过各种途径，采取各种措施，发展职业培训事业，开发劳动者的职业技能，提高劳动者素质，增强劳动者的就业能力和工作能力。

第六十七条　各级人民政府应当把发展职业培训纳入社会经济发展的规划，鼓励和支持有条件的企业、事业组织、社会团体和个人进行各种形式的职业培训。

第六十八条　用人单位应当建立职业培训制度，按照国家规定提取和使用职业培训经费，根据本单位实际，有计划地对劳动者进行职业培训。从事技术工种的劳动者，上岗前必须经过培训。

第六十九条　国家确定职业分类，对规定的职业制定职业技能标准，实行职业资格证书制度，由经过政府批准的考核鉴定机构负责对劳动者实施职业技能考核鉴定。

第九章　社会保险和福利

第七十条　国家发展社会保险事业，建立社会保险制度，设立社会保险基金，使劳动者在年老、患病、工伤、失业、生育等情况下获得帮助和补偿。

第七十一条 社会保险水平应当与社会经济发展水平和社会承受能力相适应。

第七十二条 社会保险基金按照保险类型确定资金来源，逐步实行社会统筹。用人单位和劳动者必须依法参加社会保险，缴纳社会保险费。

第七十三条 劳动者在下列情形下，依法享受社会保险待遇：

（一）退休；

（二）患病、负伤；

（三）因工伤残或者患职业病；

（四）失业；

（五）生育。

劳动者死亡后，其遗属依法享受遗属津贴。劳动者享受社会保险待遇的条件和标准由法律、法规规定。劳动者享受的社会保险金必须按时足额支付。

第七十四条 社会保险基金经办机构依照法律规定收支、管理和运营社会保险基金，并负有使社会保险基金保值增值的责任。社会保险基金监督机构依照法律规定，对社会保险基金的收支、管理和运营实施监督。社会保险基金经办机构和社会保险基金监督机构的设立和职能由法律规定。任何组织和个人不得挪用社会保险基金。

第七十五条 国家鼓励用人单位根据本单位实际情况为劳动者建立补充保险。国家提倡劳动者个人进行储蓄性保险。

第七十六条 国家发展社会福利事业，兴建公共福利设施，为劳动者休息、休养和疗养提供条件。用人单位应当创造条件，改善集体福利，提高劳动者的福利待遇。

第十章 劳动争议

第七十七条 用人单位与劳动者发生劳动争议，当事人可以依法申请调解、仲裁、提起诉讼，也可以协商解决。调解原则适用于仲裁和诉讼程序。

第七十八条 解决劳动争议，应当根据合法、公正、及时处理的原则，依法维护劳动争议当事人的合法权益。

第七十九条 劳动争议发生后，当事人可以向本单位劳动争议调解委员会申请调解；调解不成，当事人一方要求仲裁的，可以向劳动争议仲裁委员会申请仲裁。当事人一方也可以直接向劳动争议仲裁委员会申请仲裁。对仲裁裁决不服的，可以向人民法院提起诉讼。

第八十条 在用人单位内，可以设立劳动争议调解委员会。劳动争议调解委员会由职工代表、用人单位代表和工会代表组成。劳动争议调解委员会主任由工会代表担任。劳动争议经调解达成协议的，当事人应当履行。

第八十一条 劳动争议仲裁委员会由劳动行政部门代表、同级工会代表、用人单位方面的代表组成。劳动争议仲裁委员会主任由劳动行政部门代表担任。

第八十二条 提出仲裁要求的一方应当自劳动争议发生之日起六十日内向劳动争议仲裁委员会提出书面申请。仲裁裁决一般应在收到仲裁申请的六十日内作出。对仲裁裁决无异议的，当事人必须履行。

第八十三条 劳动争议当事人对仲裁裁决不服的，可以自收到仲裁裁决书之日起十五日内向人民法院提起诉讼。一方当事人在法定期限内不起诉又不履行仲裁裁决的，另一方当事人可以申请人民法院强制执行。

第八十四条　因签订集体合同发生争议，当事人协商解决不成的，当地人民政府劳动行政部门可以组织有关各方协调处理。因履行集体合同发生争议，当事人协商解决不成的，可以向劳动争议仲裁委员会申请仲裁；对仲裁裁决不服的，可以自收到仲裁裁决书之日起十五日内向人民法院提起诉讼。

第十一章　监督检查

第八十五条　县级以上各级人民政府劳动行政部门依法对用人单位遵守劳动法律、法规的情况进行监督检查，对违反劳动法律、法规的行为有权制止，并责令改正。

第八十六条　县级以上各级人民政府劳动行政部门监督检查人员执行公务，有权进入用人单位了解执行劳动法律、法规的情况，查阅必要的资料，并对劳动场所进行检查。

县级以上各级人民政府劳动行政部门监督检查人员执行公务，必须出示证件，秉公执法并遵守有关规定。

第八十七条　县级以上各级人民政府有关部门在各自职责范围内，对用人单位遵守劳动法律、法规的情况进行监督。

第八十八条　各级工会依法维护劳动者的合法权益，对用人单位遵守劳动法律、法规的情况进行监督。任何组织和个人对于违反劳动法律、法规的行为有权检举和控告。

第十二章　法律责任

第八十九条　用人单位制定的劳动规章制度违反法律、法规规定的，由劳动行政部门给予警告，责令改正；对劳动者造成损害的，应当承担赔偿责任。

第九十条　用人单位违反本法规定，延长劳动者工作时间的，由劳动行政部门给予警告，责令改正，并可以处以罚款。

第九十一条　用人单位有下列侵害劳动者合法权益情形之一的，由劳动行政部门责令支付劳动者的工资报酬、经济补偿，并可以责令支付赔偿金：

（一）克扣或者无故拖欠劳动者工资的；

（二）拒不支付劳动者延长工作时间工资报酬的；

（三）低于当地最低工资标准支付劳动者工资的；

（四）解除劳动合同后，未依照本法规定给予劳动者经济补偿的。

第九十二条　用人单位的劳动安全设施和劳动卫生条件不符合国家规定或者未向劳动者提供必要的劳动防护用品和劳动保护设施的，由劳动行政部门或者有关部门责令改正，可以处以罚款；情节严重的，提请县级以上人民政府决定责令停产整顿；对事故隐患不采取措施，致使发生重大事故，造成劳动者生命和财产损失的，对责任人员比照刑法第一百八十七条的规定追究刑事责任。

第九十三条　用人单位强令劳动者违章冒险作业，发生重大伤亡事故，造成严重后果的，对责任人员依法追究刑事责任。

第九十四条 用人单位非法招用未满十六周岁的未成年人的，由劳动行政部门责令改正，处以罚款；情节严重的，由工商行政管理部门吊销营业执照。

第九十五条 用人单位违反本法对女职工和未成年工的保护规定，侵害其合法权益的，由劳动行政部门责令改正，处以罚款；对女职工或者未成年工造成损害的，应当承担赔偿责任。

第九十六条 用人单位有下列行为之一，由公安机关对责任人员处以十五日以下拘留、罚款或者警告；构成犯罪的，对责任人员依法追究刑事责任：

（一）以暴力、威胁或者非法限制人身自由的手段强迫劳动的；

（二）侮辱、体罚、殴打、非法搜查和拘禁劳动者的。

第九十七条 由于用人单位的原因订立的无效合同，对劳动者造成损害的，应当承担赔偿责任。

第九十八条 用人单位违反本法规定的条件解除劳动合同或者故意拖延不订立劳动合同的，由劳动行政部门责令改正；对劳动者造成损害的，应当承担赔偿责任。

第九十九条 用人单位招用尚未解除劳动合同的劳动者，对原用人单位造成经济损失的，该用人单位应当依法承担连带赔偿责任。

第一百条 用人单位无故不缴纳社会保险费的，由劳动行政部门责令其限期缴纳，逾期不缴的，可以加收滞纳金。

第一百零一条 用人单位无理阻挠劳动行政部门、有关部门及其工作人员行使监督检查权，打击报复举报人员的，由劳动行政部门或者有关部门处以罚款；构成犯罪的，对责任人员依法追究刑事责任。

第一百零二条 劳动者违反本法规定的条件解除劳动合同或者违反劳动合同中约定的保密事项，对用人单位造成经济损失的，应当依法承担赔偿责任。

第一百零三条 劳动行政部门或者有关部门的工作人员滥用职权、玩忽职守、徇私舞弊，构成犯罪的，依法追究刑事责任；不构成犯罪的，给予行政处分。

第一百零四条 国家工作人员和社会保险基金经办机构的工作人员挪用社会保险基金，构成犯罪的，依法追究刑事责任。

第一百零五条 违反本法规定侵害劳动者合法权益，其他法律、法规已规定处罚的，依照该法律、行政法规的规定处罚。

第十三章 附　则

第一百零六条 省、自治区、直辖市人民政府根据本法和本地区的实际情况，规定劳动合同制度的实施步骤，报国务院备案。

第一百零七条 本法自 1995 年 1 月 1 日起施行。

参考文献

[1] 段玉强，等. 大学生就业指导［M］. 北京：中国经济出版社，2005.
[2] 丰艳，姜媛媛，李海涛. 大学生就业指导［M］. 北京：电子工业出版社，2012.
[3] 姚书志. 大学生就业指导［M］. 西安：西北大学出版社，2010.
[4] 王艺荣. 求职与创业［M］. 北京：机械工业出版社，2006.
[5] 林海波. 大学生就业指导［M］. 济南：山东人民出版社，2010.
[6] 李建明. 大学生职业生涯设计与就业指导［M］. 沈阳：东北大学出版社，2005.
[7] 蒋建荣. 大学生生涯规划导论［M］. 天津：南开大学出版社，2005.
[8] 姚裕群. 职业生涯规划与发展［M］. 北京：首都经济贸易大学出版社，2005.
[9] 拜五四，等. 大学生职业选择与生涯规划［M］. 北京：化学工业出版社，2005.
[10] 吴汉德. 大学生就业指导［M］. 南京：东南大学出版社，2006.